本书系中央财经大学一流学科建设项目“中外财经新闻传播发展史研究”和北京市社会科学基金规划重点项目“财经传播与重大议题的舆论引导研究”阶段性成果，并获“中外财经新闻传播发展史研究”项目资金资助出版

改革开放四十年
财经新闻传播发展史

谭云明◎主编

中国经济出版社
CHINA ECONOMIC PUBLISHING HOUSE
·北京·

图书在版编目（CIP）数据

改革开放四十年财经新闻传播发展史 / 谭云明主编 . 北京：中国经济出版社，2025. 5. -- ISBN 978 - 7 - 5136 - 8130 - 8

Ⅰ. G219. 2

中国国家版本馆 CIP 数据核字第 20251EN269 号

责任编辑　王西琨
责任印制　李　伟
封面设计　任燕飞设计工作室

出版发行　中国经济出版社
印 刷 者　宝蕾元仁浩（天津）印刷有限公司
经 销 者　各地新华书店
开　　本　710mm × 1000mm　1/16
印　　张　18
字　　数　287 千字
版　　次　2025 年 5 月第 1 版
印　　次　2025 年 5 月第 1 次
定　　价　88. 00 元
广告经营许可证　京西工商广字第 8179 号

中国经济出版社 **网址** http://epc. sinopec. com/epc/ **社址** 北京市东城区安定门外大街 58 号 **邮编** 100011
本版图书如存在印装质量问题，请与本社销售中心联系调换（联系电话：010 - 57512564）

目录 Contents

第一章

总论

计划经济时代，中国普遍使用“经济新闻”这一概念。1949—1965 年间，经济新闻更多地为政治服务，呈现阶级化、程式化、同质化倾向。“文革”时期，这一倾向进一步恶化，经济新闻沦为政治工具。随着改革开放的开展，“财经新闻”逐渐占据人们的主要视野，它不再局限于单纯的信息传递，更着重于对经济现象进行深入分析、精准解读与合理预测。

过去的四十多年间，在经济体制与资本市场变迁、媒体技术持续革新、媒体管理体制与市场格局不断演进，以及社会多元化发展的背景下，财经新闻传播形成了其独特的发展路径，包括财经新闻内容的生产和品牌的建设、多元盈利模式的创建与多场景体验的打造，以及经济发展驱动下的财经媒体变革。在这一过程中，中国财经媒体产业也逐步壮大，成为经济系统中的重要有机组成部分，在社会生活方面发挥着重要作用。未来，受用户需求、技术手段和数据思维等多种因素的影响，财经新闻传播将朝着内容定制化，强调深度报道；理念日渐成熟，积极参与舆论监督；形式更加多样，视角更为多元；平台不断融合，技术手段更加丰富的方向发展，继续谱写财经新闻传播的辉煌篇章。

第一节　中国财经新闻传播概述

一、中国财经新闻传播的演进与脉络

中国的财经新闻传播经历了古代的朴素经济信息、近代的经济新闻萌芽、新中国成立后的经济新闻探索、改革开放后的专业经济报道、市场经济建设中的财经新闻雏形等。改革开放四十多年见证着财经新闻传播从泛化到专业的探索，财经新闻传播者从单一到多元的升级。认知的演进、时局的发展、技术的驱动造就了新时代下财经新闻传播的新格局。具体而言，中国财经新闻传播大致按照从经济信息到经济新闻，再到财经新闻的轨迹发展。中国财经新闻的发展脉络大致包括以下八个阶段。

（一）古代朴素经济信息的产生阶段

人们对经济信息的需求从远古时期便已存在，随着人类经济活动的活跃与发展，传播经济信息也变得水到渠成。在中国古代，劳动中的信息传递起初是最为原始的经济新闻形态，谕旨和诏书成为最早传播经济信息并实现上情下达的载体，内容多与征粮赋税、赈灾征役等有关；而自下而上的经济信息传播则多依靠奏疏来完成。随着经济要素与生产积累的蝶变，商品进入流通领域，经济信息的交流与传播取得了极大的发展，这为经济新闻的生根发芽提供了肥沃的物质土壤。唐代的进奏院状作为古代官方系统沟通信息的全新形式，在传达农业经济信息上发挥着重要的作用，如唐人孙樵所著的《读开元杂报》中便有“某日皇帝亲耕籍田，行九推礼”的记载。从唐代的进奏院状到清代的邸报，经济信息一直是其中的重要组成部分，可以说经济信息是商品经济环境下孵化的产物，与此同时，经济信息的扩散与传播促进了商品经济的进一步繁荣。

（二）近代以来经济新闻的萌芽阶段

中国与西方的商业发展道路不谋而合，共同选择在农业社会的基础上发展商业，大致经历了从集市、行贩到店铺、交易会的过程。然而，18 世纪以来，交易所在西方迅速发展，致使现代金融体系轮廓逐渐清晰，资本主义成为西方新的经济形态；而与此同时，18 世纪的中国却在以专制主义皇权为尊的笼罩下走向农业社会的颓败，商业便再无翻身之地，正因如此，与西方国家相比，中国具有近代意义的经济新闻产生的时间晚了 200 多年。1857 年 11 月创刊的《香港船头货价纸》，是中国最早刊登经济新闻的报纸。此后，一批商业性报纸崛起，密切关注货币汇兑、货价走势、股市行情、航运信息、期货交易、内外贸易、经济理念、公司经营等内容，如《申报》《商报》《大众报》《上海新报》《字林沪报》等，此类报纸不仅促进了经济信息的传播、催生了经济新闻的萌芽，还培养了中国第一批经济新闻读者群，为中国工商业的近代化进程增添了浓墨重彩的一笔。

（三）战争时期经济新闻的艰难起步阶段

有学者指出："从 20 世纪 20 年代末起，由于要躲避军阀统治时期险恶的政治环境和错综复杂的斗争，旧中国的一些资产阶级新闻传播业就采纳了西方客观主义新闻理念与运作方法，极力倡导新闻业的商业化道路。这便是当时商业兴旺、报纸盛行、财经报道受到传媒普遍重视的一大缘由。"① 抗战时期是民族产业奄奄一息之时，此刻外有强敌欺霸掠夺，内有官僚买办资本主义趁火打劫，经济新闻于此艰难起步。此时的党报，如《解放日报》的经济新闻主要涉及经济政策和法规、农业生产、征收公粮公草、劳动竞赛等；而民营报刊，如《大公报》《文汇报》《申报》等的经济新闻基本秉持客观中立的理念，多涉及抗战时期经济形势、经济侵略与反侵略、民族工业发展状况、行业发展回顾等。此后，解放战争时期，

---

① 罗以澄．中国财经报道琐议［M］//罗以澄．罗以澄自选集：新闻求索录．上海：复旦大学出版社，2004：178.

《解放日报》《人民日报》等党报的经济新闻以国统区经济混乱、民族企业危在旦夕、解放区经济发展、新解放城市经济新秩序建立探索为主。

（四）新中国成立后经济新闻的曲折探索阶段

新中国成立后的和平时期，《人民日报》积极配合党和国家恢复国民经济的中心任务，于 1956 年 7 月 1 日进行了改版，将经济新闻提升至了主要地位，改变了中国一度没有全国性的专门经济类报纸的局面。随后各大报纸的经济新闻版面大幅增加，涉及国家经济建设形势、重点工程进展状况、先进人物事迹等题材，涵盖消息、评论、通讯、专题报道等体裁。但受制于社会经济体制，受限于“重生存、轻流通”的思维定式，当时的报道语言具有很强的政治性、公文性等，使经济报道偏离经济视角，开始了以政治性、社会性为主导的畸形发展。1958 年，声势浩大的“大跃进”开始，关于大炼钢铁、人民公社化、粮食生产等的经济报道四起，在“左”的思想浸没下，“浮夸风”“共产风”发挥至极致，不仅使中国社会深受其扰，也使经济新闻的探索走向扭曲。后至“文革”时期，新闻媒体沦为政治的工具，经济新闻更是面目全非，难逃格式化、公式化的命运。经济新闻经历长期曲折探索，直至“文革”结束才迎来专业化发展的新生，逐步回归新闻的本质。

（五）改革开放后经济新闻的专业化发展阶段

如果说新中国成立后经济新闻的探索与黑暗做伴，那么改革开放后的前进便是与光明同行。党的十一届三中全会的召开不仅使复苏国民经济的号角被吹响，也使经济新闻迎来了全面发展的新契机。此阶段无论是 1981 年第一份全国性经济日报《经济参考报》的问世，还是 1987 年第一份股份制金融类报纸《金融时报》的诞生，抑或是 1986 年第一座经济广播电台——珠江经济广播电台的落地，都意味着经济新闻专业化的时代正在降临。在数量上，根据《中国出版年鉴》的统计，1979 年全国仅有《财贸战线》和《市场报》两家经济类报纸，而到了 1982 年 7 月，以经济新闻为主要报道内容的报纸数量已增加到 21 家。在质量上，自 20 世纪 80 年代开始，尽管媒体的报道风格仍受时代背景下的政治化影响，但自以《经济日报》为代表的专业财经媒体登场后，其业务水准获得了显著提升。报道内容不仅限于生产领域，还扩展到了商品流通、分配和消费等多个方面。除了对国家宏观经济政策进行披露，还对微观经济现象进行分析，介绍先进的生产经验，并提供实用的经济信息服务，从而极大地丰富了经济新闻的内容。

（六）市场经济建设中财经新闻的雏形阶段

随着社会主义市场经济体制的正式确立，市场中的各个经济主体及其运作规则也相应地进行了调整和完善，企业成为经济活动中不可或缺的重要主体，产业结构发生史无前例的升级变动。此时资本的大量涌入使得社会对财经新闻的依赖程度急剧提高，财经信息的传播已经成为推动经济快速发展的重要神经系统。与此同时，中国三大证券报应运而生，成为证券市场的引领者。自 1992 年以来，投资成为推动经济增长的主要动力，伴随着资本市场和金融体系的建立与发展而不断壮大，除了传统的政治经济、工业经济、农业经济、商业经济等，股票、期货、基金、债券、房地产、保险以及个人理财产品等新的经济现象和理财工具的出现使传统经济新闻发生蜕变，财经新闻孕育出新的萌芽。到了 1994 年，经济增长的另一重要推动因素——外贸出口迅速扩大，因此进出口、汇率等因素，成为财经报道的全新方向。

在 1992—2001 年这一市场经济的建设阶段，财经新闻传播呈现证券类报道逐渐热化、财经新闻传播逐渐专业化、舆论监督功能凸显等特征，同时也存在证券报视野狭窄、受商业利益影响、广告泛滥等问题。财经新闻在这一阶段生根发芽，与中国经济共同成长。

（七）全球化背景下财经新闻传播的多元化阶段

进入 21 世纪，人们的消费能力和消费质量有了显著提升，科技取得了重大突破，知识经济日益成熟，全球化步伐加快。在这些因素的推动下，中国的财经新闻传播进入了多元化发展阶段。消费经济的普及为财经新闻注入了更多关于消费行为、市场动态、价格变动、信息流通及旅游业的新内容，深度报道开始取代传统平面化的纯经济报道，具有更强动态性、反馈性和服务性的经济新闻内容大幅增加。科学技术的进步催化了媒体形式的更迭，经济新闻的载体从报纸、杂志、广播、电视等传统媒体过渡到网络、手机等新媒体，在技术红利的驱动下，第一财经等财经媒体不断打造多媒体形态，极大丰富了财经新闻的表现形式。此外，电视财经节目也经历了从“大财经、大众化”到“小财经、专业化”的过程。而知识经济的发展助力社会的现代化进程，《财经》杂志和《21 世纪经济报道》等“新财经媒体”在此机遇下向阳而生，于数字化、网络化、全球化的背景下传播经济新理念。随着全球化的不断推进，财经报道的视野放宽至国际，而在经营层面上，“跨媒体、跨区域、跨行业”的“三跨”模式的形成，体现出财经媒体正在积极探索一条适合中国国情的发展道路。在此阶段，多元化成为财经新闻传播的关键词，多元化的传播主体、多元化的传播形态、多元化的经营模式，使财经新闻与时代接轨，财经新闻传播欣欣向荣。

（八）移动互联时代财经新闻传播的融合转型阶段

在多媒体技术历经筛选、社交媒体蓬勃发展的移动互联时代，财经媒体也开始探索全媒体集团化的发展路径，进行媒介深度融合。财经类网站的诞生最先打开了财经媒体的融合空间，诸如首个财经资讯垂直网站“和讯网”、知名的财经证券门户网站“东方财富网”、全球华人的首选财经门户“新浪财经”、中国领先的财经证券股票门户“财经网”，都是早期将财经信息转移到线上的重要媒体。随着社交媒体平台微信的用户积累不断增加，基于它的财经类公众号进一步拓展了财经新闻的传播渠道，利用这一传播路径的，不仅有央视财经、凤凰网财经、每日经济新闻等官方媒体，还有吴晓波频道等个人账号。在用户生产内容（UGC）、专业用户生产内容（PUGC）时代，许多财经自媒体也共同生产着优质的财经内容，与官方媒体同频共振。随着 5G、大数据、云计算等技术的成熟，短视频元年如期到来，抖音、快手等短视频平台依托庞大的用户规模迸发出前所未有的生机，“央视财经”等官方媒体借助短视频形式向新型主流媒体转型，“巫师财经”“直男财经”等许多广为人知的财经自媒体账号凭借其翔实的视频分析、幽默的语言风格和有价值的财经知识吸引了一大批用户。在这个阶段，得益于技术的推动，财经新闻的传播随时代变化、顺势而为、应需而变，深耕移动互联时代的融合与转型。

二、中国财经新闻传播的发展与趋势

变革与稳定贯穿了数十年的财经新闻传播发展历史，其间见证了经济体制与资本市场的变迁、媒体技术的持续革新、媒体管理体制与市场格局的演进，以及社会的多元化发展与中国财经新闻传播的变迁，这些都成为改革开放以来中国财经新闻传播的发展动力。在数十年的探索过程中，中国财经新闻传播形成了独特的路径，包括财经新闻内容的生产和品牌的建设、多元盈利模式的创建与多场景体验的打造，以及经济发展驱动下的财经媒体变革。

目前，中国财经新闻传播的报道形式日益多样化，报道理念也更加成熟。现代财经新闻报道已不再局限于狭义的财政金融范畴，而是扩展到了宏观经济政策、财税制度、保险福利、劳动工资、租赁产权、社会保障、就业情况、政府采购、电子商务等多个领域。随着报道领域的不断扩展，报道的角度也在深化，涵盖了从宏观形势分析、中观思路解读到微观案例剖析的不同层面，从而在多个维度上提升了财经新闻传播的深度与广度。此外，财经报道不断创新着报道理念，新型财经类报刊采用现代金融理念和媒介操作方式，借鉴国外财经媒体的经验，对财经现象进行深入透彻的分析。① 它们对题材的“复调”式处理方式、对事件的个性化和独家性解释、对主题纵横表里的千丝万缕的勾连及市场化运作模式产生了强势的传播效果②。随着财经新闻传播的数字化兴起，财经报道也不断提升市场意识，凸显平民化视角。财经信息的权威性和可读性也在增强，更加注重用户体验，将个性化与实用性相结合的趋势越来越明显。

新兴财经媒体的特点和优势，就在于定位的细化、内容的专业化以及

---

① 方汉奇．中国新闻传播史[M]．北京：中国人民大学出版社，2002.

② 李本乾，李彩英．财经新闻[M]．大连：东北财经大学出版社，2006：31.

报道层次的多元化。与传统的经济报道不同，新兴财经媒体不再试图吸引广泛的受众群体，而是选择特定的细分市场，精确定位其读者群。具体来说，泛经济类媒体更侧重于宏观视角，致力于成为权威的经济专业媒体，重点关注公共经济政策和宏观经济决策，并从全局角度阐释经济现象和事实的意义，而非提供操作性的信息。相比之下，新兴的财经媒体运营得更为专业化和市场化，专注于提供精细的财经分析和预测，利用国际视野和国际标准的财经新闻处理方法来促进其发展。因此，这类报道能够突破传统思维模式，展现出更强的批判意识，并且许多优秀的“揭黑”报道和调查报道都出自这些新兴财经媒体之手。

此外，报道手法的多样化以及财经媒介社会干预力的增强，是改革开放以来财经新闻传播的一个重要趋势。

改革开放后，中国的经济变革带来了大量有价值的新闻主题，新型财经报道开始更加关注中国经济制度化变迁。这些报道不仅从经济层面进行分析，还延伸到社会和制度层面，对事件进行多角度剖析，从宏观、中观、微观三个层面解读政策，并广泛收集各方意见以实现信息的增值。除了记录中国经济的变革历程，财经媒体还承担着舆论监督的重要职能。许多媒体通过其专业且尖锐的深度报道和高水平的调查报道，在众多财经媒体中脱颖而出。它们不仅关注当下，还深入探讨现象背后的实质，在过去的几十年里，共同推动了财政金融制度的改革与法律法规的完善，最大限度地将真相呈现给公众。正是由于财经媒体强大的社会影响力，《财经》等一批媒体应运而生，成为公共利益和社会责任的坚定守护者。

总之，作为前沿细分领域的财经新闻传播，其新时代的发展轨迹受到用户需求、技术手段和数据思维等多种因素的影响。未来的财经新闻传播将朝着内容定制化，强调深度报道；理念日渐成熟，积极参与舆论监督；形式更加多样，视角更为多元；平台不断融合，技术手段更加丰富的方向发展，继续谱写财经新闻传播的辉煌篇章。

第二节 中国财经新闻传播分类及特征

一、财经新闻传播的概念

财经新闻在中国是一个出现比较晚的报道领域，以往人们较为熟知和普遍使用的是“经济新闻”这一概念。早在公元 4 世纪初的东晋时期，“经济”一词就开始被使用，它是“经邦”“经国”“济世”“济民”“经世济民”等词语的综合与简化，蕴含了“治国平天下”的含义。《中国新闻实用大辞典》中把经济新闻定义为有关生产、流通、分配、消费等一切经济领域新闻的总称。“财经”从字面上可以拆分为财政、金融和经济，而中国“财经”的概念源于计划经济体制时代，更多指向与国家、政府等行为相关的宏观经济领域的财政金融。随着中国经济体制改革的不断深入，社会公众经济活动的增加以及传播互动能力的强化，“财经”的概念也逐渐从狭义走向广义，涵盖宏观层面的国民经济全局现象、中观层面的区域经济或产业活动、微观层面的关乎个人和公司的行为，“财经新闻”逐渐取代“经济新闻”占据人们的主要视野。在社会转型变革和信息时代到来的大背景下，财经新闻基本可以被界定为为人们提供经济信息，描绘解释经济活动和经济现象，提供分析预测并指导人们进行经济选择和经济决策的报道。

财经新闻传播则是为大众提供财经新闻的传播活动，与其他所有传播活动一样，包含了传播者、受传者、传播信息、传播渠道、反馈和噪声几个主要要素，这是一种集合了宏观经济、产业运营、上市公关、融资公关以及投资者关系的现代传播方式。我国社会主义市场经济体制确立后，诞生了一批主流财经媒体，有传统的《经济日报》《中国经济时报》，也有《中国证券报》《上海证券报》等专业性证券日报，还有《财经》杂志、《21世纪经济报道》、《经济观察报》等一众带有新锐时尚色彩的财经媒体，中国财经新闻的生产、传播走向专业化运营管理道路。同时，随着媒介技术的发展与创新，财经电视、财经广播、财经互联网等新兴媒体也纷纷加入财经新闻传播的行列当中，传播渠道的增加使得受众反馈与个性化需求增加，又进一步引导财经新闻内容生产的深度变革，财经新闻传播从单纯的经济新闻传播转向财经资讯深加工，从即时报道转向分析性、解释性、深度报道，从政经、产经、消费、财经转向更广泛的财经一体。

二、财经新闻传播的分类

（一）按财经新闻传播内容分类

1. 按内容涉及的层面分类

从财经新闻报道所涉及层面的角度出发，我们可以按照宏观、中观、微观的分类方式将财经新闻传播分为国民经济及政策全局报道、行业动态报道及资本金融和消费生活报道三大类。

第一，国民经济及政策全局报道。所谓宏观，就是拥有全局的眼光，站得高看得远，不局限于一时一事，关注经济动态和政策制度变革在一段较长时间内对全社会经济生活的影响。[①] 宏观国民经济与相关金融经济政策是财经新闻报道的一个重要部分，包括政府部门公文及会议、经济发展形势及政策等。例如，《2020年GDP初步核算结果出炉》（《经济参考报》，2021年1月20日），公布了国家统计局关于2020年国民经济核算的数据及分析；《中共中央　国务院印发〈海南自由贸易港建设总体方案〉》（新华社，2020年6月1日），报道了《海南自由贸易港建设总体方案》的主要内容。

第二，行业动态报道。对于各产业行业的报道属于中观层面，涵盖农

---

① 李本乾，李彩英．财经新闻[M]．大连：东北财经大学出版社，2006：4.

业、工业、商业、服务业、金融业、信息业等领域的动态和现象。在现代社会中，行业动态紧密关联着市场经济中最活跃的主体——公司，公司尤其是上市公司的经营行为不仅影响其自身发展，也深刻影响着产业市场甚至社会公众的切身利益，因此公司报道也可以看作对业界动态的报道。例如《违反反垄断法　阿里阅文丰巢被顶格处罚》（《北京商报》，2020 年 12 月 15 日），报道了在中共中央政治局要求强化反垄断的背景下，市场监管总局对阿里巴巴投资收购银泰商业、阅文集团收购新丽传媒、丰巢网络收购中邮智递 3 起未依法申报违法实施经营者集中案进行处罚一事，增强了社会及业内对于《中华人民共和国反垄断法》的认知，促进互联网行业的公平竞争和健康发展。在一段时间里，有些对国民经济影响巨大或者跟百姓生活联系密切的产业，往往也成为媒介组织聚焦的对象。如目前的新能源产业、信息产业、房地产产业及医药产业等，其整体发展趋向和特点备受瞩目。

第三，资本金融和消费生活报道。从微观层面来讲，与一般公众生活关联密切的信息和动态是财经新闻传播中的一个重要部分，这部分内容由于较为琐碎，关注度和接触面可能不如前两类报道，但其贴近性和实用性较强，对于个人的指导意义和价值较高，同时包含的范围也极广，一般会以各类市场行情、生活消费指南等为题材。例如《坏消息接连不断，蛋壳公寓股价却突然“炸了”：一度暴涨 90%，发生了什么?》（《每日经济新闻》，2020 年 11 月 18 日），梳理了蛋壳公寓面临的危机；《元旦春节假期临近，疫情是否有加剧的风险，中国研制的新冠疫苗安全吗？刚刚，权威回应来了》（《每日经济新闻》，2020 年 12 月 21 日），针对新冠疫苗、春节病毒防控等热点问题进行官方回应报道。

2. 按报道的内容指向性分类

财经新闻传播具有很强的实用性，可以通过解释经济现象、分析经济活动预测未来趋势走向，不同指向性的报道侧重点不同，给受众带来的功能效果也不同。参照程道才、严三九的《经济新闻写作概说》（中国广播电视出版社 2001 年版），从财经新闻报道的内容指向性来看，可以将财经新闻传播分为政策型报道、信息型报道、服务型报道、主体型报道、自然现象型报道五大类。

第一，政策型报道。反映党和国家在经济工作及经济建设中的路线、方针、政策实施情况的财经新闻，通常具有显著的政策指导性，这类报道专注于展现相关政策的落实与效果，强调其对经济发展的导向作用。包括党中央、国务院和各级政府部门对经济建设、经济工作的新部署、新决策，党和国家领导人关于经济工作的重要论述，各地干部群众在执行党和政府制定的各项经济政策的过程中总结出的新经验、发生的新情况和涌现的新典型，各地、各单位在执行党和政府的经济政策的过程中取得的成绩、成果，以及各地在开展经济工作的过程中出现的带政策倾向性的问题和现象。[①] 还有一些看似是政治新闻，实则与经济发展密切相关的新闻报道，例如《国际论坛：汲取历史智慧　妥善管控分歧》（《人民日报》，2020 年 8 月 20 日），对当前国际形势、中美关系历史经验和未来发展方向进行了报道和评价，对于多边贸易以及中美两国企业合作往来有着重大影响。

第二，信息型报道。以传递经济信息、提供经济发展动向为主要内容的财经新闻，强调时效性。按照经济信息特点可以分为现状型信息报道，即反映当下经济活动、经济现象以及行业发展状态的新闻；预测型信息报道，即通过现状或数据监测分析及历史事实经验，总结预测经济发展未来趋势走向或行业、市场前景的新闻；结果型信息报道，此类新闻报道了经济活动的实际影响、经济政策措施的结果，以及公众关于经济现象和活动的观点、评价、需求与建议。

第三，服务型报道。以引导和促进企事业单位及组织和社会大众更好地实现生产、流通、销售和消费为主要目的的财经新闻报道，关注市场机制运行、消费者行为及企业的生产决策，实用性较强。立足于生活，注重经济信息对消费者的引导作用，根据受众的心理和实际需求，帮助企业根据市场行情调整生产发展和经营决策，提高服务意识，从而有效联系供需

① 吴玉兰．经济新闻报道［M］．武汉：武汉大学出版社，2009：24.

两端。

第四，主体型报道。财经新闻传播中有很多以公司或个人作为主体的报道，反映某一企业经济行为和运营动态或经济活动、经济工作中的个人突出事迹，包括企业专题报道、人物事迹报道、人物采访报道等，一般以个人为主体的报道都会选择知名的专家学者、经营者或管理者。

第五，自然现象型报道。即报道与经济活动有关的自然界现象的新闻。包括天气与海洋情况报告，暴风雨、地震、火灾等自然灾害报道以及有价值的经济趣闻等。

3. 按报道的体裁分类

对于一个经济事件、经济活动或经济行为，财经新闻传播可以通过不同的处理方式来表达，从其报道的体裁来看，大致可以分为描述型报道、解释型报道、讨论型报道三类。

第一，描述型报道。以描述经济活动、经济现象、行业现状或企业动态等事实为主要内容，多为消息快讯的形式。

第二，解释型报道。相比于描述型报道更加详细和深入，也可称为分析型报道或深度报道，在把握和传达事实的基础上加以诠释，对某一事件或某种现象的发生发展过程进行梳理和分析，探求现状形成的背景原因以及产生的影响，判断可能的未来趋势。解释型报道可以通过分析市场竞争中表现优异的优质企业的成功经历，给行业和其他企业带来经验借鉴和启迪，也可以通过深度调查剖析存在的问题，进行“揭黑”报道，以引起社会关注并促进经济健康发展，不过由于这类新闻需要挖掘大量被故意隐瞒或篡改的真相，采访调查难度大，风险也很大。

第三，讨论型报道。顾名思义，讨论型财经新闻即组织群众和专家学者根据经济环境、经济现象、经济工作就某一问题在新闻媒介上展开讨论，分别发表观点和意见，以期对一些有争议的、受关注度较高的话题形成更加科学的认知，对当前经济热点、难点进行释疑解惑。讨论型报道一般具有较强的时效性和普遍性，容易引起社会的关注，且适合公开讨论。

（二）按财经新闻传播渠道分类

财经新闻传播与其他新闻传播一样，随媒介技术发展不断升级。从报纸刊物到广播电视再到互联网新媒体，财经媒体机构不断变迁转型。

1. 财经报刊

改革开放四十多年来，中国从“有计划”的经济逐步走向自由活跃的市场经济。20世纪80年代，首先出现以经济工作指导为方针的《市场报》《经济日报》等新时期财经媒体，之后各地经济类报纸也如雨后春笋般涌现，如《中华工商时报》、《南风窗》杂志等。随着市场经济的确立，财经报刊变得更加专业化和市场化，诞生了《财经》杂志、《上海证券报》、《中国证券报》、《证券时报》、《中国经营报》、《21世纪经济报道》、《经济观察报》等一众具有深刻影响力的专业财经报刊。

2. 财经广播

财经广播的受众较少，但确是财经新闻传播中一个重要的传播渠道，尤其是随着车载广播的兴起以及“耳朵经济”的发展，涌现出一大批专业的财经广播电台，除了众所周知的中央人民广播电台经济之声，还有各地调频广播（FM），如陕西经济广播、重庆经济广播、合肥徽商广播等，以及大量个体性财经广播，通过财经动态资讯直播、专题探讨等推动财经内容传播，同时以电话连线和短信互动等方式增强了受众的参与感和趣味性。

3. 财经电视

以电视为媒介的财经新闻传播已经成为现代社会消费生活的重要部分，不仅设有CCTV-2等专业财经频道，很多省市级电视台也都设有专业的财经栏目。中央电视台2000年推出的《对话》、2006年的《赢在中国》，还有《大国崛起》《公司的力量》《互联网时代》等都成为经典的财经节目，CCTV年度经济人物评选、“3·15”晚会也逐渐深入人心，类似2008年全球金融危机后，央视经济频道长达3个多月的《直击华尔街风暴》的大型连续报道，引起了公众强烈的注意和反响。由于电视具有庞大且独特的影响力，许多财经事件和商业界知名人士广为人知，这也促使财经新闻逐渐变得更加通俗化和普及化。

4. 财经互联网新媒体

互联网时代的来临使得传媒产业也发生了深刻变革，财经新闻传播也面临冲击，和讯网、凤凰网财经、财新网、新浪财经、虎嗅网等纷纷跟进抢占互联网信息场，传统的财经报刊媒体则在积极进行移动化和新媒体转型，纷纷设立微博账号和微信公众号、视频号等，如《21 世纪经济报道》、《财经》杂志、《每日经济新闻》等。同时还涌现出一批具有强大传播力和影响力的个体账号，财经领域的专业人才借助各个新媒体平台发挥意见领袖的作用，如“吴晓波频道”“招财大牛猫”“紫竹张先生”等。

三、财经新闻传播的特征

（一）专业性

财经新闻与其他种类新闻相比具有更高的专业要求，财经动态不同于能够直观感受的社会动态和时事热点，是经济数据和专业术语构成的抽象的概括，暗含大量经济学、管理学以及金融学等理论知识。以最常见的宏观经济数据为例，财经记者需要明确知道各类宏观经济指标，如国内生产总值（GDP）、居民消费价格指数（CPI）、消费者信心指数（CCI）、非农就业人数变化（NFP）、采购经理指数（PMI）、工业品出厂价格指数（PPI）等经济学术语的具体含义，并能够通过指标变化分析得出经济现状和发展趋势。除此之外，财经新闻还要求报道人员对基础经济知识和国内外政治经济文化背景有一定的知识储备。

（二）时效性

新闻是对新近发生的事实的报道，财经新闻更是如此，作为经济领域的瞭望者，财经媒体需要在财经事件发生的第一时间抢占报道的制高点，紧跟市场动向，并快速地做出反应。在瞬息万变的金融市场中，财经信息的时效性显得越发重要，由于财经牵动着资本、消费等与利益密切相关的领域，因此更加要求及时、快捷和准确。

（三）伴随性

财经媒体的诞生基于市场经济的发展，因而财经新闻传播也随市场经济波动而变化，也就是说，一个经济现象或经济问题的出现，往往伴随着政治、经济、社会环境以及其他经济信息和动态，而财经新闻的价值就体现于对这些因素的宏观整体把握和有逻辑的针对性分析。

（四）前瞻性

财经新闻的价值与其他一般新闻的区别就体现在其专业的前瞻性上，财经新闻传播注重的是通过大量经济信息的积累和最新资料的分析，挖掘经济事件、经济形势的深层意义。国务院发展研究中心市场经济研究所研究员陈淮曾评价说："有关经济形势、经济事件的报道出来以后，每个人都会根据自己的认识作出判断。记者在后续报道中如果仅仅告诉公众一些谁都能想得到的'联想'，那这个报道是失败的，有时甚至有误导性。"①

（五）客观性

财经新闻首先遵循经济发展和市场变化的客观规律，其次应以信息和全面综合客观的事实为主，而不掺杂过多感情色彩，要实现财经新闻传播的引导性，切忌造成煽动性，同时还要避免利害关系，以公平、公正、公开的原则报道新闻，防止利益倾向问题。

（六）可读性

由于财经新闻的专业性，一些信息需要通过专业的解读才能为受众所接收。财经新闻并非经济工作总结或专业学术论文，其目的是站在与群众生活密切联系的角度，通过辩证科学的分析和通俗化的语言将经济实质传达给受众。尤其是在当今社会大众理财意识普遍增强，对经济金融的关注度逐渐上升的背景下，财经新闻传播更需要以故事化、修辞化、视频化等手段提升可读性，从而为收入、投资、储蓄这些最基本的经济活动提供参考和指导。

（七）平台化

财经新闻传播实际上是通过财经媒体向社会及公众传达财经新闻，随

---

① 唐宋．称职的财经记者有多少？——浅析中国财经采编人员的供需矛盾［J］．新闻与写作,2003(12):6－8.

着互联网及移动端技术的创新发展，财经新闻传播渠道已经从单一的信息发布媒体转向多元化、交互式的媒体平台，涵盖金融、政经、商业、管理、科技、生活、时尚等各个领域，不仅提供财经资讯，还提供金融服务、举办品牌活动、邀请“大V”入驻，打造综合型财经媒体服务平台。

四、财经新闻传播的功能

财经媒体作为当今媒体市场中的关键部分，在汇集财经信息、提供金融指导、增强公众理财意识等方面发挥着重要作用。

（一）促进经济良性发展

在信息化程度高的现代社会，财经新闻传播是推动经济良性发展的重要环节。财经新闻最基本的功能即提供经济信息，反映经济运行状况，其次即解释经济政策，分析经济现象，预测评析经济形势，在社会高速发展的时期，还能够反映经济问题，推动经济矛盾和纠纷的解决，指导经济生活，监督经济活动和市场，促进经济平稳发展。

（二）推动政治深化变革

经济基础决定上层建筑，经济活动是人类最基本的活动，能够影响政治与社会。财经新闻背后隐含的是政治体制和政策环境对经济活动的影响与制约，例如，对“三农”政策的报道反映了中国农村经济发展改革和可持续发展战略的实施情况。财经新闻传播能够解释经济与政治之间的相互关系，也能从政治视角加深对经济发展和经济变革的认识与理解，同时通过传递党和政府的政治经济理念激发政治热情，推动政治变革。

（三）引导受众正确决策

财经新闻能够从宏观、中观以及微观层面为受众提供各方面与自身利益相关的信息，从而使得受众对财经场域及环境有正确的认知，通过揭露经济规律、分析经济实质，引导政府及经济管理机构更好地进行宏观调控，制定经济发展目标、战略和政策，指导企业适时调整自身经营策略，并指导社会大众理性投资和消费。

（四）展示国家经济实力

自加入世界贸易组织，中国逐步融入了世界经济大发展的浪潮中，在金融全球化、经济一体化趋势下，大国之间的博弈不可避免，而财经新闻传播是中国对外传播中的重要部分，是中国与世界进行经济信息沟通的重要桥梁。财经媒体的国际化视野和全球性的综合创新运作理念，能够推动中国财经新闻积极影响国际舆论，体现中国视角，并展现中国的经济实力和综合国力，提升中国的国际影响力。

第三节　中国财经媒体的运营与管理

一、财经媒体产业发展概述

财经媒体产业是经济系统中的重要有机组成部分，改革开放四十多年以来，随着加入世界贸易组织，中国已然从尚未形成一定规模的市场经济，尚未拥有发展迅猛的资本市场、货币市场、金融市场，发展成为世界第二大经济体。日渐完备的市场经济也推动着财经媒体产业的发展进入快车道，从目前市场情况看，财经媒体市场已然形成一定的产业规模，出现了新的特点。

（一）人机协同传播，竞争空前激烈

技术的变迁不仅作用于传播内容和传播形式，还使财经新闻传播的主体发生改变。随着大数据、云计算、互联网、物联网等技术的成熟，万物皆媒、人机合一、自我进化的时代已然到来，数据新闻、机器人新闻、虚拟现实（VR）新闻等的出现使财经媒体产业焕发新的生机。人工智能（AI）领域的突破使机器人生产财经资讯成为可能，大数据技术的完善使财经报道的可视化成为现实。这意味着财经新闻传播的主体已经从专业的财经记者，发展至如今的人机协同，在技术带来便利的同时，财经记者同样面临着被替代的挑战。此外，受益于互联网技术的红利，财经自媒体的出现使财经媒体产业的竞争更为激烈。随着手机等移动端的普及，“巫师财经”等财经公众号、财经短视频号如雨后春笋般涌现，这也使得财经媒体市场的竞争更为激烈。总之，目前财经媒体不仅要明确定位、做好细

分、强化品牌，区分于其他媒体，还要和机器人新闻与自媒体一同竞争，因此，培养一批高业务水准、强互联网思维、精财经知识的财经传媒人才是当务之急。

（二）集团管理经营，媒体加速融合

当前，推动媒体深度融合是财经媒体的大势所趋，包括媒体的集团化经营和多媒体融合两方面。集团化经营是媒介组织参与市场，提升竞争力的有效途径之一，可以看到中国知名的主流财经媒体背后通常有媒体集团庞大的资金、人才、技术、渠道等支持。传统财经媒体谋求的跨媒体、集团化的媒体融合，包括战略合作、结构性融合等多种形式，多媒体的深度融合会是未来很长一段时间内财经新闻传播发展的主流。如成立于2016年11月17日的南方财经全媒体集团作为全国首家全媒体集团，依托“媒体、智库、数据、交易”四大核心业务，聚焦财经全媒体主业，快速构建起了以《21世纪经济报道》、21财经App、经视频道、股市广播为核心的全媒体矩阵，形成了包括平面、广电、新媒体在内的全介质财经媒体集团，并向着湾区一流、国内一流、国际知名财经全媒体集团的方向迈进。

（三）知识付费兴起，垂直社区活跃

知识付费的本质是把知识变成产品或服务以实现其商业价值，随着共享经济的发展，知识付费模式也被融入财经媒体的运营与管理中。自美国《纽约时报》等推出付费区后，2017年财新传媒成为中国第一家全平台实施新闻全面收费的媒体，这意味着国内的新闻收费又迈出了探索性的一步。财经新闻收费从本质上来说，是因为垂直细分类的信息服务才是真正的刚需，而刚需产品才能带来最直接的价值。

此外，与新媒体传播的“碎片化”特征相对应的是媒体的“社区化”聚合特征，财经媒体的信息传播借助社交平台，聚合了兴趣相近、价值观相同的用户群体，提升了用户的活跃度和黏着度。① 以共同价值观为系统内核、以受众成员需求为中心的垂直领域中财经社区十分活跃，它们聚合

① 金韶．财经媒体的新媒体传播特征和运营模式[J]．编辑学刊，2015(3)：38－42.

了财经传媒的多种资源，高度涵盖了财经传媒产业链条，为财经传媒赢得了经济利润和社会影响力。

（四）资本运作渗透，融资渠道多元

自20世纪80年代后期以来，中国新闻传媒的融资渠道逐渐多元化，从以往单一依赖财政拨款，发展到现今可以通过银行贷款、证券市场、民间资本及外资等多种途径筹集资金，从而形成了多渠道并存的融资格局。而敏锐的资本也开始关注日益火热的传媒产业，各类媒体纷纷谋求上市，而其他行业的上市公司也积极收购媒体资产以期实现业务转型。传媒业的资本化运作因此成为传媒界与金融界共同热议的话题。

在众多上市媒体中，财经媒体占据了很大的比重，如财经网站“金融界”“新华财经”等均实现了上市融资。可以说随着中国财经媒体市场化运作的进一步完善，其资本运作的力度也会越来越强。目前中国财经媒体资本运作的现状大致体现为：融资渠道多元化；投资领域多样化；跨地区、跨媒体进行资本合作经营；与外国资本合作的渠道拓宽；媒体投资采取主动出击措施，积极参与国际传媒竞争；传统财经媒体如报纸和电视，与网络、手机等新兴财经平台在资本领域的合作不断加深，双方通过互利共赢的方式，探索多元化的盈利模式。

二、财经媒体的战略管理

“全球化”“产业化”“数字化”是目前媒体领域的发展方向，也是中国各大媒体面临的机遇和挑战。财经媒体要想获得长远的发展，不仅要依靠灵活的策略，还需要正确的战略管理，这对于形成媒体的核心竞争力和品牌优势具有重要的意义和作用。具体而言，财经媒体的战略管理可从以下几个维度开展。

（一）财经媒体环境分析

媒介组织做出正确战略部署的前提是对环境进行准确的分析和判断。财经媒体的环境分析可分为外部环境分析和内部环境分析。外部环境是指存在于财经媒体组织之外，影响财经媒体发展和决策的各种外部因素和力

量的总和，一般包括宏观环境和产业环境两方面。通过对外部环境的分析，媒介组织可以明确外部环境中存在的威胁和机遇，从而制定应对策略。内部环境是指财经媒体在一定的经济技术条件下，从事生产经营管理活动的资源和能力，包括财经媒体生产经营的内在客观物质条件和主观工作状况的各个方面，如传媒生产、传播技术、市场营销、财务、人力资源等。[①] 财经媒体可以从媒介组织的内部环境分析中总结出自身的优劣势，从而发挥优势、避开劣势，进行有效的战略管理。

（二）财经媒体领导体制和组织结构

财经媒体领导体制是指在财经媒体组织中为规范领导活动范围和方式，而制定的财经媒体领导权限及相应组织机构设置的制度体系，财经媒体的领导体制和组织结构与其他类型的媒体区别较小。

财经媒体领导体制是财经媒体领导活动的载体，是具有特定含义的财经媒体管理制度体系。它包含两层含义，一是财经媒体内部的权限划分机制，二是财经媒体内部的制度安排。目前，财经媒体领导体制的构成要素分别为决策中心、咨询反馈机构、执行机构、监督机构。传媒领导体制的类型大致可以分为四类：一体制与分离制、集权制与分权制、首长负责制与合议制，以及层级制与职能制。

财经媒体组织结构是指财经媒体组织内部各构成要素以及这些要素之间相互作用的联系方式或形式。财经媒体组织结构是描述财经媒体组织的框架体系，主要涉及财经媒体组织部门的构成、组织层次的划分、管理权限和责任的分配以及组织中各部门、各层次间的协调与控制。总之，财经媒体组织结构是财经媒体组织管理系统的前提和基础，是财经媒体组织适应外界环境、实现组织目标的“手段”，也是财经媒体组织实施经营战略的重要工具。[②]

（三）财经媒体人力资源

人力资源对媒介组织而言是非常重要的资源，它是媒体发展壮大不可

① 谭云明．传媒经营管理新论[M]．北京:北京大学出版社,2007:23.

② 谭云明．传媒经营管理新论[M]．北京:北京大学出版社,2007:55－64.

或缺的动力，有效的人力资源管理能够为传媒组织创造持续的竞争优势。目前，由于中国媒体受众市场与媒体自身市场环境的不成熟，以及宏观经济市场的尚不完善，财经媒体存在着专业优势缺乏的问题，难以获得专业市场的认可，因此培养高素质的复合型人才是财经媒体的当务之急。

总体而言，目前，中国传媒集团的人力资源管理制度在思想观念、管理方式、人才发展战略、人才使用和结构层面等上都存在着一些问题。因此，中国财经媒体应多反思，并积极借鉴西方媒体的管理方式，用其成功的经验制定出适合中国国情的人才管理战略。如拥有百年历史的《华尔街日报》通过成功的人力资源管理，在竞争激烈的财经媒体市场百年屹立不倒，就可为之提供借鉴——为激励、感激有责任感的管理人员，股东大会每年会以金额不等的股票认购作为奖励，也正是这种对人力资源的重视与恰当管理，才使之成为众多财经报纸的领导者。

（四）财经媒体财务管理

媒介产业的财务管理是对媒介的财务活动进行预测、计划、控制、核算、考核和检查等的综合性管理。换言之，媒介财务管理是根据媒介各部门的性质与规模，力争以最低的投资获得最高的社会效益和经济效益而采取的各种措施。[①] 改革开放四十多年以来，媒介产业经营的环境越发复杂，风险也随之加大，因此，作为营利性组织存在的大多数财经媒体应将财务管理置于经营管理的中心位置。

与其他企业相同，财经媒体的财务管理也分为会计管理、财务管理和产业财务管理三个层次，但也正是由于媒介产业的特殊属性，其财务管理也呈现自身的复杂性。其复杂性形成的原因：一是媒介组织拥有多种资金来源，其中包括国家财政拨款、广告业务收入、经营活动所得以及社会赞助等；二是媒介产业的财务管理具有一定的政治导向性，这由媒介产业“耳目喉舌”的功能所决定；三是投资效益的滞后性，且这一特性在财经类电视节目的制作中表现得尤为明显。

---

① 周鸿铎，赵立文．媒介财务管理[M]．北京：经济管理出版社，2005：21.

三、财经新闻生产流程管理

生产流程管理旨在帮助企业加强业务管理，优化业务流程，从而创造更大的效益，以实现某种特定、可用的目标。财经新闻的生产流程主要包含了策划、采编和生产制作几个方面。

（一）财经新闻策划管理

“策划是为了达到一定的目标，在掌握充分的信息之后对有关情况进行深刻分析的基础上，运用科学的方法拟定并评估各种方案，从中选出合理方案的过程。”[①] 一个好的策划首先要有一个好的选题，发现选题需要记者拥有独到、敏锐的眼光，发现有价值的事实，并发掘其本质，同时还要选择具有一定爆点和卖点的新闻，再通过系统整合理出主题，创造商机，结合自身知识储备带着问题意识去看待和解读项目，以谨慎辩证和客观的态度研究和评判价值和卖点。

信息是策划的基础，发现选题之后就要通过各种渠道收集相关信息，争取全面、可靠、准确，保持信息的系统性和连续性，同时重视信息的针对性和可操作性，在对项目进行充分了解和掌握的基础上科学地开展策划工作。

作为财经新闻，其传播的目的中很重要的一点即吸引受众和广告主，因此不仅要找到有卖点的项目，还要充分了解受众的需求，确定目标受众的范围和购买能力，满足其个性化信息需求，并及时接收和融合受众反馈，为策划增加新的创意和活力。

在确定选题和基本构思之后，需要将其整理归纳并系统呈现，一般以策划文案的形式呈现，在策划方案实施的过程中可能会产生很多突发情况，需要执行人有一定的变通能力，根据具体情况遵循策划初衷实施项目。在项目完成之后，还要主动评估预测结果与实际结果、思考差异原因，总结经验教训并发掘可以延展的主题。

---

① 周鸿锋，赵立文．媒介财务管理[M]．北京：经济管理出版社，2005：21.

（二）财经新闻采编管理

财经新闻的采编任务即财经新闻内容的采集和编辑业务，是财经新闻真正投入生产的前期阶段，是财经新闻传播中产品生产的第一个环节。采编业务是财经新闻内容质量的决定性因素，在生产过程中有非常重要的地位。

1. 财经报纸的采编管理

财经报纸采编的基本流程是：编委分稿—部主任分稿—编辑处理—部主任审定—部主任签发—值班编委签发—组版—出大样—校对—出清样—值班编委或部主任签字—付印。[①] 采编管理包括对记者、编辑等采编人员和采编内容的管理。对采编人员实行量化考核，制定目标。采编业务模式主要包含采编合一、采编分离、记者中心制/编辑中心制三种。采编合一即记者一人承担采编责任，但很容易导致个人包办，失去了编辑的监督把关作用。采编分离即记者负责信息采集，而责任编辑按版面分工编稿和组版，但这样会使记者与编辑之间缺乏交流沟通，成为两个割裂的系统。记者中心制/编辑中心制即建立记者部以记者为主导而编辑负责版面处理，或以版面编辑为骨干建立版面编辑、责任主编、记者三级业务管理体制的模式。

2. 财经广播电视的采编管理

广播电视一般采取制片人制，即以制片人为中心的影视节目制作和销售的经营与管理制度。制片人担任总负责人，负责制定选题和拍摄计划，组建包括导演、编剧、摄像、录像、录音及演员在内的摄制团队，并协调各方以确保高效工作，同时指导和监督制片过程中的各项工艺处理等。不仅要对节目进行总体策划、制作决策、资金筹集、对外播出媒体选择，还要进行市场调研和预测，并接受受众的反馈意见。

3. 互联网财经媒体的采编管理

随着互联网的兴起和发展，财经新闻传播的新媒体运营与管理变得越发重要，网络财经信息的采编流程一般包括编辑部例会、日常内容生产及

---

① 谭云明，祝兴平．财经新闻导论［M］．北京：清华大学出版社，2011：331－332.

内容审核签发三个程序。编辑部例会商议重大选题和策划，日常内容生产由各栏目编辑对稿件进行收集、挑选、编辑、上传和发布，最终由责任主编或部门主管审阅内容批准发布。

（三）财经新闻生产制作管理

财经类报刊的出版制作需要经过印前、印中和印后三个环节，印前组版制版，印中即印刷，印后发行反馈。对报刊的生产制作管理已经有了一套结构化体系，包括版面系统管理、版面规划、新闻版面制作以及广告版面制作和全流程、全版面监控。报刊的发行还需要管理售价、选择销售渠道、推广宣传、汇总印数、运输分发、回笼资金、信息收集等。

财经类广播节目可以采取直播和录播两种方式。直播适用于互动性或时效性较强的节目，录播是更为常用的一种手段，通过播音录制、录音剪辑或合成进行节目制作。而财经类电视节目的制作手段有三种：实况直播、电视影片制作和录像制作。① 实况直播可以分为现场直播和演播室直播，电视影片制作可以通过全影片系统、影片录像系统、影片与实物等混用的综合系统三种系统进行，录像制作则可分为电子新闻采集、电子市场制作以及电视演播室制作三种方式。

互联网财经媒体可以更加便捷地运用网络搜集信息、查找资料和分析受众，更快速地通过移动化设备传达新闻，并且能够直接对财经新闻进行数字化保存，同时也更容易与受众进行交流互动，以便接收反馈。

① 孟群．电视数字制作技术[M]．北京：北京师范大学出版社，2003：7.

第四节　改革开放前的中国财经新闻传播

一、关于经济工作宣传的政策方针

新中国成立后，党和政府在1949—1965年关于经济工作宣传的政策方针主要包括如下导向。

（一）强调要重视经济宣传

1950年5月1日，中央人民政府新闻总署印发的《中央人民政府新闻总署关于改进报纸工作的决定》指出，在新的历史时期，应“适应全国逐步转入以生产建设为中心任务的情况，全国报纸应当用首要的篇幅来报道人民生产劳动的状况，宣传生产工作和经济财政管理工作中成功的经验和错误的教训，讨论解决这些工作中所遇到的各项困难的办法。报纸的新闻、通讯、评论、信箱、专门性的或一般性的副刊，都应当尽可能地服从于这个任务。在进行土地改革工作的地方，关于土地改革的报道和讨论也应当占据首要的地位”。该决定强调了经济报道工作的重要性，并特别指出要突出对土地改革工作的报道。① 1954年7月17日，中共中央政治局通过《中共中央关于改进报纸工作的决议》，特别指出“经济宣传所占的篇幅一般应不少于报纸版面的40%”，对经济宣传的版面做出了明确具体的要求。同一年，中共中央华北局和蒙绥分局分别就加强报纸的经济建设报道专门发文，强调经济报道的重要性与必要性。

---

① 沈毅．中国经济新闻史[M]．北京：北京大学出版社，2008：204.

（二）强调在经济工作宣传中应注意反映群众实际生活

1950年3月29日至4月16日，中央人民政府新闻总署组织召开了新中国成立以来首次关于新闻事业的重要会议——全国新闻工作会议。中央人民政府新闻总署署长胡乔木在会议中强调：“要把我们的工作安排得适宜于群众在报纸上来表现他们生活中的重要问题，要把我们的报纸当作表现他们的工具。”会议结束后，在1950年5月1日，发布了《中央人民政府新闻总署关于改进报纸工作的决定》，提出：“地方的报纸应当力求适应本地人民群众的需要。……无论是中央的、大行政区的或省以下的报纸，都应当减少关于会议、机关活动、负责人员的不重要的言论行动，没有广泛重要性的文告文电的篇幅。对于重要的会议和文告应当力求用适当的新闻通讯和评论加以生动而通俗的解释，以便为人民群众所了解。”

（三）强调报纸在经济工作宣传中要担负起批评、监督的责任

在1951年5月1日中央人民政府新闻总署印发的《中央人民政府新闻总署关于改进报纸工作的决定》中，党和政府尤其强调了报纸在经济工作宣传中所应负有的批评和监督的责任：“报纸对于政府机关及其工作人员、经济组织及其工作人员的工作中的缺点和错误，应负批评的责任。这种批评应当是积极的，富于建设性的，实事求是的和与人为善的。报纸所发表的批评应当要求被批评者作适当的声明，以便向人民群众报告批评的结果。”在经济工作宣传中，报纸不但要批评经济组织及其工作人员的缺点和错误，而且要监督和督促其改正。报纸还要做传达百姓心声的工具，“报纸应当用很大的注意来发表答复读者的来信，特别是关于政府的工作、经济建设事业和其他社会生活的批评、建议和询问的信件。这些信件中最重要的可以编入新闻版，其他的可以编入副刊，作为一般报纸副刊的主要内容”,[①] 强调让群众协助报纸做好批评、监督工作。

（四）强调社论在经济工作宣传中的重要作用

1950年3月，中共中央发出《关于各级党委及政府负责同志应经常为

---

① 沈毅．中国经济新闻史[M]．北京：北京大学出版社，2008：206.

报纸撰写社论或论文的指示》，明确指出："《人民日报》3月10日社论《为什么要统一国家财政经济工作》（陈云作），3月22日社论《税收在国家工作中的作用》（薄一波作）及2月6日社论《学会管理企业》（李三立作），解决了当前财政经济工作中的重大问题。各级党委与各级政府及财经机关应领导党员干部和全体财经人员加以学习。"在这一指示中，强调了党政负责同志撰写社论对于解决财经工作重大问题的作用，并且号召各地方和各部门的负责同志都能够针对自己所负责的工作，写文章在报纸上发表，形成一个对自己工作系统进行研究并向大众及时传播的良好氛围。①

二、报纸经济类版面、栏目与体裁

1949—1965年尚未出现专门的经济类报纸，经济新闻大多是在大报纸的某一版面或经济专栏中，有时也散见于各个版面。

（一）报纸设有经济类版面和栏目

在当时的各类大报中，经济新闻经常占有单独的版面，或是发展为经济专栏。如《人民日报》便设有经济新闻版面和《经济》专栏。一般重要的经济新闻和有关社论在头版，国内的日常经济新闻则在第2版。1956年7月1日改版后则是第2、第3版为国内经济新闻，第2版也着重工业和交通，第3版着重农业和商业，经济新闻在《人民日报》上的数量也有了大幅增加。整体来说，《人民日报》经济新闻版面具有强时效性、强宣传性、强导向性的特点。

再如《解放日报》的经济新闻版面。新中国成立之初，《解放日报》的经济新闻散落在第2、第3版，在第4版和第5版则有了《金融与贸易》专栏，主要报道市场行情、金融动态等。1951年之后，《解放日报》报道经济新闻的政治属性越来越强，很少发表贴近民生的新闻，《金融与贸易》专栏和《经济》专刊也都基本被取消。

除上述报纸之外，《文汇报》《新闻日报》《大公报》等报纸也均设有经济新闻版面与专栏。

---

① 沈毅．中国经济新闻史[M]．北京：北京大学出版社，2008：206.

（二）报道体裁

1949—1965年，经济报道的体裁尽管相对贫乏，但基本形态业已具备，主要包括消息、评论、通讯和专题报道等样式。

首先是消息，主要是指对广义的经济信息，也就是和社会经济生活有关的所有信息的报道，这一时期由于是计划经济，所以经济信息主要是农业信息与工业信息以及对中央政府出台的一些与经济相关的政策的报道，对于商业信息和市场信息的报道较少。

其次是评论，主要包括社评、经济述评和编者按。社评大多都具有很强的针对性和政治性，如《人民日报》十分重视社论的撰写，它的重要社论都具有权威性，并且大都被全国其他报纸转载，作为日常工作的重要依据。经济述评是新闻媒体针对最近或当前发生的重大经济事件、现象，或具有广泛影响的经济议题，所进行的一种结合叙述与评论的报道形式。它基于具体的新闻事件，通过分析和解读来展现事件的本质、特点及其深远意义。《人民日报》还曾设置过专门的《经济工作述评》栏目，《文汇报》也曾设置过《经济漫谈》这一具有经济述评性质的栏目。编者按是编辑对有关报道所作的说明、提示和考证，表明编者态度，是依附于报道又独立于报道之外的新闻评论的一种重要方式，也为当时的经济报道所青睐。

再次是通讯，主要包括人物通讯和事件通讯，人物通讯反映的对象主要是在社会经济生活中能够体现时代精神的先进人物；事件通讯则是以经济生活中具有典型意义的事件为报道的主要内容。两种通讯类型对经济生活中的先进人物和典型事件进行刻画，可以起到很好的宣传作用。

最后是专题报道。经济新闻报道中，专题报道的优势无可比拟。专题报道可以很好地围绕一个主题，刻画同一主题的不同侧面。这种体裁能够从局部和全局等不同层级表现不同重点，且连续性专题报道营造的社会氛围可以起到很好的宣传作用。

（三）经济新闻报道的特点

1949—1965年我国经济新闻报道主要呈现以下特征。首先是可以基本反映国家的经济建设形式和重点工程的建设情况，许多先进人物和典型事迹得到了宣传。其次是报道语言具有很强的公文性、政治性，并呈现口号化、标语化。这一时期的经济新闻的语言特色尚未形成，与政治新闻、时事新闻的语言有许多相同之处，经济新闻本身应当具有的理论性和科学性都没有彰显出来。再次是报道内容具有程式化的特征，缺乏多元的报道框架。最后是各地报纸的经济新闻报道多伴随着严重的同质化倾向，地方报纸并没有展现地方特色，大型报纸也和《人民日报》的风格越来越趋同，全方位的经济新闻报道越来越少见。

三、报纸经济报道的内容与经验教训

1949—1965 年，根据国内中心任务的不同，我国的经济报道内容在不同时期呈现不同的特征。

（一）报纸经济报道的内容重心

在恢复时期，我国经济报道的重点主要集中在以下方面：农村土地改革、恢复农业生产、恢复工业生产、商业与财政经济恢复、水利建设和交通运输、“三反”“五反”运动等。在社会主义改造阶段，我国经济报道的重点则主要集中在以下方面：对党的政策的宣传，如对社会主义过渡阶段总路线的宣传、对第一个五年计划的宣传和对社会主义改造政策的宣传；对社会主义改造的具体报道，具体包括对个体农业、手工业和资本主义工商业进行社会主义改造的报道。1959—1965 年，我国进入全面建设社会主义的历史时期，报道重心亦向“大跃进”和人民公社化运动倾斜。

（二）报纸经济报道的经验和教训

在经验方面，首先是经济报道的作用得以基本发挥，无论是宣传、指导作用，借鉴、交流作用，鼓动、号召作用还是监督作用，在报道内容中都得以体现。其次是这一阶段的经济报道从宏观的角度报道国家重大的经济建设成就，很全面也很有特色。再次是部分报道更多地贴近人民生活，体现了新闻媒体向民众生活贴近的倾向。最后是改版后的《人民日报》内容丰富，形式活泼，平民性增强，更具针对性，满足了群众的生活需求，为经济报道工作提供了诸多有益经验。

在教训方面，首先是报道语句的阶级斗争色彩强烈，导致经济报道的可读性差。其次是报道出现了语言过激和内容失实的倾向，如在“三反”运动的报道中经常出现“大盗窃犯”等过激字眼。再次是报道的浮躁气息浓厚，出现了盲目性和偏差，例如在1950年推进农业合作化报道中，报纸出现了跟风政治的急躁态度。最后是报道违背客观规律，助长了浮夸风气的蔓延，在“大跃进”报道中尤为明显，成为推进“大跃进”的工具。

四、“文革”时期的经济新闻报道概述

如果说1949—1965年的经济新闻尚有许多可取之处，那么“文革”时期的经济新闻报道便都是惨痛教训了。在经济类版面与栏目方面，原有的版面和栏目常常让位于政治话题，经济报道成为可有可无的陪衬。在报道内容与文风方面，从报道内容来看，这一时期鲜少有经济新闻报道，大多是经验总结类文章，新闻要素不全，难以向读者传递真实信息；从文风来看，这一时期的报道文风单调，千篇一律，充斥着大话、套话和空话等，经济报道更像是政治报道一般。整体而言，“文革”时期的经济新闻完全沦为了政治斗争的工具，本应具备的信息传递功能被淹没，最基本的新闻专业理念“真实、全面、客观、公正”以及在革命和建设初期建立起来的优秀新闻传统丧失殆尽。

第二章

改革开放大潮中的中国财经新闻传播

从1976年“文革”结束到1991年社会主义市场经济体制确立前的十五年，全国政治经济通过肃清“左”的错误和影响开始拨乱反正，进而实行改革开放，并向市场经济转型。在经济体制改革和社会经济生活发展驱动下，在党和国家中心工作向“经济建设”转移的过程中，新闻传播发生嬗变，财经新闻传播发展起来了，专门的财经新闻媒体产生并不断发展增多。在此期间，新闻改革经历了三个阶段：一是从1979年初至1982年，为新闻媒介“拨乱反正”时期，这一阶段，新闻媒介的规律重新受到尊重；二是1983—1986年，这一时期信息概念被引进，人们开始反思新闻与宣传的关系以及新闻媒介的功能；三是从1987年到1989年上半年，舆论监督问题在此期间被提出。[①] 在新闻改革与经济体制改革的双重驱动下，为满足社会经济生活发展需要，中国财经新闻传播在党的十一届三中全会召开后开始起步，不断向纵深发展。报道形式日益丰富、报道角度日趋多元、专业媒体不断发展丰富，为社会主义市场经济体制确立后财经新闻传播的繁荣发展奠定了良好基础。

---

① 李良荣．十五年来新闻改革的回顾与展望[J]．新闻大学，1995(1):3－8.

第一节　徘徊中的财经新闻传播

1976 年 10 月，持续十年的“文革”结束。从这时开始到党的十一届三中全会之前的两年中，广大干部和群众以极大的热情投入各项革命和建设工作。揭发批判江青反革命集团的罪行，清查他们的反革命帮派体系，取得了很大成绩。党和国家组织的整顿，冤假错案的平反，开始分部分地进行。工农业生产得到比较快的恢复。教育科学文化工作也开始走向正常。党内外同志越来越强烈地要求纠正“文革”的错误，但是遇到了严重的阻碍。这固然是由于十年“文革”造成的政治上思想上的混乱不容易在短期内消除，同时也由于当时担任党中央主席的华国锋同志在指导思想上继续犯了“左”的错误。[①] 所以这两年，中国是在徘徊中前进的，[②] 中国的财经新闻传播也是在徘徊中起步与发展的。

一、1976—1978 年中国财经新闻传播发展概述

这一时期，无论是经济建设还是新闻媒体的经济新闻报道，都处于拨乱反正的时期，取得了一定的成绩，也有着相当大的发展。不过，由于“左”的思想流毒在经济建设各个领域内并没有得到很好的清理，“抓纲治国”仍是当时各项工作的指导思想。在“左”的思想影响下，这一时期的经济新闻报道无论是在事实选择、写作手法还是在所占版面与分量上，都

---

① 中共中央文献研究室．三中全会以来重要文献选编（下）[M]．北京：中央文献出版社，2011：151.

② 方汉奇．中国新闻事业通史（第 3 卷）[M]．北京：中国人民大学出版社，1999：277.

与十年“文革”时期没有太大区别。[①]

鉴于“文革”后中国经济到了崩溃边缘，党中央、国务院召开了一系列的经济工作会议，努力恢复与发展经济。其中影响比较大的，主要有第二次全国农业学大寨会议与全国工业学大庆会议等。这一时期的经济新闻报道，就是在这样的背景下开始发展的。

1977 年与 1978 年上半年，经济新闻报道的主要内容是围绕农业学大寨、工业学大庆的宣传而展开的，涉及的经济生活集中在农业和工业两个领域。农业方面，主要是反映增收和农田基本建设；工业方面，则主要是反映大干快上、增产节约等内容。这些报道一般篇幅较长，罗列数字、大段引述领袖语录或群众学习体会，经济事实成为政治观念的注脚，这是当时“抓纲治国”纲领在经济报道中的反映。如 1977 年 4 月 10 日《人民日报》社论《抓纲治国　推动国民经济新跃进》，就明确提出要用“政治挂帅经济”、要用阶级斗争的思想来指导经济工作。

在“政治挂帅经济”等观念的导引下，这一时期的经济新闻，在报道农业丰收或工业增产时，常与揭批“四人帮”、遵循领袖教导等关联起来。譬如 1976 年 12 月 5 日《人民日报》上的一则消息，引题为《广大翻身农奴排除“四害”的干扰和破坏》，主题为《西藏冬小麦又获大面积丰收》，正文则写道：“西藏各级党组织遵照毛主席关于‘人类总得不断地总结经验，有所发现，有所发明，有所创造，有所前进’的教导，注意不断总结经验，使冬小麦的生产发展到了一个新的水平。”1977 年 1 月 17 日，新华社电讯稿《河北农村战天斗地气势磅礴》中的内容也颇类似：“河北省农村各级党组织带领广大干部和群众，认真学习伟大领袖毛主席的光辉著作《论十大关系》，认真学习华主席在第二次全国农业学大寨会议上的重要讲话和陈永贵副总理的重要报告，宣传和贯彻第二次全国农业学大寨会议精神，打响了深揭狠批‘四人帮’的人民战争。”[②]

在经济恢复发展的驱动下，该时期也出现一些以提供信息为主要功能

---

① 沈毅．中国经济新闻史[M]．北京：北京大学出版社，2008：245.

② 在第二次全国农业学大寨会议精神鼓舞下　河北农村战天斗地气势磅礴[N]．人民日报，1977-01-17(1).

的经济新闻，甚至还开设专门栏目。比如，1978 年 1 月 2 日《解放日报》开设的《市场鳞爪》栏目，每期推出五至六条广告性新闻。[①] 这些新闻属于服务性的报道，是根据读者生活需要所作的。这类新闻既与读者生活息息相关，又是他们希望知道的事情，内容“包括为人们的衣食住行、健康、求医问药、商品购买、娱乐、旅游、恋爱婚姻、寻人等方面提供的指南和服务”[②]。这类新闻通常篇幅短小、信息性强。如《市场鳞爪》中的消息，没有标题，每条 100 字左右，以提供产品信息及商业行情为主。如其中的一条报道：“上海市医药公司积极支持工业部门生产更多的药物新品种，最近投放市场的，有治疗效果良好的利福平片和从外地调入治疗冠心病有一定效果的冠心舒片等。”

这一时期还有少量国际经济新闻见诸报端，不过在事实选择上倾向性明显，要么是对社会主义国家经济的积极、正面报道，要么是反映资本主义国家经济危机与经济衰退的报道，如《日本经济面临重新衰退危险》[③]《西方经济再次陷于停滞》等[④]。有时甚至同时在同一报纸的同一版面出现内容、取向对比鲜明的两则倾向不同的报道，如《民族工业凋敝　通货恶性膨胀　人民生活悲惨　南朝鲜经济陷于严重困境》[⑤] 与《在劳动党领导下以顽强的意志战胜自然灾害　朝鲜去年农业喜获丰收　各地农业劳动者正为争取今年丰收继续努力》两篇国际经济新闻报道[⑥]，无论是在标题制作还是在新闻主体上，都带有明显的倾向性，因为刊载在同一报纸的同一版面，形成了鲜明的对比。

---

① 广告性新闻是介于新闻和广告之间的一种新闻文体，是一种以市场信息为主的报道，常见于报纸的《市场新闻》栏目，如《市场风景线》《市场鳞爪》《市场短波》等。邓宗岳，王多明．新闻文体写作与技巧[M]．成都：四川大学出版社，1996：112.

② 林永年．新闻报道形式大全[M]．杭州：杭州大学出版社，1991：313.

③ 日本经济面临重新衰退危险[N]．人民日报，1976－12－04(6).

④ 西方经济再次陷于停滞[N]．人民日报，1977－01－03(6).

⑤ 民族工业凋敝　通货恶性膨胀　人民生活悲惨　南朝鲜经济陷于严重困境[N]．人民日报，1977－02－22(5).

⑥ 在劳动党领导下以顽强的意志战胜自然灾害　朝鲜去年农业喜获丰收　各地农业劳动者正为争取今年丰收继续努力[N]．人民日报，1977－02－22(5).

二、1976—1978年中国财经新闻传播的特点

这一时期，因取得粉碎“四人帮”的胜利，全国上下豪情满怀，一边揭批林彪、江青反革命集团，一边不断恢复与发展经济，围绕着农业学大寨、工业学大庆、大干苦干等方面进行宣传，报刊上一片欢欣鼓舞、热火朝天。如1977年4月10日，《人民日报》中的报道《来自大庆油田的特写》：“四月三日，大庆油田的八千多名干部，身穿工作服，手拿劳动工具，奔赴千里油田上的一千三百多个基层单位，在生产第一线度过了每月一次的‘向工人学习日’。”“这天下午一点三十分，八千多名干部高唱《踏着铁人脚步走》的歌曲，从各机关出发了。大庆党委和革委会机关的三百零四名干部，在大庆党委书记宋振明、党委第一副书记陈烈民带领下，到基层单位，向工人学习。”“宋振明到采油一部中区一队后，白天同工人们一起抬管子，清理井场，晚上和工人们一起揭批‘四人帮’。夜十一点钟，他又跟夜班工人一起上岗，巡回检查了五口油井。”

其时，中国财经新闻传播的特点主要有两个：一是宣传“抓纲治国”推动经济建设。当时“社会主义和资本主义的矛盾、无产阶级和资产阶级的矛盾、马克思主义和修正主义的矛盾，集中表现为我们党和‘四人帮’的矛盾。深入揭批‘四人帮’，这就是当前的主题，就是当前的纲”。[①] 1977年4月19日《人民日报》社论《抓纲治国　推动国民经济新跃进》，即明确提出“必须用政治统帅经济，用革命统帅生产”“抓纲治国，才能扎扎实实推动国民经济新跃进。要结合经济战线的实际，把罪大恶极的‘四人帮’从思想上、政治上批深批透，把他们搞颠倒了的东西纠正过来”。

当时报刊上的经济新闻充分地体现了“抓纲治国”与经济建设竞发的特点。如1977年8月19日《人民日报》上的报道：一边是《进一步开展路线对比　彻底肃清“四人帮”流毒　大庆各级领导深入基层　落实三中全会精神　推动揭批“四人帮”的斗争深入发展》，一边是《急起直追　迎头赶上》《马万水工程队提前跨入一九七八年》《安源煤矿不断刷新生产

① 《学好文件抓住纲》，1977年2月7日《人民日报》、《解放军报》、《红旗》杂志的社论。

纪录》《土地潜力挖不尽　曲阜县夏家村大队实行科学种田连年夺高产》《一个顶六个用　燎原风动工具厂发动群众不断提高凿岩机活塞质量》《作好全面规划　搞好农田基本建设　伊通县抢时间学大寨　集中兵力组织会战　农田基本建设越搞越好　粮食产量不断增加　三年迈出三大步》等生产建设报道。

不但在报纸版面安排、标题制作上呈现出如此的特点，在具体信息传播中也是如此。如《落实华主席抓纲治国战略决策　向更高的目标进军　大庆出现新的跃进局面》（1977 年 7 月 2 日《人民日报》）："据新华社大庆一九七七年七月一日电　大庆油田各级党组织坚决贯彻执行英明领袖华主席抓纲治国的战略决策，带动广大职工和家属掀起了大学习，大批判，大进军，大比赛的热潮，辽阔油田出现新的跃进局面。""如同当年大庆会战一样，今天大庆向更高的目标进军一开始，油田党委就努力做到方向明确，路线对头，紧紧抓住揭批'四人帮'这个纲。他们在'三大讲'的基础上，采用两条路线对比的方法，紧密联系油田阶级斗争、路线斗争的实际，联系思想实际，深入揭批'四人帮'。"

二是使用激昂词语进行多出成绩与大干快上的"跃进"报道。由于粉碎了"四人帮"，国民经济刚有所恢复，人们迫切希望加快发展生产，容易对顺利的一面看得较多，对现实困难估计不足，加之对长期以来存在的"左"的错误还未认真清理，因而在国民经济发展中出现了急于求成的情况。1978 年 2 月全国人大五届一次会议通过的《1976—1985 年发展国民经济十年规划纲要（草案）》，对经济的发展提出了脱离实际的过高指标。从当时媒体报道看，就涌现出一股跃进潮流，出现一些"跃进"文体。[①]

在这种"跃进"报道中，语词多选用激昂字眼，"跃进、大干快上"等词语一时成为报刊流行语。这从当时新闻标题制作即可见一斑，如《抢时间　争速度　加快建设步伐》[②]《大批大干带来了快上大变》[③]《开足马

① 沈毅．中国经济新闻史[M]．北京：北京大学出版社，2008：248.
② 抢时间　争速度　加快建设步伐[N]．人民日报，1977－06－07(4).
③ 大批大干带来了快上大变[N]．人民日报，1977－08－12(1).

力快上 挽起袖子大干》[①]《千军万马大会战　大干快上争上游》[②]。此外，是在新闻报道中创用激昂的诗体句、歌谣。有的置于新闻开头，引出新闻内容，发挥“起兴”作用。比如“‘抓纲治县拼命干，水利冬管双跃进’！最近以来，南汇县出现一个千军万马战水利，男女老少忙冬管的动人局面，水利建设和越冬作物的田间管理都取得了很大成绩”[③]。有的穿插于新闻报道中间，发挥承接作用。如“战鼓声声催人急，炉台掀起跃进潮。31号炉的检修工程，在工人们的彻夜奋战下正以飞快的速度向前进展”[④]。有的则用于新闻结尾。如《八旬老汉逞英豪》报道中，应用一段七言快板结尾：“大治河上竞赛忙，八十老汉来参战。老当益壮志气高，百斤重提一肩挑。”[⑤]

三、1976—1978年中国财经新闻传播存在的问题

一方面，因刚刚粉碎“四人帮”，全国掀起揭批林彪、江青两个反革命集团的大规模的群众运动，充分发挥新闻媒介的舆论宣传作用；另一方面，在反对“两个凡是”的背景下，1978年上半年开始，又开展关于真理标准问题的讨论。所以这一时期，报刊上的主要文体是理论文章、会议讲话稿、思想心得式文章，消息少，纯粹的经济消息更是少之又少。经济报道为受众提供信息的功能被遮蔽，在反映经济生活内容的消息中，常掺杂着政治宣传，或是以政治观念先行解释经济现象，或是用经济现象为政治宣传服务。

概括来说，此时期经济新闻报道的主要问题：一是内容单调、信息量低。当时经济新闻报道的主要内容，就是宣传工业学大庆、农业学大寨，不但所涉经济生活的面相当狭窄，主要集中在农业和工业上，而且多为增收、增产、大干快上等方面的报道。而且，在当时“政治统帅经济”“以阶级斗争为纲”等观念的导引下，这些报道虽然篇幅很长，但是有价值的

① 开足马力快上 挽起袖子大干[N]. 人民日报,1977-10-02(3).
② 千军万马大会战　大干快上争上游[N]. 解放日报,1978-01-12.
③ 千军万马战水利　男女老少忙冬管[N]. 解放日报,1978-01-08.
④ 为高速度当好先行官[N]. 解放日报,1978-01-12.
⑤ 八旬老汉逞英豪[N]. 解放日报,1978-01-03.

信息很少。除了数字罗列、大干苦干热情豪情呈现，便是领袖语录的引述或群众学习的体会。如《胶南县夺得渔业新丰收》[①] 的报道：

据新华社济南一九七七年八月十八日电　山东省胶南县渔业战线的广大干部、群众热烈响应党的十届三中全会的号召，掀起了抓革命、促生产的新高潮。他们意气风发战酷暑，满怀豪情斗风浪，决心多捕鱼、多贡献，以优异成绩迎接党的第十一次全国代表大会胜利召开。

胶南县面临黄海，发展渔业生产有着良好条件。今年上半年，在华主席抓纲治国的战略决策指引下，渔业战线上的干部和群众，狠揭猛批“四人帮”，激发了社会主义积极性，夺得了渔业新丰收，水产品产量比去年同期增长百分之二十九点六。

在满怀豪情迎接党的十一大的日子里，胶南县渔业战线广大职工和渔民发扬革命拼命的精神，争分夺秒大干苦干，多作贡献。在战酷暑、斗风浪、多捕鱼的战斗中，胶南县渔业战线上的各级领导干部，亲自带队出海，带头大干苦干。从七月下旬到现在，全县海产品捕捞数量比去年同期大幅度增长，创造了历史同期最好水平。

当时的经济报道就是这样，将有限的信息淹没于大量的豪言壮语与口号式、政治宣传式的话语中。即使是在少有的国际经济报道中也是如此。比如《突尼斯政府经济贸易代表团到京》的消息报道[②]，全文225字，除了介绍代表团行程、会见及陪同人员外，对于读者最关心的、最重要的内容——该经济贸易代表团来华的主要目的、两国间在经济贸易方面进行的磋商以及是否达成协议等方面的内容，却没有交代。

二是报道手法单一、结构呆板、语言模式化。从总体上看，这一时期的经济新闻报道千篇一律，充斥着大话、套话、空话，不但结构呆板，而且多为长篇大论。比如，在反映工业建设成就与农业增产丰收的新闻报道中，往往以“在……革命路线的指引下”“在……精神的鼓舞下”等语句开篇，随后大段罗列数字，继而将之与揭批“四人帮”、学习领袖的指示

① 胶南县夺得渔业新丰收[N]. 人民日报,1977-08-19(2).
② 突尼斯政府经济贸易代表团到京[N]. 人民日报,1977-05-10(3).

关联起来，上升到路线斗争的高度。如《胶南县夺得渔业新丰收》中的报道：“今年上半年，在华主席抓纲治国的战略决策指引下，渔业战线上的干部和群众，狠揭猛批‘四人帮’，激发了社会主义积极性，夺得了渔业新丰收，水产品产量比去年同期增长百分之二十九点六。”

这种单一的、模式化的结构与表达，还导致了“脱离现实的场面描写与典型人物塑造”①。如一篇通讯中的场景描写：“顿时，车间里凯歌阵阵，机声欢畅，工人们干劲倍增，霎时出现了一派紧张的战斗景象”“在学习毛泽东著作后，工人们纷纷表示要加快步伐，鼓足干劲，夺高产，放卫星”“一群英姿飒爽的女青年也满怀豪情激动地说：‘我们要把青春献给大跃进’”。大段的劳动场面描写，大量的评价性语言，营造出热烈激昂的气氛；而使用“机声欢畅”“英姿飒爽”“满怀豪情”等带有强烈主观性、抽象性的形容词，赋予了报道强烈的倾向性。新闻报道的真实性、客观性，就在这样的气氛烘托、主观表达中被消解了。

这一时期，脱离现实与不符常情的典型人物塑造也有很多。比如，报道“一个一身是病却不分白天黑夜苦干的人”；报道一位70多岁的贫农老妈妈“暗中跟一名壮年民工开赛了，天天挑着满担快跑”，并说“华主席号召我们来一个竞赛，我怎能心甘落后，为了造福于子孙后代，我真想把十里河塘一肩挑”。

不但行动脱离现实，而且使用的语言也过于书面化、夸张化，脱离生活实际。再如《“雷锋式的民兵”张先中》的报道：“她们见张先中昏倒在地，身上燃着一团团烈火，连忙把用脸盆端来的冷水往他身上泼，并赶紧上去搀扶。张先中稍稍苏醒，一眼看到成堆的棉花还在继续燃烧，便霍地站起来，从柴凤云手中抢过灭火机，又一转身冲进打包楼灭火。”“严重的烧伤，加上烟熏，张先中头昏眼花，喘不过气来，又一次昏倒在地。女基干民兵龚吉凤等人把张先中扶起来时，他头发烧焦了，脸皮和双手也烧坏了，但嘴里还在喃喃地喊着：‘火，火……，不要管我，……快，快救火……’在场的干部、群众无不为之感动，称赞他是‘活着的雷锋’。”

① 沈毅．中国经济新闻史［M］．北京：北京大学出版社，2008：249.

第二节　财经新闻传播的起步期

1978—1984 年[1]，是中国社会主义市场经济体制改革的初始时期。这一时期的改革重点，是在农村推行以家庭联产承包责任制为主要内容的生产责任制；同时，创办经济特区作为对外开放的突破口，在国有企业中推行经济责任制、扩大企业自主权等改革措施。这些改革试验与探索，既活跃了社会经济，又给媒体经济报道带来清新的内容与新的发展要求，使之焕然一新。

一、中国经济体制变迁与财经新闻传播的起步

1978 年 12 月，在党的十一届三中全会上，确立了解放思想、实事求是的指导思想，提出停止使用“以阶级斗争为纲”的口号，将工作重点转移到社会主义现代化建设上来。同时，还提出要“多方面地改变同生产力发展不相适应的生产关系和上层建筑，改变一切不适应的管理方式、活动方式和思想方式”“有领导地大胆下放经济管理权力”“大力精简各级经济行政机构，把它们的大部分职权转交给企业性的专业公司或联合公司”“按经济规律办事，重视价值规律的作用”等经济体制改革的思路。[2] 这些思想和措施的提出，标志着改革开放方针的确立，有中国特色的社会主义现代化建设也由此全面展开。

1979 年 1 月，中宣部召开了各省、自治区、直辖市党委宣传部长会

---

① 即党的十一届三中全会后至党的十二届三中全会召开时期。

② 中国共产党第十一届中央委员会第三次全体会议公报（一九七八年十二月二十二日通过）[N]. 人民日报，1978-12-24(1).

议，就党的十一届三中全会关于党的中心任务转移后如何确立全党宣传工作的根本任务，展开了认真严肃的讨论，并确立了以经济宣传为主的新闻工作指导方针，这是“中国共产党新闻工作方向发生的一次根本性转变”。[①] 对这次宣传工作会议，《人民日报》特发社论，系统地概括了新时期党的新闻工作的指导思想和宣传政策，指出：党委宣传部门要“认真改进作风”“改进宣传工作”“要谈经济，不讲空话”。全党工作的着重点转移了，新闻舆论界也要及时调整，“过去，我们着重谈的是政治，是阶级斗争、两条路线的斗争，现在要着重谈经济，谈四个现代化。如果我们不讲，或者讲外行话，搞不好社会主义现代化建设的宣传，人民就有理由批评说：你们同样在说空话、说大话。……我们要宣传全党工作重心转移的伟大意义；宣传必须把经济建设特别是农业生产搞上去”。[②]

由于新的指导方针的确立，在国民经济的复苏和勃兴中，经济新闻迎来了全面发展的新契机。而“新闻工作不仅能够对推动国家经济建设发挥信息沟通的作用，而且在扫除阻碍经济发展的各种不利因素中也能产生巨大的影响”。[③] 经济新闻的健康发展既为经济发展提供助推动力，同时又在经济发展中开创新的发展局面。从党的十一届三中全会到党的十二届三中全会召开时期，财经新闻传播开始起步，无论是经济新闻报道还是其刊载媒体都得到突破性发展，具体表现就是：“经济新闻数量剧增，在报刊上所占版面分量提高；反映经济生活的领域拓宽；文体形式及功能日趋多样，新闻业务在不断改进。”由于摆脱了“以政治统帅经济”的“左”倾思想的阴影，新闻媒体上，既有宣传党的经济政策方针的宏观经济新闻，又出现了纯粹介绍经济信息的微观经济新闻；既有正面的宣传报道，又有经济犯罪等负面经济信息内容的披露，“新闻的信息功能及舆论监督功能都得到了充分的发挥”。[④] 此外，经济新闻报刊、栏目与版面纷纷问世，并且呈上升发展趋势。

---

① 郑保卫．中国共产党新闻思想史[M]．福州：福建人民出版社，2005：389.

② 伟大的转变和宣传工作的根本任务[N]．人民日报，1979-01-16(1).

③ 郑保卫．中国共产党新闻思想史[M]．福州：福建人民出版社，2005：389.

④ 沈毅．中国经济新闻史[M]．北京：北京大学出版社，2008：251.

二、经济新闻报刊创立

“文革”期间，报刊上没有什么经济类版面、栏目，也没有专门的经济新闻报刊。直到粉碎“四人帮”后，在党的十一届三中全会前夕，《财贸战线》在北京创刊，奏响了经济新闻报刊发展的前奏。1979 年 10 月 1 日，由人民日报社主办的《市场报》创刊，成为改革开放后的第一份经济新闻报纸。之后，各种经济新闻报纸大量涌现。其中，“既有发布宏观经济信息和报道经济政策、法令的全国性报纸，又有众多发布微观经济信息、沟通产销渠道的地方性报纸；既有以对内搞活经济为己任的报纸，也有主要为对外开放服务的报纸；既有反映不同经济领域活动的行业报纸，也有探索经济改革理论的报纸，还有一批广告信息报”。[①] 据初步统计，1979 年全国只有《财贸战线》《市场报》《物资商情》等 3 家经济新闻报纸，1981 年 8 月发展到 18 家，1982 年 7 月增至 21 家，1983 年为 36 家。[②] 此外，还有不少各种专业报纸与产业报[③]。其中，较有影响的是《财贸战线》（后更名为《经济日报》）、《市场报》等。

（一）从《财贸战线》到《经济日报》

1978 年 7 月 4 日创刊的《财贸战线》，是粉碎“四人帮”后出版的第一份经济类报纸，4 开 4 版，周二刊，逢周二、周五出版，第一任负责人是常芝青。其《创刊词》[④] 称：

本报是一张以财贸工作为主要宣传内容的经济战线方面的报纸……为什么要办这张报纸呢？是为了适应新时期总任务的需要……，财贸战线在新时期的中心任务，是高举毛主席的伟大旗帜，贯彻执行党的十一大路线，千方百计促进国民经济高速度地持续增长，加快四个现代化的实现。本报最重要的任务，就是要在不断动员广大财贸职工为此而奋斗的过程

① 方汉奇．中国新闻事业通史（第 3 卷）[M]．北京：中国人民大学出版社，1999：344－345.

② 据《中国出版年鉴》、《中国新闻事业编年史・中》（第二版，福建人民出版社，2018）统计。

③ 如 1983 年 7 月 20 日至 27 日全国农民报协作会议召开，当时全国已有农民报 176 家，205 种。方汉奇．中国新闻事业编年史・中（第二版）[M]．福州：福建人民出版社，2018：1054.

④ 《创刊词》，《财贸战线》1978 年 7 月 4 日创刊号，第 1 版。

中，尽最大努力发挥集体的宣传者和集体的组织者的作用。为此，首先就要宣传好党在财贸方面的路线、方针、政策，充分发挥它的巨大威力。本报要在迅速发展更强有力的财贸工作、深入揭批“四人帮”、抓好财贸战线的阶级斗争、提高财贸工作的管理水平、加强党对财贸工作的领导以及财贸职工学理论、学业务、学技术等方面，反映情况，交流经验，做好宣传。

因为创刊于党的十一届三中全会召开的前夕，其时“左”倾思想还未得到清理。在《财贸战线》的创刊词及其早期经济新闻报道中，还带有“浓厚的政治宣传和以阶级斗争为纲的气息”。不过，由于该报定位于经济新闻专业报纸，虽然当时“大部分的新闻穿插有路线斗争的内容”，但也有小部分的新闻“纯粹以提供商业及产品信息为主”，如其《商品知识》栏目中的广告性消息。[①] 而如消息《上海上半年货币回笼创历史最高水平》[②]，则是纯粹的金融消息，没有任何上纲上线的内容。在党的十一届三中全会后，党的工作中心转移到经济建设上来，《财贸战线》以宣传党在新时期的财贸政策为主，同时服务性消息比重增大，甚至还出现了揭露经济犯罪的新闻报道。如《八万元现款被骗说明了什么?》[③] 的深度经济报道，揭露了一起银行内部职工监守自盗的严重案件，报道中还着力反思事件暴露出的银行内部管理漏洞问题，总结经验和教训。

1981 年 1 月 1 日，《财贸战线》改名为《中国财贸报》，改为周三刊，刊期缩短，报道领域扩大，向国内外发行。之后，其“报道内容以商业、外贸、粮食、供销合作、物资管理、工商管理、财政、税收、金融、物价管理为主，兼顾轻工业、纺织工业、手工业、旅游业等，还要增加国际经济方面的报道内容”[④]。该报以宣传党的路线方针为主，当时主要是宣传国民经济调整时期的“调整、改革、整顿、提高”八字方针，其报道内容领域已有较大扩展，已不局限于财贸领域而是对经济战线的各个方面都有所

---

① 沈毅．中国经济新闻史[M]．北京:北京大学出版社,2008:252.

② 上海上半年货币回笼创历史最高水平[N]．财贸战线,1978－08－29.

③ 八万元现款被骗说明了什么?[N]．财贸战线,1979－11－09.

④ 告读者[N]．中国财贸报,1981－01－01.

涉及。1983 年 1 月 1 日再次更名，改为由国务院指导的《经济日报》，对开 4 版，周六刊，刘海波任社长，安岗任总编辑。自此，《经济日报》正式转型为“以宣传中国经济建设为主要内容、以经济战线广大干部和职工为主要对象”的综合性经济类报纸，[①] 从 1983 年 1 月起，《经济日报》还开设《市场小议》《经济纵横》等栏目，刊登三五百字的小言论，针对生活中具体细微的现象发表感想与建言，在经济建设与社会经济生活中发挥了越来越重要的作用。

安岗在担任《经济日报》总编辑期间，创造了一个以报纸为中心、举办多种事业的局面。他发起创办了企业家俱乐部、信息公司、国际信息中心、视听中心，等等。[②]《经济日报》发展势头强劲，在创刊初始发行量即保持在百万份以上；发展为由国务院主办的以经济宣传为主的综合性全国性中央级党报，成为国务院指导经济工作、发布各项经济政策的重要舆论阵地，宣传“改革”成为其鲜明特色，在国内外读者中具有广泛的影响力。

（二）反映和促进市场经济建设的《市场报》

党的十一届三中全会之后，中国进入国民经济调整时期，党和国家确立了经济建设要遵循经济规律的指导思想，市场的调节作用开始被充分认识到。1979 年 3 月，陈云在《计划与市场问题》的讲话提纲中指出，整个社会主义时期的经济必须有两部分，即计划经济部分与市场调节部分，因为计划“只能对大路货、主要品种作出计划数字，因此生产不能丰富多彩，人民所需日用品十分单调……，不一定计划部分愈增加，市场调节部分所占绝对数额就愈小，可能是相应地增加”。[③] 正是在这一时代背景下，由人民日报出版的《市场报》应运而生，于 1979 年 10 月 1 日创办，无论是版面编排还是内容都使人耳目一新。

《市场报》创刊时为半月报，8 开 16 版，1981 年 7 月改为周刊，4 开 2

① 黄瑚．中国新闻事业发展史（第二版）［M］．上海：复旦大学出版社，2019：334.

② 葛娴，陆宏德．安岗：笔政五十年［J］．新闻记者，1988（8）：10－13.

③ 陈云．计划与市场问题［M］//《十一届三中全会以来经济政策文献选编》（重编本）．北京：中国经济出版社，1986：15.

张。《市场报》是一份反映和促进市场经济的报纸，其宗旨是为消费者、经营者、生产者服务，促进生产、繁荣经济、活跃市场；读者定位于基层群众、生产者和消费者，内容以提供消息、服务大众为主。其发刊词称："报纸要维护生产和消费双方的利益，介绍新产品、新经验，推进供产销结合，帮助工农业生产单位同商业供销部门见面，中国企业同外国厂商见面，促进各条经济渠道畅通，使经济工作更加生动活泼……将刊登市场新闻，刊登中外厂商广告，鼓励和支持工矿企业和商业部门改进自己的产品和工作，鼓励和支持各地厂矿生产优质产品，进入国内外市场。还要促进各地区办好一批有出口竞争能力的外贸基地。同时，还将向广大消费者提供市场动态和商品知识，并反映广大消费者对各种商品和销售工作、服务工作的意见。"①

《市场报》以"登载微观经济信息为主"，主要报道"广大消费者日常生活中关心的问题和国内外市场要闻，反映消费者的意见，沟通产销渠道，介绍产品质量，传播经营艺术，交流管理经验，组织市场预测"②。创刊号16版没有按内容分版、分栏目编排，主要内容涉及蔬菜等农产品供应、旅游、布料出口、新型房屋的发明、日用工业品市场及价格、度量衡检查、餐饮业、家具、皮鞋、文体用品、土畜产、国际市场以及生活常识、生意经，等等。第2期后开始按类分版，设有"国际市场""中国土产"等版，还增添了邮市等文化市场方面的内容，编排有序、信息量大，和老百姓生活密切相关，无论是市场买方还是卖方，都能在此找到自己需要的信息。

《市场报》的新闻短而新，语言通俗，富有知识性和趣味性。如其创刊号，刊登了70条报道商品和市场的新闻、29幅广告（这年初，中国媒体才刚刚刊出"文革"后第一幅广告③），内容丰富多样，既介绍新花色品种商品，也有经营艺术和商品知识；有批评产品质量问题的报道，也有征

---

① 开场白[N]. 市场报，1979－10－01.

② 方汉奇. 中国新闻事业编年史·中（第二版）[M]. 福州：福建人民出版社，2018：1004.

③ 1979年1月28日，上海电视台播出"上海电视台即日起受理广告业务"的幻灯片，继而播出中国电视广告史上首条商业广告：参桂补酒，这也是"文革"后中国媒体刊出的第一幅广告。

购、待聘、寻人等社会服务。《市场报》强调满足人们生活需求，辟出三分之一到二分之一版面做广告（包括分类广告、求婚广告），将服务性和知识性贯穿报纸各方面。[①] 文体形式多样，除了经济新闻之外，还有漫画、小杂谈及《经济学人谈经济》等生动活泼的小栏目。有些小文章，既有知识性、趣味性，又兼具信息价值。

1980 年以后，《市场报》开始重视言论，几乎每期都有社论或本报评论员文章。这些言论文章“立足于具体的经济现象，一事一议，以小见大”“针对性强而且文笔泼辣、犀利”。[②] 这样的内容风格，使《市场报》广受欢迎。所以，报纸一上市，立即在全国各地被抢购一空。在北京，西单的一个销售点 1 小时就卖了 1 万份，全天卖出 9 万份；在合肥，购买者挤垮了邮局柜台。报纸购买者中不但有中国人，也有不少外国人。[③]

《市场报》的一举成功主要源于其应时而生。新闻是信息，信息是经济生活的关键性因素。而改革开放之初，中国社会信息极其闭塞和缺乏，对信息到了几近渴求的地步。如 1979 年 12 月，新华社播发一篇市场新闻《铁丝、钉子何时到农村?》，反映农民要盖新房，可是买不到铁丝、钉子。当时，河南省鹤壁市金属制品厂则苦于没有订货、完不成生产任务，看到这条消息后非常高兴。立即四处采购原料，扩大生产。1980 年头五个月，该厂镀锌铁丝产量比 1979 年同期翻了一番多，除完成国家计划外，每月可向市场多提供一百五十吨铁丝。企业因此转亏为盈，获得利润三万三千元。就是在这样的信息环境下，《市场报》通过刊登《杭州大理石找买主》《港商想买中药材》等消息，传播市场信息、沟通买卖双方。比如，北京长筒袜厂生产的产品长期滞销，袜厂尝试性地在《市场报》刊登广告后，长筒袜一下子就卖光并且供不应求。类似的刊登广告便起死回生的案例，还有哈尔滨的机电厂、洛阳的轴承厂等。[④]

---

① 张垒．中国经济报纸：三十年脉络与流变[J]．中国记者，2008(3)：54－56.

② 沈毅．中国经济新闻史[M]．北京：北京大学出版社，2008：254.

③ 张垒．中国经济报纸：三十年脉络与流变[J]．中国记者，2008(3)：54－56.

④ 张垒．中国经济报纸：三十年脉络与流变[J]．中国记者，2008(3)：54－56.

（三）传播市场信息、沟通行情的报刊成批出现

在市场驱动下，无论是企业还是个人对经济信息都产生了强烈的需求，在《市场报》应运而生并取得成功后，这种对信息的巨大渴求，催生了一大批传播市场信息、沟通行情的报刊。

比如，1979 年 10 月 25 日，《物资商情》在北京创刊，该刊是国家物资局主办的业务性经济报纸，4 开 4 版，半月刊。省市创刊的相关报刊就更多了，如浙江《经济生活报》（杭州，1980 年 1 月 1 日，4 开，周二刊）、《山东经济报》（济南，1980 年 2 月）、辽宁《辽物市场》（沈阳，1980 年 3 月 23 日）、《河北物资市场》（石家庄，1980 年 6 月 4 日，周刊）、《世界经济导报》（上海，1980 年 6 月 21 日，4 开 8 版，双周刊）、《贵州物资情报》（贵阳，1980 年 6 月 25 日，4 开 4 版，月刊）、《云南物资市场》（昆明，1980 年 8 月 1 日）、《云南经济报》（昆明，1980 年 8 月）、吉林《吉物市场》（长春，1980 年 12 月 28 日，4 开 4 版，半月刊）、湖南《市场调节》（长沙，1981 年 1 月）、《湖南经济信息报》（长沙，1984 年 1 月，对开 4 版，周二刊）、《重庆物资商情》（重庆，1981 年 1 月，4 开，半月刊）、《甘肃经济报》（兰州，1982 年 4 月，4 开 4 版，周二刊）、《黑龙江经济信息》（哈尔滨，1983 年 6 月，4 开 4 版，旬刊），等等。其中，在上海创刊的《世界经济导报》，以登载世界经济消息、介绍国外经济发展和经济管理经验为主，辟有“企业管理”“世界经济述评”“国际金融”“国际贸易”等栏，并刊登国际金融市场行情、国际商情、知识讲座等。1989 年 5 月 8 日停刊。

这种一拥而上的经济信息报刊，导致竞争激烈，有些报刊为了生存，剑走偏锋，出现失当之举。1981 年 3 月 8 日，中宣部《宣传动态》第 10 期，批评《辽物市场》等报竟出增刊，登载情节离奇、思想低劣的小说，以招揽读者，并在《编者按》中指出，这种做法是很不好的，既浪费大量纸张，又不利于建设社会主义精神文明。

此间，还办起了一些专业性报刊，如《技术市场报》（1981 年 6 月，天津）。1981 年 8 月 20 日，电子工业部主办的《电子市场》在北京创刊，

4开4版，周刊，主要为国民经济各部门、商业部门和电子企业事业单位服务，沟通产、供、需三方的经济信息，介绍电子产品及其应用，报道国内外电子市场动态和发展趋势。

可以说，对“信息”的占有、使用和争夺，成为当时中国经济类报纸发展的一条主线。[①] 而适应经济改革、经济建设和人们经济生活的需要，经济类专业报纸的蓬勃兴起，成为20世纪80年代后中国报业发展的一大特点。

（四）非经济新闻媒体中出现的经济类版面、栏目、频道

除了经济新闻报刊的不断增多，各报的经济版面、经济栏目也都纷纷开设起来。如《市场报》的一则消息报道，1980年初，“据不完全统计，各省市有17家报纸开设了《市场》专栏、专页，及时报道和反映群众普遍关心的市场情况和各地产销动向。不仅内容丰富，具有地方特色，而且文章短小，富于知识性。解放日报的《上海市场》、天津日报的《市场内外》、福建日报的《城乡市场》、广西日报的《今日市场》，以及长江日报的《武汉市场》等，还分别辟有《新橱窗》《名产录》《消费者反应》《经营之道》《商品知识》等专题报道。山西日报的《市场万象》已出到第9期。此外，浙江省的《经济生活报》已在元旦创刊，每周一期，每期4版。地市出版的许多报纸，也都办了‘市场’专栏”。[②]

当时，一些晚报也辟有市场类栏目。比如《羊城晚报》，1980年3月开始设立“市场”栏目，内容都是有关群众衣、食、住、用等方面的信息以及广告性新闻。在综合性日报上，除了经济类版面及栏目刊登经济新闻，还在头版刊有大量经济新闻，许多甚至还是头条新闻。比如，1979—1983年《人民日报》上的社论或本报评论员文章，有相当部分是有关经济政策方针的。

这一时期，经济新闻也开始成为广播电视台的重要节目内容，其经济新闻栏目也出现了。1980年，第十次全国广播工作会议决议指出：“实现

---

① 张垒．中国经济报纸：三十年脉络与流变[J]．中国记者，2008(3)：54－56.

② 市场喜添众兄弟[N]．市场报，1980－01－10.

四个现代化的核心是经济建设。广播、电视的新闻、评论应把四个现代化的宣传作为中心内容，把经济宣传放到头等重要的位置。”①。此后，电视屏幕上的经济新闻日益增多，1981 年，中央电视台《新闻联播》播出国内新闻 4186 条，其中经济新闻占一半左右。② 不过，此时尚无专门的经济新闻栏目，经济报道只是散见于消息新闻、新闻评论等节目中。

创办专门栏目是从省级台开始的。1981 年 10 月 3 日，上海电视台率先推出经济新闻栏目“市场掠影”，在新闻节目中辟出专门时段，周六播出，每次两三分钟，传播五六条吃穿用度方面的商品信息。栏目以“传播信息、沟通产销、引导消费、促进生产”为宗旨③，“把经济报道从过去单纯报道生产拓展到消费”领域，播出《多用家具谁家供应》《何处有定做皮鞋》《南京路上新开一家特色商店》《市场上平板玻璃供应紧张的原因》《夏令期间冷饮食品的生产和供应》《一种新型洗衣机即将投放市场》等及时分析和解答商品产销供应趋势问题的新闻。这样的新闻报道接地气，很受欢迎，观众纷纷来信，称其为“沟通产销的桥梁，指导消费的参谋”④。后来，随着商品经济的日趋活跃，为适应形势发展和观众需求，1985 年 2 月 10 日，“‘市场掠影’改为‘经济之窗’，每周一集 20 分钟，其中 10 分钟是经常性的经济新闻，其他还有专题、评论和人物报道等”，设有“生意经”“市场漫步”“上海之最”“建议和呼声”等小栏目。⑤ 1982 年 4 月，广东电视台新闻部开设“市场漫步”栏目，用广州话进行现场报道，及时播出市场动态、市场预测、市场分析及消费者需求信息，发挥了传递商情、引导消费的作用。⑥ 1983 年 1 月，中央电视台为加强经济报道，开办了《大众经济》节目，内容大到工商企业体制改革、活跃城乡经济，小

① 中央广播事业局办公室．全国广播工作会议文件选编（内部资料）[M]．1982：326；转引自喻山澜．新时期中央电视台经济新闻改革探析[J]．现代传播（中国传媒大学学报），1990（2）：40－44.

② 壮春雨．中国电视概述[M]．北京：中国广播电视出版社，1985：62.

③ 《上海广播电视志》编委会．上海广播电视志[M]．上海：上海社会科学出版社，1999：401.

④ 岳森．中国电视新闻发展史研究（1958—2008）[M]．厦门：厦门大学出版社，2009：68.

⑤ 《上海广播电视志》编委会．上海广播电视志[M]．上海：上海社会科学出版社，1999：401.

⑥ 广东省地方志编纂委员会．广东省志·广播电视志[M]．广州：广东人民出版社，1999：190.

到人民吃菜买米、衣食住行，尽量用群众语言讨论群众普遍关心的问题。[①]

在经济新闻栏目的不断推出中，各地广播电视台加强交流，探讨搞活经济新闻等问题。如 1983 年 11 月 18 日，中南地区电视新闻经验交流会在湖南省长沙市举行，历时一周。代表们观摩了各台的新闻节目，汇报了一年的工作情况，会议重点讨论了如何搞活经济新闻等问题。

经济新闻的剧增是时代与社会需求使然。一则，随着商品经济的发展及人民生活水平的提高，城乡居民同市场的关系日益密切，人们对经济新闻的需求迅速增加，“老百姓在把自己辛辛苦苦挣来的钱投放市场之前，渴望多看一些与消费有关的经济新闻。消费者日益扩大的社会需求明显刺激了经济新闻的开发”。[②] 再则，国家宏观经济政策、方针及正在推进的经济体制改革需要及时向群众传达解释，也催生了承载这一宣传任务的宏观经济新闻，它们纷纷占据各报的重要版面。

经济新闻报纸及版面、栏目的发展，在“沟通经济信息、服务大众生活、解释经济政策、推动经济改革等方面发挥了重要作用”。[③]

（五）关于农村经济体制改革的报道

党的十一届三中全会后，中国经济体制改革首先从农村改革起步，重点是在农村建立和完善承包责任制。而为配合党和国家关于农村改革的方针政策，这一时期的新闻媒体做了大量农村经济体制改革方面的报道，用不同形式从不同侧面反映农村经济体制改革，包括对改革的疑虑与信心、取得的成就经验与存在的问题；有客观报道也有主观评述，有政策宣传也有典型事例与人物报道。这些报道对稳定人心、推进改革起到了非常重要的作用。

1. 党和政府关于农村经济体制改革方针政策的宣传报道

这一时期媒体上的经济新闻，将党和政府关于农村经济工作的历次会

---

① 方汉奇．中国新闻事业通史（第 3 卷）[M]．北京：中国人民大学出版社，1999：375.

② 南振中．珍惜经济报纸的生存权和发展权·序一[M]//王海征．改革开放之声：《经济参考报》文选（1981—2001）．北京：新华出版社，2001：1－2.

③ 沈毅．中国经济新闻史[M]．北京：北京大学出版社，2008：255.

议精神和方针政策传达给各行各业，在各项农村经济建设事业中发挥了有力的指导作用。如1979—1980年《人民日报》的社论或本报评论员文章，有相当部分是关于农业体制改革的，有时候每隔几天就有一篇相关社论，或在头版显著位置配合相关报道编发编者按，深入阐释改革政策。

比如，1980年9月14日至22日，中共中央召开了各省、市、自治区党委第一书记座谈会，9月27日给各地下发了座谈会的纪要《关于进一步加强和完善农业生产责任制的几个问题》①。“这个文件，打破了多年来深深植根于党和广大群众中‘包产到户’等于分田单干、等于资本主义的僵化观念。这是中国共产党在政策思想上的一次重大理论突破，是中国共产党第一次明确提出用‘包产到户’的办法来解决中国农村的贫困问题。”②11月1日，《人民日报》发表社论《因地制宜分类指导——论进一步加强和完善农业生产责任制》，开篇即传达中央方针政策道：“今冬明春，各地农村人民公社将要按照党中央的指示，进一步加强和完善农业生产责任制。”继而结合中国现实情况详细解释了为什么要采取这个方针而非其他。次日，又配合《管好社队财务　保证增产增收》的消息，推出本报评论员文章《坚持经济核算　讲求经济效果》，论述了在建立和完善农业生产责任制过程中应注意的重要问题：整顿集体经济的财务管理。同月5日，又刊发长报道《阳关道与独木桥——试论包产到户的由来、利弊、性质和前景》，分析了当下包产到户的必然性和必要性，并肯定“最近在许多地方先后出现的专业承包联产计酬责任制，就是一种大有发展前途的责任制”。

这样的系列报道和评论，不仅及时传达了党的方针政策，还起到了深入解释说明的作用，使改革精神深入人心。

2. 对农村经济体制改革经验得失的总结报道

党的十一届三中全会以来，媒体上的经济新闻配合党的农业工作指导思想的宣传，及时挖掘与组织典型报道，反映改革成就，总结改革经验得

① 徐有生．中国农村经济改革与经营管理大事记(二)[J]．农村经营管理，1992(2)：42－45.

② 尹永钦，杨峥晖．巨变：1978—2004年中国经济改革历程[M]．北京：当代世界出版社，2004：62.

失。比如，围绕中央农业指导思想与政策——按经济规律发展农业、落实生产队自主权、鼓励农民富起来等，报道了大量相关典型事例和典型人物，及时向人们传播政策落实情况、现实效应及政策落实过程中的经验得失。

比如，《这盘棋下活了——南海县一部分社队和社员首先富裕起来的前前后后》①《壮大集体经济 发展家庭副业——龙海县全面发展农业生产增加集体和社员收入的经验》② 等报道，就是关于当时农村经济政策落实情况及经验总结的；《宁夏十四个农场按区域规划播种作物》③《农安县合理调整农作物布局》④ 等一组新闻，则是介绍按照经济规律和自然规律发展农业方面的进典型；《还要继续落实生产队自主权——黄陂县蔡店公社纪实》⑤，则报道了生产队有了自主权后的农业生产成就。同时，还从面上反映实行改革后的变化与成效，如报道由于“推行各种形式生产责任制因地制宜开展多种经营”，1980 年，人均分配 150 元以上的县有 343 个，人均分配 300 元以上的大队有 5569 个，拥有较多“冒尖”队的省、市、自治区从 1979 年的 5 个增加到 15 个。⑥

从 1979 年下半年一直到 1982 年，农业典型经验报道集中在落实联产承包责任制上，全国各大报纸，无论是专业的经济新闻报刊还是党的机关报，无论是全国性的还是地方性的报刊，都以之为重点报道对象。⑦

3. 问题和挫折报道：全面反映农村经济体制改革

这一时期媒体上关于经济改革的报道，清晰呈现了改革进程中的每一

---

① 这盘棋下活了——南海县一部分社队和社员首先富裕起来的前前后后[N]. 人民日报，1979-04-26(2).

② 壮大集体经济 发展家庭副业——龙海县全面发展农业生产增加集体和社员收入的经验[N]. 人民日报,1979-07-04(2).

③ 宁夏十四个农场按区域规划播种作物[N]. 人民日报,1979-04-30(1).

④ 农安县合理调整农作物布局[N]. 人民日报,1979-04-30(1).

⑤ 还要继续落实生产队自主权——黄陂县蔡店公社纪实[N]. 人民日报,1979-11-06.

⑥ 推行各种形式生产责任制因地制宜开展多种经营 去年 343 个县人均分配 150 元以上 人均分配 300 元以上的大队 5569 个 1980 年拥有较多“冒尖”队的省市自治区已从 1979 年的 5 个增加到 15 个[N]. 人民日报,1981-06-29(1).

⑦ 沈毅. 中国经济新闻史[M]. 北京:北京大学出版社,2008:266.

环节与步骤，甚至出现的问题、遇到的挫折都有。

如1979年前后关于农业生产责任制的报道，反映了改革进程的回环反复和人们旧有观念的根深蒂固。1978年11月24日，安徽凤阳县小岗村18户农民悄悄按下手印搞生产责任制，拉开了中国农村改革的序幕。是年底，小岗村大丰收。由于利益直接、责任明确，这种包干到户的产生方式有效地调动了生产积极性，因而受到广大农民群众欢迎，很快在许多地区开始普及。但也有不少干部群众认为这是“分田单干”走资本主义道路，因而心存疑虑甚至反对。1979年3月15日，《人民日报》在头版头条加编者按发表甘肃省档案局张浩来信，信中说：“现在实行的‘三级所有，队为基础’，符合当前农村的实际情况，应充分稳定，不能随便变更。”“轻易地从‘队为基础’退回去，搞分田到组、包产到组，也是脱离群众，不得人心的。同样会搞乱‘三级所有，队为基础’的体制，搞乱干部、群众的思想，挫伤积极性，给生产造成危害，对搞农业机械化也是不利的。”通过编者按“向读者特别是农村干部、社员推荐张浩同志这封来信，希望大家认真读一读，想一想，议一议”。[①] 进而强调，“要继续稳定地实行‘三级所有，队为基础’的制度，不能在条件不具备的情况下，匆匆忙忙地搞基本核算单位的过渡；更不能从‘队为基础’退回去，搞‘分田到组’‘包产到组’”，“已经出现‘分田到组’‘包产到组’的地方”，应当“正确贯彻执行党的政策，坚决纠正错误做法”。[②] 可见，当时的农村改革还受“左”倾思想的干扰。来信发表后，很多人认为这是党的农村政策的最新体现，从而引起了极大的混乱。为了消除混乱、稳定农村干群情绪，在有关中央领导指示下，3月30日《人民日报》在头版发表安徽省农委来信《正确看待联系产量的责任制》，批评了张浩的信及编者按“在我们这里造成了混乱”。然后，在介绍、解释相关情况与现行政策并不矛盾后，说到“从安徽各地实践情况来看，实行包工到组、联系产量评定奖惩的责任制，效果很好”，认为“凡是已经实行了包工到组、联系产量责任制的，

① 吴象．中国改革为什么从农村开始［J］．中国人力资源开发，1994(1)：34－41.

② “三级所有，队为基础”应该稳定［N］．人民日报，1979－03－15.

应当先稳定下来，以后总结经验”。对此，《人民日报》在文中加编者按说“这样做我们是赞成的”。既检讨了此前所登张浩来信及文前编者按中的错误，又传播了当时实践的具体情况与效果，澄清了认识，“极大地缓解了对包产到组的压力”,“稳定已经包产到组的农民的心”，提供了有力的舆论支持。①

《人民日报》上关于陈志雄包鱼塘问题的争论，则反映了改革带来的新问题所引起的人们思想上的困惑。1981 年 5 月 29 日，《人民日报》刊发《一场关于承包鱼塘的争论》，先介绍了广东高要县沙浦公社沙一大队第六生产队社员陈志雄三年来承包鱼塘的情况，继而介绍了人们对其承包鱼塘中的几点疑问，如雇用工人帮忙算不算剥削、能不能跨队承包等。对这些疑问，人们看法不一。报道客观地反映了这些疑问和观点，并在文前编者按中说“《一场关于承包鱼塘的争论》提出的问题，在其他地方也发生过，确实值得议一议”；“新情况给我们提出不少新问题，需要我们按照党的三中全会提出的方针、政策，在实践中认真探讨，以求得正确解决，使广大社员做到各尽所能。”② 此后数月中，《人民日报》陆续刊登几篇讨论文章，参与讨论的人员既有大学老师也有普通农民，有的从学理角度入手分析，如运用马克思劳动价值演说分析认为，5 月 29 日报道中“总的来看，被雇请的人所得的工资报酬，不会比他们付出劳动所创造的价值低”之说不正确；有的结合身边事例谈切身体会，如广东的杨丰来信说，“我们与陈志雄所在的高要县沙浦公社一河之隔，对陈志雄这类承包办法，接受较快，还有所发展。从鱼塘到厂场、企业，都采取了类似的形式，收到显著经济效果。”③ 通过讨论，情况得到了介绍，各种观点得以表达、较量，各种困惑得到及时解决，参与讨论的人员最终在肯定陈志雄的承包带来的效益是正面的这一点上趋于一致。有些地方的社员甚至感慨“这里有个陈志雄就

① 尹永钦，杨峥晖．巨变：1978—2004 年中国经济改革历程［M］．北京：当代世界出版社，2004：56.

② 陈力丹．传媒推动社会思想解放的上世纪 80 年代［J］．今传媒，2009（10）：16－19.

③ 值得讨论清楚的问题［N］．人民日报，1981－07－11.

好了”。[①] 总的来说，讨论起到了及时解决新问题、继续将改革向纵深推进的作用。[②]

4. 通过多样化的报道形式联系实际、联系群众

此期的农村经济体制改革报道，摆脱空话、套话连篇的“帮八股”式文风的影响，密切联系实际、联系群众，形式多样，朴实通俗。报道体裁，除了消息、通讯之外，还有问题讨论、读者来信、来信调查等形式。如《人民日报》，从1979年开始就以党的农业发展指导思想为主题，多次组织连续讨论，先后有以“怎样加快农业发展”（1979年4月）、“农民怎样尽快富起来”（1980年1月）、“怎样开创农业发展新局面”（1983年1月）、“进一步发展农村商品生产”（1984年1月）等为主题的讨论。参加讨论的人员来自社会各个阶层，有农村基层干部、农民、地方政府官员及专家学者等。[③] 一方面，这种讨论形式，让包括基层群众在内的各方代表都有发表自己看法的机会，体现了时代的民主氛围。另一方面，通过讨论形式解决改革中出现的问题，更能多侧面地暴露问题，有利于集思广益，群策群力，有利于问题的解决，[④] 也比自上而下的说教更能使正面观点深入人心。

此外，还较多地采用记者来信、来信调查等方式反映农业经济体制改革中存在普遍意义的问题与经验。记者来信常用第一人称叙述，反映记者深入实际采访的见闻，具有强烈的现实针对性，带有一定倾向性，褒贬是非，提出建议。与之接近的是记者经过有针对性的调查后写成的、针对群众来信所反映的问题登载的来信调查，是对问题的来龙去脉进行的全面展示和深入剖析，提出建议或发出呼吁。

---

① 这里有个陈志雄就好了[N]. 人民日报,1981-07-11.

② 沈毅. 中国经济新闻史[M]. 北京:北京大学出版社,2008:267.

③ 白贵,李博宇. 经济新闻报道嬗变之三十年——以中国报刊经济新闻报道为例[J]. 新闻爱好者,2009(2):12-13.

④ 沈毅. 中国经济新闻史[M]. 北京:北京大学出版社,2008:267.

第三节　财经新闻传播的推进期

农村经济体制改革的成功、城市局部改革探索的顺利进展，为以城市为中心的经济体制的全面改革奠定了基础，使之成为社会主义现代化建设事业的发展必然。1984 年 10 月 20 日，党的十二届三中全会上通过了《中共中央关于经济体制改革的决定》，由此开始了以城市为中心的全面改革。而随着城市经济体制改革的推进，还兴起了第二次对外开放的浪潮。这一时期的经济新闻报道，以之为中心不断发展，内容丰富多彩，且因基本摆脱了偏见与倾向性而表现得较为客观。

一、经济体制全面改革推进中的财经新闻传播发展概述

党的十二届三中全会后，随着改革的全面展开与不断深化，社会经济生活日益丰富、复杂，也出现不少矛盾与问题。值此社会转型与观念嬗变时期，财经新闻传播内容在广度与深度上不断掘进，广泛全面，深刻复杂，经济类报刊不断增多、发展，为财经新闻传播提供了更丰富的平台；经济新闻深度报道涌现，展示了改革进程中的问题与矛盾，给人以启发也引人深思。

首先是企业改革报道，成就、经验与困惑并现。城市经济体制改革以企业改革为主要内容，具体包括企业自主权、厂长责任制、股份制、用工制度等方面。这一时期的经济新闻紧密配合改革进程，重点宣传扩大企业自主权及实行承包责任制、打破“大锅饭”等方面的内容。①

---

① 李良荣. 新闻学导论[M]. 北京:高等教育出版社,1999. 转引自吴城华.《南方日报》(1979—2011)经济新闻报道研究[D]. 广州:暨南大学,2012:15.

实际上，在之前的城市改革局部试点阶段，企业改革报道就已经有了。如《人民日报》《经济日报》等都曾组织过相关讨论，报道过一些典型，譬如步鑫生[①]。党的十二届三中全会后，宣传力度明显加大，相关报道集中出现，着重报道党和国家的决策、企业的呼声与先进经验等方面的内容。

1984年3月24日，《福建日报》头版头条以《五十五名厂长、经理呼吁——请给我们“松绑”》为题，报道“在福州参加省厂长（经理）研究会成立大会的55名厂长、经理，3月22日写给省委领导的信，题目是《请给我们‘松绑’》”。该信要求扩大企业自主权，提出了至少五点权力。恰如报道中的导语所言，“情词恳切，使人读后有一种再不改革、再不放权，就真是不能前进了的感觉”。当月30日，《人民日报》转发该信，并加编者按说：该信“要求‘松绑’，提出了体制改革的一个重要问题”，“福建省有关部门对55位厂长、经理的信，很快做出反应，值得赞赏”[②]。7月1日，《经济日报》又报道了北京市一些厂长的心声：扩大国营工业企业自主权不能纸上谈兵，要尽快把国务院的十条规定[③]落到实处，并配发本报评论员文章《维护企业自主权》。在城市经济体制改革开展的一年多里，《经济日报》持续追踪调查，刊登《企业自主权哪里去了——北京市部分大中企业调查述评》（1986年5月），反映在落实企业自主权过程中遇到的阻碍。

除了报道企业呼声外，还不断推出在企业扩权和实现经营承包责任制方面的先进典型和经验，如《实行厂长负责制有利于搞活企业》[④]，通过对北京155家企业的调查报道，说明实行厂长负责制有利于提高经营效率；《重开“大锅饭”产值跌落“谷底”　再建责任制生产直线回升》[⑤] 则通过北京变压器厂生产大起大落正反两方面的经验教训，说明生产承包经营

① 一个有独创精神的厂长——步鑫生[N]. 人民日报，1983-11-16.

② 福建省五十五名厂长、经理给省委领导写信：请给我们“松绑”[N]. 人民日报，1984-03-30.

③ 《国务院关于进一步扩大国营工业企业自主权的暂行规定》（1985年5月10日，国发）。

④ 实行厂长负责制有利于搞活企业[N]. 经济日报，1986-05-10.

⑤ 重开“大锅饭”产值跌落“谷底”　再建责任制生产直线回升[N]. 经济日报，1986-06-19.

责任制对增强企业活力、提高经济效益的重要作用。

其次，还涌现了一批社会反响较大的深度报道与典型报道。深度报道中，有多篇是关于企业经营管理体制改革的，如《经济日报》关于“关广梅现象”的系列报道，围绕“租赁经营”这一改革的新生事物进行了广泛的讨论，并展示了这一新生事物带给社会民众的种种冲击；《人民日报》刊登的长篇通讯《鲁布革冲击》，则通过对“鲁布革冲击”的报道，反映了传统与先进管理理念的碰撞与摩擦。典型报道主要是典型经济人物报道。在这些报道中，这些典型经济人物是以锐意创新的改革急先锋形象出现的，在通过典型人物宣传改革精神方面起到了一定的作用。

除了深度报道、典型报道外，还出现了多种形式的经济报道，财经新闻文体进一步丰富发展，报道视角也得到不断拓展，既有纯经济的视角，也有更广泛的社会人文视角，并出现了体现人文精神的财经新闻传播佳作。①

再者，这一时期的经济栏目、版面、经济类报刊持续增长，规模更大，开创性更强。如中央电视台，1984 年 12 月成立经济部，专门负责制作经济方面的节目，开发信息资源，服务“四化”建设。次年 1 月 1 日，开办经济新闻栏目“经济生活”，介绍国内外经济、科技发展动态、经验、行情，提供各类社会服务信息。其《天桥旧货市场见闻》《街道偶见》等节目在社会上产生过较好的影响。中央电视台经济栏目开办时，正值党和国家经济改革政策频繁出台。1985 年 3 月，时任国务院副总理万里提出，要开办一个以经济新闻、经济信息、商业行情和广告为主的经济电视台。1986 年 3 月，时任国务院副总理李鹏在中央电视台《关于购买国际通讯卫星转发器，开办国内教育电视节目和经济信息节目的请示报告》中批示：“今年年底，中央电视台开办一套经济信息节目，以适应四化建设需要。”② 1987 年 2 月 1 日，中央电视台第二套节目“经济信息频道”由面向北京改为面向全国播出，推出的《经济信息节目》每天播出两次、每次 40 分钟。

---

① 沈毅．中国经济新闻史[M]．北京:北京大学出版社,2008:269－270.

② 国家广播电影电视总局《中国广播电视年鉴》编辑委员会．中国广播电视年鉴[M]．北京:北京广播学院出版社,1988:21－22.

1989 年下半年，《经济信息节目》改为《经济半小时》，成为中央电视台的主要经济节目。1991 年 3 月 15 日，中央电视台经济部首次开办现场直播的《经济半小时》特别节目——《消费者之友专题晚会》，设立 10 部专线电话，回答消费者的咨询及对产品质量和服务的投诉电话，大受欢迎，当晚收到电话 400 余个，晚会后又接到各地来信和来电 6000 多件。①

确实，在党的十二届三中全会后，随着经济体制改革的深化与社会经济的持续开放发展，承载改革报道与财经新闻传播的载体不断丰富发展，如经济新闻报刊，此前不过几十家，到 1986 年则增至 112 家，1990 年达 137 家。一批代表性财经媒体创办或获得创新性发展：第一份全国性经济日报《经济参考报》深化发展，第一份股份制金融类报纸《金融时报》、第一家经济广播电台“珠江经济广播电台”闪亮登场。

二、第一份综合性经济专业报纸——《经济参考报》

由新华社主办的《经济参考报》，是中国第一份综合性经济专业报纸，是在“中国改革开放大潮初起、人们最渴望信息的年代”在北京创刊的，初名为《经济参考》，1990 年改为《经济参考报》。早在其创刊的一年前，新华社国内新闻编辑部财贸组即从 1980 年 5 月 2 日起开辟了一个新的专栏，叫“各地市场”，专门报道市场行情。专栏一共播了五期，主要内容：第一期报道各地粮油市场情况，第二期反映主要产蛋省鲜蛋旺季市场，第三期报道各地夏令商品市场动向，第四期介绍家用电器的产销情况，第五期预测当年西瓜市场趋势。②

《经济参考》报创刊伊始，就得到中央领导同志的关怀和支持。1981 年 3 月 14 日，出版试刊号，送呈党中央、国务院领导看。邓小平在征求意见的信上写了“赞成”两个大字，陈云看了试刊号后亲笔给新华社写信，肯定说“这种刊物对经济工作的干部很有用处”。薄一波、谷牧、方毅等党中央和国务院的领导同志也都表示赞成办这样一张报纸。③

---

① 郭镇之．中国电视史[M]．北京：文化艺术出版社，1997：54，102.

② 高洁，丁贵安．实践 思考 探索——张家炽经济新闻作品选[M]．北京：新华出版社，1988：41.

③ 张云．《经济参考报》研究[D]．合肥：安徽大学，2007：9.

1981年7月1日，《经济参考报》正式创刊，4开4版，由书法家苏炳森题写“经济参考”报头，并沿用至1990年。从创刊至1991年的10年里，《经济参考报》历经了七次大的发展调整。《经济参考报》创刊后，前两年是周三刊，每周一、三、五出报；1983年7月1日起，改为周六刊，每周六期；1984年，发展成日报；1985年1月1日扩为4开8版，同年4月1日起，由“限国内发行”改为“向国内外公开发行”；1987年起，改为对开4版。1990年，邓小平为《经济参考报》题写新报头，将“经济参考”改为“经济参考报”。1991年1月1日起，《经济参考报》结束铅印历史，改为激光照排胶版印刷。

《经济参考报》秉持帮助经济界“沟通情报，开阔眼界，搞活经济，提高效益”的宗旨，把“提供国内外经济情报，充当经济工作者耳目”作为自己的基本任务，主要提供国内外经济动向、经济信息、市场行情、经营管理经验和经济理论动态，将读者定位于“负有经济决策任务的各级领导机关工作人员，工业交通、基建、农业、商业、外贸、财政、金融等经济部门的工作人员，企业的经营、管理、生产、供应、销售、采购人员，农村社队企业的工作人员，以及关心经济工作的各界人士”。[①]

在创刊的最初十年里，《经济参考报》高举改革开放旗帜，满腔热情地报道经济工作与社会经济生活，取得了多方面的宣传报道成绩。一是通过经济参考论坛发表评论员文章及述评等，及时传达党中央、国务院的经济工作方针政策、指导思想与指示精神。在头版设经济参考论坛，十年来刊登稿件数百篇，每篇二三百字，以短见长，把中央精神传播给基层，很好地促进了思想解放，对深化改革、扩大对外开放等起到了推动作用。二是从宏观方面提供具有战略意义的国际国内经济、科技信息。对国内，大量报道“六五”“七五”计划的实施和“八五”计划设想，对农村联产承包、企业行业承包与租赁、企业集团、厂长负责制、股份制试点及商业、金融、财税、经营管理体制等领域的改革进行广泛深入报道；对国际，介绍世界经济科技动向、市场动态及苏联、东欧国家经济等。三是报道有关

① 编者的话[N]. 经济参考报,1981-07-01.

部门及各地经济改革经验与问题。在头版设“省市区领导谈经济”“部委局领导谈经济”专栏，刊登各部门、地方领导关于经济工作的思考与谈话。四是传递经济技术协作信息，促进中央与地方、沿海与内地经济技术协作。五是提供产、供、销和人才信息，包括市场调查、市场预测、新产品、海外用品信息、农副产品与工业品价格行情等。此外，作为经济工作与经济生活中问题与解决方法的交流阵地，组织专版、编发读者来信，介绍经济管理等方面的新知识、新成果。反映消费者意见建议、呼声和要求等。在十年发展中，《经济参考报》也形成了自己的特色风格。一是以传播经济、科技、人才等方面的信息为主要内容，服务“四化”建设。二是敢于提出、报道新问题，具有一定超前性。如对“包”字进城、长途贩运、清理“红头文件”等其他媒体不敢报道、宣传的内容，进行大胆宣传。三是文章短小精悍、信息量大。

《经济参考报》初为周三刊后改为日报，刊期短，与半月刊的《市场报》相比，其出版频率大大提高，时效性大为增强。因其“承载的丰富信息，满足了无数人的渴求”，所以报纸受到各地经济界的重视和欢迎。社会反响热烈、赞誉有加，经济界反馈：“非常喜欢这张报纸，愿从中得到信息，更愿为她提供信息”；新闻界同行评价该报：“令人耳目一新，为经济宣传开拓了新天地”。[①] 这种肯定与赞赏，也表现在发行创收的不断攀升上。报纸创刊的第一个月，发行量达 13 万多份。1982 年 1 月，创办刚半年，发行量即比创刊时增加两倍。1984 年 9 月，邓小平为《经济参考》报题词“开发信息资源，服务四化建设”。1985 年，《经济参考》报发行数由上年的 57 万份跃增至 78 万份，涨幅居全国报纸第一。加上经济信息专线，当年“盈利 1000 多万元，人均创利 11 万元，为 1984 年的 12 倍”。[②]

三、第一份股份制金融类报纸——《金融时报》

1987 年 5 月 1 日，应经济体制改革和金融发展需要，《金融时报》在

① 姚光．情铸丰碑十年路——记经济参考报[J]．中国记者,1991(10):33 - 35.

② 《〈经济参考报〉简史》,未刊本,第 7 页。

北京创刊，邓小平同志题写刊名。《金融时报》是中国第一份股份制金融类报纸，由中国人民银行、中国工商银行、中国农业银行、中国建设银行、中国银行、交通银行、中国实业银行和中国人民保险公司八大金融机构，组成董事会，采取联合办报的形式，由中国人民银行总行领导。

《金融时报》是一份以金融为中心的经济大报，采取“立足金融，面向经济；通过金融，反映经济”的办报方针，“围绕金融工作中心、服务金融改革发展大局”从事金融宣传。① 其主要任务，是“宣传党和国家金融方针政策，授权发布金融法令、重要金融和经济统计资料，传递国内外金融信息，报道金融战线改革成绩及出现的新情况、新问题，开展金融经济理论与体制改革研讨”等。②

《金融时报》创刊时为对开 4 版，周二刊。其版面安排，第 1 版要闻版，第 2 版银行版，第 3 版信息、理论版，第 4 版国际版，另辟“副刊”。后来，内容日益丰富，刊期不断缩短，版面不断增加。1988 年改周三刊，1989 年改周四刊，1991 年改周六刊，1992 年改出日报，1994 年扩为对开 8 版，1999 年每天出 12 版。之后，报纸内容分为三大板块：即第 1 ~4 版为财经新闻板块，第 5 ~8 版为市场新闻板块，第 9 ~12 版为周刊板块。

《金融时报》创刊以来，围绕金融中心工作开展了富有成效的宣传报道。重点内容有：宣传党中央、国务院及中央银行金融工作方针政策，公布金融法规法令、重要金融经济统计数据，传播金融事业发展改革成就、国内外金融动态信息，为货币政策实施、金融监管等工作创造舆论条件，提高社会民众金融意识、普及金融法律知识，等等。

四、第一座经济广播电台——珠江经济广播电台

1986 年 12 月 15 日凌晨 5 时开播的珠江经济广播电台，由广东人民广播电台第二台通过对节目结构形式和内容进行全面改革而成，是当时广播事业应对媒体竞争、适应经济体制改革与商品经济发展和社会经济生活需

① 苏宁．把《金融时报》办成一流的财经媒体[J]．中国金融家，2006(9)：16 – 18.

② 卢起淦．兔年春色添新花——《金融时报》即将问世[J]．福建金融，1987(3)：1.

要推出的改革成果。

珠江经济广播电台开创的“珠江模式”，在国内率先采用主持人直播形式的大板块节目结构。其在节目设置、结构与播出形式方面的全面改革具有鲜明的特点：一是设立大时段综合节目（大板块节目），即根据大多数听众的生活规律，将全天19小时15分钟播音时间分为七大段，每个时段2~3小时，由多个小栏目综合而成。① 清晨以信息节目为主，上午是知识性和服务性节目，中午是谈论当前经济与社会问题的议论性节目，下午是戏曲，放学后是少儿节目，黄昏是娱乐信息节目，晚间是文艺性节目。二是发挥广播传播信息快速及时的特点，以新闻和信息为骨架支撑节目。② 每天逢半点播新闻节目，共19次。信息节目种类繁多，有各2次10分钟的市场信息、金融信息、供求信息与科技信息；有1次5分钟的海外商情、供销行情物价信息；有4次20分钟的综合信息、新闻与交通消息，以及今日信息总汇（广州话、普通话各2次共40分钟）与体坛快讯（3次15分钟）等。③ 三是除信息之外，全部节目由主持人直播，由此带动了电台业务的全面改革。四是让听众参与，变单向传播为双向交流，增强了接近性。这些创新举措产生了很好的效果。开播四个月，广州地区收听本省电台广播的听众即达78%；开播一年，听众调查显示，1987年11月广州市居民收听珠江经济广播电台节目的达100%，收到听众来信逾百万封、听众来电话7万多个。④

珠江经济广播电台是中国第一家经济广播电台，在当时的经济社会发展环境下，其成功创新带来了极强的示范效应，之后“各地陆续开办的经济电台达30座”⑤。

① 七大时段为：5:00—8:00《珠江晨曲》，8:00—11:00《朝朝新节拍》，11:00—13:00《午间快语》，13:00—14:30《农村天地》，14:30—17:30《南国艺苑》，17:30—21:00《七彩黄昏》，21:00—0:10《莺歌夜话》。

② 钱辛波．珠江经济广播电台改革的启示[J]．中国广播电视学刊，1988(3):5-11.

③ 珠江经济广播电台节目结构[J]．视听界，1987(1):30.

④ 钱辛波．珠江经济广播电台改革的启示[J]．中国广播电视学刊，1988(3):5-11.

⑤ 黄瑚．中国新闻事业发展史（第二版）[M]．上海：复旦大学出版社，2019:334.

五、深度经济报道和典型经济人物报道的特点

20 世纪 80 年代中后期涌现的深度经济报道与典型经济人物报道，是时代发展的产物，具有鲜明的特色。

当时，经济体制改革的全面展开与深化，带来了一系列前所未有的问题，引起人们的困惑与寻求解答的探求，深度经济报道就在报道改革、探讨问题与寻求解答的过程中产生了。1986 年“全国第七届好新闻奖”首次设立深度报道奖，表明这一概念正式确立；1987 年被称为“中国的深度报道年”，当年涌现出一大批优秀的深度报道，其中不乏经济题材的深度报道，代表性的有《经济日报》关于“关广梅现象”的报道，《人民日报》的《鲁布革冲击》《改革阵痛中的觉悟》《中国改革的历史方位》，《中国青年报》的《西部贫困探源》等经济深度报道作品。[①] 这些经济深度报道，具有选题重大、资料翔实、内容丰富、思辨性强与理性美等特点。

一是选题重大，反映人们关切的事物。如《西部贫困探源》（《中国青年报》1987 年 5 月），反映了西部贫困的现实及其贫困根源。《经济日报》关于“关广梅现象”的大讨论，持续时间较长，参与者众多，甚至引起了海外媒体的关注，因为该现象背后涉及“租赁企业是姓‘社’还是姓‘资’”这一关于改革性质的敏感话题。而《隆起的“物价盆地”》[②]《中国改革的物价关》等，反映的都是当时人们普遍关注的物价问题；《黑色的诱惑》[③] 则聚焦当时的煤炭供销失衡问题：一边是西部煤炭产地原煤积压，一边是东部地区供煤频频告急，影响生产秩序，暴露出煤炭流通环节惊人的混乱。

二是资料翔实，内容丰富，可信性与可读性强。这一时期的深度经济报道，每篇都有大量资料支撑，既令人信服，又增加了文章的可读性。如《西部贫困探源》中，不仅列举大量调查来的案例说明西部贫困的事实及贫困背后的“文化心态落后”，还有对联合国有关组织的规定、经济学家

---

① 杜骏飞，胡冀青．深度报道原理[M]．北京：新华出版社，2001：82－83.

② 隆起的“物价盆地”[N]．解放日报，1988－04－18．经济日报，1988－07－04.

③ 黑色的诱惑[N]．人民日报，1988－11－07.

言论及大量数据等数据资料的翔实引用。《中国改革的历史方位》[①] 开篇即摘引《新中国的一日》征文稿中的段落，作为当下中国人心态的一种说明引领全篇，其后还有世界银行数据、《华盛顿邮报》报道、历史事实回顾、经济学家言论等内容。《鲁布革冲击》除了引用数据资料，还介绍趣事逸闻，如鲁布革地名来历："据说，早年水力勘测人员惊喜发现此地，问及地名，当地布依族人回答：'鲁布革！'本意为'不知道'，勘测人员误作地名，标入地图。"

三是有强烈思辨色彩与理性美。深度经济报道揭示的重点，在原因（Why）和怎么样（How）两个要素。通常先提出问题，再追本溯源，层层递进进行分析，找出根源与症结，探究解决方法。如《西部贫困探源》[②]，经过层层分析、例证，揭示其贫困根源在于人的精神贫困。文中剖析道，"'传统的生活方式，不仅导致传统生产方式的延续，而且导致传统的价值观念，导致传统的满足。在传统的自然经济的满足中，排斥了对需要通过交换才能得到的商品的需求，因而也就泯灭了为交换而生产的积极性。'这就是贫困背后的贫困，它无疑比经济的贫困更可悲"。[③] 进而建言道："贫困地区要解决经济问题，首先要甩掉精神包袱。"文章结尾又热切呼吁："听任落后地区的自然过渡是没有希望的，真正的希望在于对社会主义'大锅饭'体制的改革，在于调整出一个社会化规模的商品经济关系，在于促进落后地区自身'造血'功能的健全，在于我们中华民族自强不息的精神。"[④] 就这样，从经济问题开始，最终落到中华民族的精神传统上，使文章折射出人文历史的思辨之美[⑤]。

此外，20 世纪 80 年代中后期的经济新闻人物报道，推出了一批锐意改革的企业家形象，他们以崭新的时代面貌、备受争议的改革举措、多层面的性格展示，丰富了典型人物形象。这些典型经济人物形象的塑造，具

---

① 中国改革的历史方位[N]. 人民日报,1987-10-06.

② 《中国青年报》1987 年 5 月 29 日、30 日,6 月 2 日、3 日报道。

③ 唐贵忠. 农村新文盲激增原因探析[J]. 社会,1989(5):2.

④ 吴培恭. 深度报道的特征(上)[J]. 新闻界,1989(4):13-14.

⑤ 沈毅. 中国经济新闻史[M]. 北京:北京大学出版社,2008:272.

有不同的特质。

一是体现时代色彩，具有新闻性。报道的典型都是时代弄潮儿、改革急先锋，人物事迹都是打破“大锅饭”、改革分配制度与人事制度等紧密结合时代进程和改革脉动的、牵动大众神经的改革举措。这些举措不免与传统思维方式、理念碰撞摩擦，引发冲突，这些举措与冲突构成了新闻价值，并带有鲜明的时代色彩。如步鑫生、马胜利两个为媒体竞相宣传的典型，就是以相当的改革胆识，冲击了旧的体制与理念，实践着正在进行中的城市经济体制改革并取得明显成效。

二是揭示的环境更为复杂。当锐意改革的企业家们举起改革利器破除传统痼疾时，往往会招致各种非议猜忌。媒体报道中，很多笔墨是放在改革者如何在流言蜚语中疲于应对甚至伤痕累累的。如《李良美沉浮记》[①] 报道的安徽淮北市棉织厂厂长李良美、《她顶住了，也挺住了》[②] 报道的重庆中南橡胶厂厂长刘谷音等改革者，都曾遭受或轻或重的流言攻击，其工作也因之受到不同程度的影响。除了改革触及部分人的利益而招致争议，改革者还要面对来自传统文化与政治观念的质疑。如“关广梅现象”中关广梅实行租赁经营方式，无意中掀起一场有关路线问题的论争：租赁企业姓“社”还是姓“资”？《胭脂厂长》[③] 报道的武汉市某服装厂女厂长勇于打破“大锅饭”，开拓市场，使企业起死回生，却因打扮时髦、喜欢跳舞、同男同志一起出差跑业务而引来流言，被视为“轻佻”“交际花”。实际上，她注重衣着，是为本厂服装做广告。

三是性格展示更为立体多元。此期典型经济人物报道，已注意从多侧面挖掘和表现人物性格，如在反映人物工作成绩时，对其存在的问题也予以客观报道，从而使人物形象更为丰满、更真实可信。

不过，在典型经济人物报道中也存在片面化、绝对化的问题，不能全面客观反映典型人物的成绩与问题，最终导致失败，引发批评。如对步鑫生的报道就是如此。1983 年《人民日报》的专题报道《一个有独创精神

---

① 李良美沉浮记[N]. 人民日报,1984 - 06 - 18.

② 她顶住了,也挺住了[N]. 经济日报,1987 - 05 - 07.

③ 胭脂厂长[N]. 中国青年报,1985 - 01 - 08.

的厂长》，使步鑫生成为媒体追捧的典型、成为企业家学习效仿的榜样。但是四年后，1988 年 1 月 16 日，《人民日报》在头版发表《粗暴专横　讳疾忌医　步鑫生被免职，债台高筑的海盐衬衫总厂正招聘经营者》的消息后，步鑫生又成为媒体批评的对象。正如人们对媒体报道的一些议论：“处理这样一个典型，报纸一登了事，是否太草率了”，“成也萧何，败也萧何，新闻界咋能这样搞”。[①] 当天该报还登了《步鑫生沉浮录》一文，分析其失败原因，也反思了媒体报道该典型时应汲取的教训[②]。

① 一人沉浮　千夫评说——步鑫生被免职后的种种议论[N]. 人民日报,1988 - 01 - 27(1).

② 一好百好——宣传步鑫生改革业绩的报道,开始搞得有声有色,总的看来也是实事求是的。问题在于,步鑫生的缺点、问题后来逐步暴露,有些新闻单位的报道仍然热度很高,把他说得完美无缺,而且不断升格,这就成问题了。外地一位来取经的代表看到报上说步鑫生每天清晨在工厂门口笑脸迎候工人,特地在厂门口观察了一周,结果并非如此。这个代表问工人时,工人们无以言答。这种事例确实值得报道者反省。

第三章

市场经济建设中的中国财经新闻传播

20 世纪 90 年代，伴随着资本市场的初步建立，一大批财经类媒体应运而生。随着社会主义市场经济体制的确立，中国经济的新兴“投资动力”也不断涌现，除了传统的政治经济、工农业经济、服务经济、家庭经济、消费经济等，还出现了股票、保险、期货、期权等多种金融产品，为中国改革开放以来经济的蓬勃发展注入了新动能。1992 年以后，出口贸易成为推动中国经济增长的又一大亮点。相应地，财经媒体也随之增加了汇率、进出口、国外经济资讯等新内容。

在这一阶段的市场化进程中，一些由经济部门主办的经济类报纸也一改往日由财政输血的经营方式，实行自负盈亏、自主经营，使得财经媒体逐渐加快市场化的步伐，同时也为财经新闻的发展提供了新的契机。

伴随着深圳证券交易所、上海证券交易所的相继成立，中国资本市场大名鼎鼎的三大证券报，即《中国证券报》《上海证券报》《证券时报》也由此诞生。这些证券报纸提供的财经资讯不仅满足了人们对证券、股票、债券等经济知识的需求，也凭借其官方指定上市公司信息披露报纸的身份逐渐改变中国传媒市场的报道格局。

据统计，到 1992 年末，中国以宣传经济政策、反映经济生活、传播经济信息为宗旨的经济类报纸有 800 余种，其中用经济命名并基本上由政府部门主办的经济类报纸有 38 家。①

---

① 沈毅. 改革开放 30 年来我国经济新闻报道的演进——以报纸和电视为例[J]. 中国社会科学院研究生院学报，2008(6):22－28.

第一节　经济体制变迁与 1992 年后财经新闻传播发展脉络

一、党的十四大：社会主义市场经济体制的正式确立

1992 年初，邓小平视察南方后发表重要谈话，向全党全社会提出解放思想、实事求是的号召。在改革开放和现代化建设进入新阶段的背景下，1992 年 10 月 12 日，中国共产党第十四次全国代表大会在北京开幕。

针对社会上关于市场经济姓“资”还是姓“社”的争议，1992 年邓小平同志在南方谈话中指出：“计划多一点还是市场多一点，不是社会主义与资本主义的本质区别。计划经济不等于社会主义，资本主义也有计划；市场经济不等于资本主义，社会主义也有市场。计划和市场都是经济手段。”这一重要论述，解除了人们对市场经济的种种疑虑，打开了人们长期被计划经济禁锢的思想闸门，为实行社会主义市场经济的改革奠定了理论基石。[①]

党的十四大确立的社会主义市场经济体制中，市场在资源配置中起基础作用成为一种历史必然。党的十四大肩负着加快改革开放和现代化建设步伐的重大历史使命。此次大会与邓小平南方谈话共同成为推动中国向前发展的又一座里程碑，成为中国改革开放和社会主义现代化建设的新起点，成为中华民族振兴和中国人民迈向 21 世纪的新起点，标志着中国步入

① 曾培炎．伟大的历程　辉煌的成就　宝贵的经验——写在社会主义市场经济体制改革目标确立 20 周年之际[J]．求是，2012(11)：10－14.

了改革开放和社会主义现代化建设新的历史时期。社会主义市场经济体制的最终确立极大地改善了传媒生产力发展的制度环境，党的十四大以后“事业单位，企业化管理”的运行模式得到政府的许可，媒介市场化步伐逐渐加快。

在 1992 年南方谈话后，中国资本市场的浪潮席卷而来，同时极大地刺激了中国财经媒体的发展。随着经济、政治、社会等外部环境的巨大变迁，市场化步伐中的财经媒体也面临新的变革。历经改革开放的洗礼，中国经济实力迅速提升，政治环境也变得更加宽松，人们对经济信息的需求也更加强烈。资本力量的进入改变了财经媒体经营过程中的衡量因素，也将媒体机构作为一个公司来经营，盈利能力成为衡量一个财经媒体是否成功的最重要标准。

二、资本力量的进入与中国财经新闻传播市场化的探索

随着市场经济的发展，20 世纪 90 年代，中国的媒体市场中出现了《中华工商时报》、《中国经营报》、《期货日报》、《投资导报》、三大证券报、《IT 经理世界》、《商界》等经济类报纸和杂志，它们利用自身拥有的行业资源，开始以读者的需求为本位挖掘独家的经济新闻进行深度报道，对经济现象与问题的分析、解释等都有着明显的时代特色，逐渐成长为行业内权威的综合类财经报纸和杂志，在细分媒体市场的同时，也为新时期财经媒体的兴起奠定了基础。从此，“经济新闻”报道全面转向“财经新闻”报道。

（一）《中华工商时报》与《粤港信息日报》

谈到 20 世纪 90 年代，于其前半期，财经媒体圈有着一句口头禅，即“北有《中华工商时报》，南有《粤港信息日报》”。

1989 年 10 月 6 日，《中华工商时报》正式创刊，由全国工商联主管主办，其创始人为丁望。他在 63 岁创办此报纸时，以“不做机关报，要办综合性经济大报”“把计划经济让别的报纸去做吧，我们来搞市场经济”“商味、民味、海味”等理念，吸引了一大批业内精英汇聚于此，例如胡

舒立、彭波（后续担任过《中国青年》杂志社社长）、何力（《经济观察报》创刊总编辑）、刘坚（《经济观察报》社长）、王长田（光线传媒创始人）、吕平波（《华夏时报》总编辑）、杨大明（担任过《财经时报》总编辑）、杜民（担任过北青传媒总经理），等等。

在1991年元旦，《中华工商时报》在头版用一个整版刊登邓小平的照片以示敬意，激发改革开放的新浪潮。而此时距离邓小平视察南方还有13个月。

而南方的《粤港信息日报》有着更多“粤味”，以及“百万移民下珠江”、洗脚上田办工厂的奋斗气息。20世纪90年代初，在当时担任副总编的林力博的领导下，该报纸进入影响力提升的快车道。1991年10月，新华社广东分社记者王志纲和田炳信的对话录《珠江三角洲启示录》在该报发表，因为太受欢迎，十天后又重印了一次。从《粤港信息日报》走出了大批媒体人，《第一财经日报》创办时的三位重要成员翁宝、王长春、周健工均是“粤港人”。

彼时的广东，除“粤港”以外，《中国金报》《粤港企业家报》《亚太经济时报》《华商时报》《医药经济报》《广东商报》《周末画报》等报刊皆与经济紧密相关。尤其值得一提的，一是20世纪90年代初的广州《现代人报》，因观念新颖鲜活而闻名，其后中国香港企业家于品海投资介入，于1994年停刊；二是1995年由深圳投资导报开办的《财源》周刊（CASH），以“为中产阶级服务”为口号。由于瑞士荣格集团的参与，《财源》在版式和风格方面，均给国内报纸媒体带来了全新的冲击，它采用横排版式，不吝版面使用大照片，对热点财经故事进行深入细致的挖掘，可称得上是一份充满现代感和国际气息的财经周报。两年多以后，《投资导报》的主办单位从深圳工业区变更为深圳特区，荣格集团退出。《投资导报》社长兼总编辑于绍文转而创办了《经理人》杂志。

（二）证券类媒体

20世纪90年代前半期另一个大类型的财经媒体，是伴随中国资本市场诞生而创立的证券类媒体。1990年前后，上海《新闻报》开股市报道之先河，贺宛男于 1990 年 7 月开出了中国媒体第一个证券专栏。《上海证券报》于 1991 年 7 月 1 日创刊，最初由上海证券交易所兴办，之后转为新华社下属报刊。1992 年 6 月，《中国证券报》创刊，由新华社主办。1993 年，人民日报社主办的《证券时报》于深圳创立。三大证券报就此形成，它们在证券市场的发展过程中占据重要舆论地位。同时，由于拥有信息披露权，这类媒体（后来扩展为“七报一刊”）尤其是三大证券报在经营方面，可以说是毫无后顾之忧。然而三大证券报对于中国财经报道的意义远不止于信息披露，它们在公司治理、金融市场、上市公司报道乃至宏观经济报道和经济评论等方面，都开拓了广阔的空间。20 世纪 90 年代初北京的《证券市场周刊》、深圳的《股市动态分析》等杂志火爆时发行达几十万份，在散户中影响力较大。

证券类媒体对于整个财经媒体的一个重要作用是培育了一批专业化人才，后来很多财经商业报纸的骨干成员都有证券类媒体的从业经验。例如《第一财经日报》执行总编辑杨宇东便是早期《上海证券报》的一员。

（三）IT 类媒体

除了证券类媒体，IT 类媒体在 20 世纪 90 年代同样异军突起，发展迅猛。尽管早在 1980 年《计算机世界》周报就已创办（该报也是美国 IDG 公司与中方合资的首份报刊），《中国计算机报》的前身《信息快报》1985 年也已创立，但是 IT 媒体影响力的爆发是在 20 世纪 90 年代。个人计算机的普及、外资企业的大量进入以及中外厂商的竞争，还有网络时代的到来，使得 IT 领域的公司处于商业最前沿，其管理和策略都带有浓郁的财经色彩。刘九如、刘韧、胡泳、胡延平、方兴东、姜奇平等名字深深刻在那个时代的 IT 报道与评论上。IT 和管理、财经的融合，在 1998 年 3 月创刊的《IT 经理世界》杂志上更为显著，该刊的定位就是“专门讨论信息时代企业经营管理问题的新闻杂志”。

（四）商业类报刊

20 世纪 90 年代中后期，《中国企业家》杂志和《中国经营报》的改版，标志着商业方向报刊的自觉。刘东华提出“国力的较量在于企业，企业的较量在于企业家”，他和牛文文等对 1985 年创刊，但缺乏影响力的《中国企业家》进行了“二次创业”，改版之初，方向明撰写的“研究失败”的系列封面报道一炮而红。《中国企业家》以及其后来开启的中国企业领袖年会（2002 年开始）的影响至今未曾消减。

而《中国经营报》在 1996 年从一份对开 8 版的周二刊黑白报纸转变为对开 16 版彩色周报，加大商战新闻、管理实务和企业家报道的力度，并迅速赢得市场的实践操作，为后来《21 世纪经济报道》《经济观察报》的诞生提供了参考范例。在 1998 年，深圳的《证券时报/财经周刊》问世，模仿中国香港《南华早报》的版式风格，借鉴《投资导报/财源》的栏目设计，同样引发了市场关注。从《财源》到《财经周刊》，中国大型财经周报的时代越发临近了。

20 世纪 90 年代，在邓小平视察南方之后，社会主义市场经济体制在中国得以确立，“管理兴国”也成为一种潮流趋势。在此背景下，本土商业杂志纷纷涌现，其中最具代表性的当数同在 1994 年创刊的《商界》和《销售与市场》。《商界》至今仍是国内发行量最大的商业杂志，当年它和《销售与市场》《中国经营报》占据了招商广告市场的相当一大部分份额。

（五）境外财经媒体

境外的财经商业媒体也开始进入内地市场。最早是《商业周刊（中文版）》，于 1986 年创刊，由中国商务出版社与美国麦格劳・希尔公司合作出版，为月刊。但境外媒体中真正产生影响力的，是 B2B 媒体公司“环球资源”于 1992 年创办的《世界经理人文摘》，而境外媒体影响力的高峰是 1999 年在上海举办的《财富》全球论坛。中国香港的《信报财经新闻》《经济日报》，中国台湾的《经济日报》《工商时报》《天下》《商业周刊》，美国的《华尔街日报》，英国的《金融时报》等，成为一部分专业读者的精神食粮。

同样是在 1999 年，安达信会计师事务所雇员胡润在业余时间排出了中国第一个与国际接轨的财富排行榜（50 人），后来以《福布斯》富豪榜的名义发布。境外媒体的品牌化运作和经营方式让境内媒体人开阔了眼界，也促使了境内财经媒体在运营方面的不断革新和飞跃。如果要推选 20 世纪 90 年代最具影响力的财经领域的活动品牌，于 1992 年起步的“中国质量万里行”应该当之无愧。

（六）《财经》杂志

20 世纪 90 年代后期，在中国财经媒体历史上具有重要标志性意义的《财经》杂志诞生。这家堪称丰碑的媒体于 1998 年 4 月创立，其主办方是对中国证券市场有着深远影响的中国证券市场研究设计中心（该中心的前身是“证券交易所研究设计联合办公室”，简称为“联办”），杂志最初的名称是《证券市场周刊 Money》，之后更名为《证券市场周刊月末财经版》，直至 2000 年 10 月才正式以《财经》作为刊名出版发行。《财经》凭借“独立、独家、独到”的办刊方针，大量有分量的监督报道，以及高度的专业性，奠定了不可替代的地位。

第二节　中国三大证券报：证券市场的引领者

一、中国三大证券报及其诞生背景

1990 年，两大证券交易所——上海证券交易所、深圳证券交易所相继成立。同年，《中共中央关于制定国民经济和社会发展十年规划和“八五”计划的建议》中明确指出加强并支持资本融通，鼓励债券和股票的发行，同时在建立证券市场的基础上逐渐规范和完善证券交易制度。伴随着中国股票和证券市场的建立及发展，证券报出现并逐渐兴起，它们见证了中国资本市场从无到有、从小到大的全过程。

三大证券报是指《中国证券报》《上海证券报》《证券时报》，也是中国银保监会、中国证监会指定的上市公司披露信息的报纸。其中，《上海证券报》的作用是披露在上海证券交易所上市的股票的相关信息，《证券时报》则负责披露在深圳证券交易所上市的股票的信息，而《中国证券报》能够披露两个交易市场的股票信息。

由此，全国各地不断涌现创办证券报的热潮，由于市场与资本有着千丝万缕的联系，经济新闻逐渐“财经化”，市场变化与经济现象、经济问题、经济形势之间的关系逐渐成为财经媒体关注的重点，三大证券报也在之后改版转向为市场导向。

创刊于 1993 年 1 月的《中国证券报》，成立之初就是中国证监会指定的信息披露报纸。《中国证券报》不仅披露股票方面的信息，而且成为当时中国银保监会指定的信息披露报纸，伴随着中国投资市场的不断成熟而发展壮大。

《中国证券报》是新华通讯社主办的全国性证券专业日报，是中国证监会指定披露上市公司信息的报纸、中国银保监会指定用于披露保险、信托公司信息的报纸。该报创刊之初为周二刊，其后为了契合读者和市场的需求，曾分别于1997年、1999年、2004年、2007年进行了四次较为重要的改革和改版。作为国内极具权威性的证券类报纸，其以证券、金融报道作为核心，对国内外经济大势、宏观经济政策进行报道；对证券市场、上市公司等专业领域予以报道；关注货币、保险、基金、期货、房地产、外汇、黄金等相邻市场，并且在更为广阔的财经领域具备较大的影响力。2019年12月7日，《中国证券报》入选“新媒体影响力指数”TOP 10。

1991年7月1日，《上海证券报》在黄浦江畔应运而生，由上海证券交易所创办并主管，之后为新华社上海分社收购，进而成为新华社下属报刊。它与中国证券市场一同成长，成为这段非凡历史的重要见证者。其自身也在发展过程中持续壮大，历经了一条充满艰辛的创业历程。《上海证券报》是新中国首张以权威证券专业资讯为主要内容的全国性财经类日报，是中国证监会、中国银保监会指定的相关行业信息披露媒体。最初为周三刊，对开版，后改为日报，对开版。每日常规的出版数量为对开20版，最高发行量可达80万份。2018年3月，获“2017年百强报纸”荣誉。

《证券时报》创立于1993年11月28日，是人民日报社主管主办的全国性财经证券类日报，是中国证监会指定的上市公司信息披露报刊、中国银保监会指定保险、信托公司信息的披露报刊。该报以报道证券市场为主要内容，同时兼顾经济金融信息，逢周末出版《证券时报/财经周刊》共16版，全彩色印刷，是面向国内外进行公开发行的财经类专业日报。创刊以来，《证券时报》充分发挥地处深圳特区、毗邻港澳的优势，锐意改革，勇于探索，逐步形成了信息披露权威。具有资讯快捷、资料统计翔实丰富、市场评析独到深刻、版式新颖富有现代感等特点。该报作为官方指定的上市公司信息披露报纸之一，始终为广大的个体工商业群体、投资者，以及金融市场提供客观公正的资讯服务。

二、中国三大证券报的报道特征与经营模式

（一）三大证券报的报道特征

1. 彰显报道权威，树立媒介公信力

自成立以来，三大证券报始终致力于彰显报道的权威性，助力读者领会宏观政策精神，全面、客观地认识市场走势。三大证券报在报道工作中着重增加有效信息量，便于读者及时掌握国民经济、行业部委、上市公司和证券市场等各个层面的最新动态，为其投资决策提供有效的参考依据。三大证券报重视市场报道的实用性，并且为读者提供多样化的服务，以期增强读者的阅读黏性，深度、全面的报道进一步稳固了三大证券报的权威地位。

以《上海证券报》为例，“对投资者负责”是其办报理念；“贴近市场、贴近读者”是其显著特色；“权威性、及时性、完整性和服务性”是其已然形成的优势以及持续努力的方向，这些促使《上海证券报》逐渐发展成为老牌证券类报纸，并收获了大批投资者的信赖和好评，树立起在资本市场领域的行业公信力。无独有偶，在办报理念上，《中国证券报》也在努力从行政权威向媒体公信力转型，成为高权威性、高影响力、高公信力的报纸。《中国证券报》也一直致力于发布权威的投资信息这个优势资源的开发，对于投资业内的重大新闻事件、热点难点以及与现实生活关系紧密的话题等，能够率先做出具有很高可信度和很强说服力的报道，一步步将自己的公信力树立起来。

2. 秉持专业水准，垂直精耕证券类报道

由于三大证券报的受众群体主要集中在收入高、文化素质高的人群，这些受众对资本市场有一定的认识和了解。除了普通投资者，金融类企业、各企业的中高级管理人员等专业投资者也是证券报的核心受众。这类人群对市场经济的变化较为敏感，对财经信息的需求较为专业化、精细化。以《上海证券报》为例，其在财经报道领域已树立起独特的优势和鲜明的特色，在证券市场和投资者中拥有强大的影响力，占有较大的市场份

额；其主要读者为广大投资者，上市公司和大型集团公司的管理层人员，证券公司、基金公司、银行、保险公司、外资金融机构以及各类中介机构的管理者和从业人员，政府官员、专家学者还有境外财经媒体和研究机构等同样是其重要读者群体，在中国最大的门户网站新浪网有关对财经媒体的浏览以及阅读取向两项调查排名当中，《上海证券报》均位居第一。精细化的运营策略成为《上海证券报》得以长久发展的生存基石，专业、深度的证券类报道为其赢得了读者的信任。

3. 开拓报道领域，向泛财经方向延伸

行业报难以长久吸引受众的注意力，很大程度上是因为其专业性过强。专业性强，是行业报最大的优势，同时也是它最大的劣势。强调专业维度本身并无不妥，但仍需大力推进行业报道向“多维视角”发展。一种可行的方式是从社会角度审视行业，从行业角度观察企业，突显行业信息的社会内涵以及社会意义。三大证券报在报道内容上不仅专注于资本市场领域，也延伸到更广范围的泛财经领域。在报道的选题、策划上，三大证券报为广大受众带来了更广阔的财经视野，涵盖全财经领域的报道也收获了更广泛的受众群体，增强了影响力。

以《中国证券报》的报道内容为例，主要报道内容分为四大板块，新闻板块由要闻、财经新闻和国际新闻组成，主要报道财经领域的重大政策、重大事件、重大变化，以及国际财经领域的重大新闻；公司板块，主要对上市公司运作中的新动向、新问题予以报道，深入剖析行业发展中的新特点、新趋势；市场板块，从基本面、资金面、技术面等多个角度立体式切入，着重评析 A 股市场、B 股市场、基金市场等投资市场的走势情况；专版板块，由《财富中国》的特别报道、财经人物、经营之道、财富管家、妙手理财、房产天地等专版组成。《中国证券报》在报纸内容上强调有所为和有所不为，努力从专业维度转向多维视角，讲求信息实用性和提高报道的“含金量”，一改行业报报道脱离群众，模式化、程式化严重的主要问题。

（二）三大证券报的经营模式

1. 市场化改革下发展思路转变

2003 年开启的报业改革使得行业报的两极分化加剧，有人欢喜有人忧，那些失去行政支持的行业报，如果不及时转变发展思路，就极有可能被市场的风浪所淹没。行业报能够借助行政力量来获取发行量和广告收入的“免费午餐”时代已然成为过去式，随之而来的是行业报的市场发展时代，要由市场也就是读者的需求来决定行业报的生死与存亡。在细分市场的基础上，证券报一改以往靠行政支持和“输血”的常态，强化自身品牌塑造力，通过强势品牌为自身的市场化运作增添核心竞争力。在中国财经期刊同质化严重的情况下，从财经期刊的大类中重新为自己的媒介精准定位和细分市场，以专业化的产品生产和媒介营销来建立自己的核心竞争力，把自身品牌影响力的打造放到首要位置，才是三大证券报在市场化道路上闯出新路的战略选择。

2. 以核心业务为源头，开发多元化产品

三大证券报在经营主业的同时，依托自身优势资源，打造多元化的衍生产品，形成更加丰富的产品体系。《证券时报》经过二十五年的深耕细作，逐步发展为集报纸、电视、网站、投资顾问等为一体的新媒体平台，以打造一个整合中国证券资本市场领域范围内的经济资讯的服务平台。“时报快讯”栏目汇聚了《证券时报》分布在全国的 200 名优秀财经类记者、编辑，每日 24 小时不间断滚动发布最新且最具权威性的原创财经快讯，此栏目亦是国内唯一涵盖主要投资市场的综合类财经快讯栏目；“时报会客室”栏目经由深度的财经人物访谈，为投资者提供业内专业人士的真实见解和深刻认识；而股票和股指期货频道的“专家在线”栏目，搭建起了一个投资者与专家的交流平台，为投资者实时提供投资方向的指引。

历经十几年的探索和发展，《上海证券报》已构建起一个完备的市场服务和营销平台：设立了国内唯一依托财经专业媒体的财经新闻传播公司上海奇智财经传播有限公司，专门从事企业融资、上市的整体推介策划以及上市公司的日常公共关系维护工作，并且为高端的金融、证券商务会议和活动等提供服务；创建并开通了中国证券网，以全天24小时不间断滚动播报财经新闻的形式，在第一时间为市场和投资者提供准确、权威的市场信息和投资分析，还为众多上市公司和投资机构举办路演和推介活动。

中国证券报已成为一家专注于资本市场、权威高端的财经信息服务商，拥有由《中国证券报》、《金牛理财周刊》、中证网、中国证券报App以及“中国证券报”微信公众号、官方微博、抖音等构成的全媒体矩阵以及被誉为“中国基金业‘奥斯卡’”的中国证券报金牛奖品牌。其中，“金牛奖”系列是中国证券报鼎力打造的品牌，中国证券报充分发掘“金牛”品牌的资本市场影响力，积极构建“金牛生态圈”，完善金牛延伸服务，开发金牛衍生产品，打造金牛资本市场服务平台。金牛系列高端专业论坛，已成为头部机构与顶级投资人的盛会。金牛巡讲、金牛分享会、金牛线上直播等特色延伸服务，搭建了各类金融机构与实体企业之间、各类金融机构与目标客户之间的对接渠道。与基金、券商等机构合作开发了指数、基金中的基金（FOF）等金牛衍生产品，致力于更好地满足各类投资人资产配置的需求。

3. 受众群体层次高，广告经营追求档次和规范

期刊的传统商业运作模式主要为广告以及发行，当前中国走市场化路径的财经期刊主要凭借广告营销模式来维持运营，也就是人们所提及的二次售卖。由于面对的读者主要是商务人士、专业投资者、机构投资者群体，三大证券报在广告经营方面，追求档次与规范，和一般大众媒体最大的差异在于，其品牌形象传播的功能强大，受众群体层次较高，鉴赏能力、辨别能力显著强于其他类型的媒体。

第三节 1992—2001 年中国财经新闻传播的特征与变化

与20 世纪 80 年代相比，90 年代的中国财经媒体开始朝着更为专业化、更侧重于微观企业和企业家的方向演进，尽管经济改革和经济政策依旧是重要的议题。然而从未来的视角看，20 世纪 90 年代末涌现的门户网站以及其所代表的互联网趋势，是更具长远意义的影响要素。1997—1998 年，网易、搜狐、新浪、腾讯相继诞生，像《电脑报》这类 IT 媒体的网站也建成了，尽管新闻门户特征显著的只有新浪，但互联网时代的到来以及它对传统媒体的深刻影响，自此变得不可逆转了。

一、证券类报道逐渐热化

1990 年末，上海证券交易所与深圳证券交易所相继开业。1992 年春季，邓小平同志视察南方，在南方谈话里着重指出允许股票试点，“证券、股市，这些东西究竟好不好，有没有危险，是不是资本主义独有的东西，社会主义能不能用？允许看，但要坚决地试。看对了，搞一两年。对了，放开；错了，纠正，关了就是了”[①]。受他讲话的鼓舞，中国金融改革步伐加快，经济发展迅速，大批证券报纸如雨后春笋般涌现出来。专业金融证券报刊的出现带动了一批地方金融证券报刊和地方报证券版的出现，形成了 20 世纪 90 年代壮观的证券新闻热。

① 童师亮．财经新闻的“专业化”与“去专业化”[J]．传播力研究，2018，2（15）：201.

二、财经新闻传播逐渐专业化

财经新闻因为直接和民众的“钱袋子”息息相关，因此对专业性也提出了更高要求，一旦因为不专业而进行了错误解读，影响和危害很可能是全局性的。2015 年中国股市出现剧烈震荡，2016 年互联网理财 P2P 平台问题频发，个别媒体在这一过程中发挥了不光彩的作用，有的甚至成了害群之马，直接影响到公众利益。2018 年 5 月 6 日，知名证券主持人廖某就因操纵市场被中国证监会处罚 1.26 亿元，无疑是个深刻的教训。

财经新闻与公众利益密切相关的属性，决定了从业者应该对自己有着更高的要求，牢记“两个上帝”（投资者和消费者），为信息不对称中的弱势群体立言，是财经记者的天职。除了站稳“围绕中心、服务大局”这一基本立场，要有职业操守之外，财经记者更要有独立思考判断的能力。而要独立思考判断，就离不开专业的财经常识，例如知晓股票、基金、债券等投资理财技能，懂得市场运作和公司治理的基本逻辑，会查询企业股权结构信息，具备一定会计知识、能够读懂财报等。在各类新媒体、自媒体蓬勃发展的今天，快节奏已经不再是传统媒体的法宝，媒体要鼓励记者成为各自关注领域的专家，只有从深度、从专业性上做文章，才能使财经新闻报道更具有指导价值和传播效果。

值得一提的是，由于中国媒体从业人员大多是中文、新闻类专业出身，财经方面的专业性有所欠缺，除了持续的学习培训以外，媒体还需要借助“外脑”，通过与权威部门、金融机构、高校研究机构等合作，建立起“水平高、信得过”的专家库，从而确保财经新闻报道的专业性与权威性。

在国内，财经媒体的核心竞争力主要彰显于其提供的信息价值方面，而在媒体的资源聚集以及延伸开发领域，尽管已经迈出尝试的脚步，但由于发展历程过短，均处于起始阶段。倘若财经媒体不注重其专业化能力的提升，将会严重阻碍核心竞争力的构建。截至目前，中国尚无权威性能够达到《华尔街日报》水准的财经报纸。唯有先提升专业化水平、建立良好的公信力，才有可能切实构建媒体核心竞争力，否则媒体核心竞争力的构建只能是纸上谈兵。那么，财经媒体应当怎样提升其专业化水平呢？

（一）健全消息来源制度，尽量避免匿名消息源

在中国媒体对社会新闻的撰写过程中，模糊消息源的现象还并非极为普遍。然而在财经新闻的写作里，模糊消息源几乎成为一种常态，并且也被读者所认可。随着财经类报纸的迅速兴起，模糊消息源也日益成为主流趋势。随意翻开这类报纸，像“业内人士透露”“知情人士表示”之类的表述可谓屡见不鲜。谨慎运用匿名消息来源，既是确保新闻权威性的重要措施，也是防范假新闻的有效手段。由于众多报道确实关乎敏感问题，出于保护采访对象的需求还是必须采用模糊或者匿名消息源。

（二）完善财经记者的知识体系，培养专家型记者

鉴于证券市场的独特性，证券新闻报道相较于一般的新闻报道具备更强的专业性，加之中国证券市场各类经济现象纷繁复杂，新问题不断涌现，对于这些现象的报道仅凭借经验和直觉是无法妥善完成的，需要运用特定的专业知识才能够进行正确的解释与监督。例如监督上市公司信息披露的内容就会涉及金融、财务、会计、审计、法律等众多领域的知识，而规避各类信息陷阱，则要求编辑和记者拥有一定的看盘经验、较强的技术分析能力以及深厚的经济理论功底，对政策走向、机构操盘等都要有一定的研究。国外众多优秀的金融财经记者专业性颇高，不但拥有对复杂金融财经信息进行处理的能力与热情，还能够具体且熟练地运用商业模型、计量经济模型等工具开展有批判性的独立研究，提出自身独特的见解。往昔，金融财经记者常常从新闻、政治等专业领域聘用，当下更多的金融财经记者源自商业界，许多人具有金融、财会、经济学专业背景，甚至拥有多年的实际工作经验。

（三）学会运用数据图表，加强报道的可视化传达

在国外的金融报道里，记者还会运用各类经济数据的图表、图片以及照片等专业形式，使报道更为丰富立体，以提升专业化财经报道的可读性。不少财经媒体所使用的信息图表，不仅提升了报纸的视觉效果，而且用最小的版面让读者在最短的时间内获取了更多信息。

《华尔街日报》、英国《金融时报》、澳大利亚《金融评论报》等报纸

都设有专门针对上市公司的报道版面，对公司的各种资本运作进行深度报道。为了增强这类报道的专业性与独家性，这类金融财经记者大多擅长从上市公司公开信息中发现并挖掘一些资本运作的深度报道，或者发掘公司运作和资本运作中可疑的线索。故而，英国《金融时报》以及国外大学针对金融财经记者的培训课程，通常包含经济学、公司财务、银行经营管理、高级投资学等金融专业课程，教授记者如何透过财务报表看出企业是否进行会计报表操纵、如何判断并购价值，从而从财务报表中识别公司真实价值，判断出公司变化趋势以及公司提供信息的真假。其涵盖内容几乎达到专业金融财务人员的水平。相反，倘若金融记者缺乏专业素养，即便有较强的责任感，也有可能因为无法准确理解金融概念，在报道中得出具有误导性的结论。

（四）深入浅出解读财经内容，做到专业性和可读性的结合

当前，相较于国外金融财经记者，国内金融财经记者的整体专业素养仍需提升。专业客观的报道是媒体公信力的有力保障，当然，金融财经新闻的表现形式也需注重专业性与可读性的结合。金融财经新闻的最终价值在于将金融政策、金融专家、金融市场、企业的信息传递给读者，为读者阐释新闻事件，揭示事态发展。故而，金融财经记者要善于运用通俗易懂的语言，表述专业金融信息，解读金融信息背后的政策变动、经济形势变化、发展趋势变化，而非生硬地将晦涩的专业术语塞给读者。金融财经报道要重视人性化，通过鲜活具体的人和事来反映金融经济现象和问题，这相较于单纯采用技术趋势分析或者数据分析更能引发读者的兴趣。

三、舆论监督功能凸显

成熟证券市场的经验表明，媒体能够凭借其敏锐的触觉、穷追不舍地探究根源的职业习性、无所不在的独特职业优势以及法律赋予的特定权利，充当监督中介机构独立性的角色，成为提升利益冲突披露透明度的“别动队”。并且，媒体将第一时间获取的消息传递给社会以促进信息的对称，尤其是将消息传递给社会监管体制的各个层面，使这一制衡机制能够

有效运转，迅速发挥约束和控制的作用。媒体拥有对证券市场进行监督的权利。公平、公开、公正的“三公”原则不仅是证券市场信息披露的基本准则，同时也是维护中小投资者利益，规范上市公司行为的具有法律意义的原则。中国证券市场有一些不足，监管有待加强，管理运行机制有待进一步健全，会出现信息不对称，中小散户投资者的利益亟须强化保护。而媒介所独有的采访权、质疑权以及权威性，用于对披露信息实施监督，既是对“三公”原则的维护，又对投资者的利益起到了保护作用。故而，财经媒体对证券市场的监督遵循“三公”原则，能够更有效地维护市场经济的运行，担当起社会经济环境守望者的角色。中国证券市场的政策，从原本的计划管理开始逐步朝着市场监管的方向转变，涵盖市场准入、市场运作以及市场退出这三个方面。证券报道也随之发生变化，由原本的消息传播向着舆论监督的方向转化。尤其是以《财经》为代表的市场化的新财经媒体兴起，成为监督证券市场的主要力量。

鉴于激烈的市场竞争，众多新财经媒体期望在短时间内树立影响力，占据市场份额，而独家的“揭黑”报道最能吸引公众的注意力。这种“揭黑”报道所带来的“爆炸性”效应本身，也成为媒体的热门卖点。回顾新闻史，许多知名媒体正是因为率先独家刊载“揭黑”新闻而变得备受关注。在当今传媒竞争日益激烈的环境下，刊载此类“爆炸性”新闻也就不难理解了。《银广夏陷阱》《基金黑幕》《谁在操纵亿安科技》等“揭黑”报道使得《财经》在同类媒体中声名鹊起，脱颖而出，被广大读者称为“有使命感的媒体”，同时也带来了源源不断的广告收入。

在新财经媒体的引领下，随着市场竞争的加剧，中国证券媒体以及其他各类财经媒体都加大了批评报道的力度，对证券市场的一系列违规行为，尤其是对上市公司、证券经营机构的重大违规行为进行新闻曝光，充分发挥了舆论监督的作用，有力地推动了证券市场的健康发展，维护了广大中小投资者的利益。然而，在这一过程中也凸显出许多严峻的问题。

证券报道的职责在于将证券市场的各类信息客观、及时、完整地传递给受众，正确引导投资者进行理性投资，防范风险，维护证券市场的良好秩序。然而，部分财经媒体为了追求所谓的轰动效应，吸引受众的目光，往往把一些未经确认的消息当作新闻进行传播，给市场带来了不稳定因素。有些财经媒体为了获取受众的注意力，在短时间内树立自身的威信，通过挖掘“黑幕”来制造轰动效应，对媒体的舆论监督功能进行了夸大和错误使用。在缺乏约束的状况下，少数媒体甚至会不择手段，采用无中生有或者随意炒作等方式，以争夺社会公众的注意力，提高发行量，增加广告收益，甚至是获取非正常收入。一旦出现上述情况，大众传媒就会对金融市场的波动经由“正反馈”产生放大作用，也就是大众传媒将金融市场的细微波动放大后传达给投资者，引发投资者的恐慌情绪，而这种恐慌情绪又可能致使投资者在规避风险方面出现过度反应，引起金融市场更大的波动。并且，由于证券新闻报道拥有广阔的话语空间，它们对某只股票或褒或贬的评价有可能引发广大投资者的追捧或抛售行为，从而导致股价的波动，对某一股票的“揭丑”报道甚至会致使整个证券市场产生震动。

第四节 1992—2001年中国财经新闻传播的问题与不足

20世纪90年代后期，主流证券报依据金融业的发展状况以及读者的需求，对报道的内容和栏目进行了一定程度的调整，拓展至国债、期货、产权、地产、保险等领域。鉴于证券市场具有高度的专业性，强调专家团队的构建，以及言论和评论占比的增大，这些都为后续的财经媒体做出了有益的探索和铺垫。财经事件具备广泛关联性，然而三大证券报的新闻报道虽有所拓展，但总体上仍局限于狭义的财经范畴。此外，受当时市场条件的限制，它们对国际资本市场缺乏关注。主流证券报的市场化程度普遍较低，特别是作为指定的上市公司信息披露媒体，广告业务有基本保障，其垄断地位反而降低了市场拓展的积极性。这些不利因素，在证券市场不景气的背景下，显得更为突出，对证券类媒体的发展与壮大形成了制约。

一、证券报视野狭窄

证券类报纸在财经报道数量和质量方面的提升，既是证券市场自身迅猛发展所带来的客观需求，也是其他投资市场陆续出现后致使证券报读者投资领域多元化所引发的客观要求。在创立初期，内地证券市场规模较小，相对封闭，上市公司的代表性欠佳，投资者以散户居多，因而证券类报纸主要聚焦于证券市场内部的新闻报道，对其他投资市场以及宏观经济几乎未曾关注。

然而，随着中国社会主义市场经济体系的持续完善，上市公司的规模不断扩大且代表性日益增强，证券市场与宏观经济走势的关联度持续加深，投资者结构从以散户为主转变为以机构为主等一系列变化出现，证券类报纸在报道领域、报道样式以及报道深度等方面都面临着全新的要求。与此同时，证券报读者最初大多是单纯投资股市的股民，但随着债券市场、期货市场、货币市场等相关市场的快速发展，投资者的身份趋于多元化，纯粹的证券市场新闻已远远无法满足证券类报纸读者的需求。

例如，对于一些宏观经济数据的报道和分析，像居民消费价格指数、存款准备金率等，表面上看是对一些单纯宏观经济数据的报道，然而由于中国内地证券市场规模的不断扩大，宝钢、中石化等大型国企相继上市，证券市场与国民经济的关联越发紧密，几年前完全可以不报道的这类宏观经济数据，如今已是必须报道的内容。特别是自 2003 年以来，以开放式基金规模超千亿元，合格境外机构投资者（QFII）、保险资金等一批规模较大的阳光资金入市为标志，市场的投资理念发生了巨大转变，重视企业基本面、行业基本面、宏观经济基本面的投资理念已然成为当前市场的主导力量，财经新闻的缺失必然会引发证券类报道受众的不满。

以宏观经济政策中的货币政策和财政政策为例，它们的变化直接决定了各类投资人金融资产的配置比例，直接作用于货币市场和资本市场，比如利率水平直接影响货币供应量，税收政策直接影响投资水平和消费水平，各种宏观数据如居民消费者价格指数、固定资产投资比例、就业率、狭义货币（M1）、广义货币（M2）等，无一不与证券市场密切相关；再如中观的产业政策和新闻，像近年来的中美贸易摩擦，都会对股市产生直接且重大的影响，其重要性远远超过一些证券市场自身的新闻。所以从这个角度而言，财经报道不仅只是证券市场报道的延伸，还成为证券市场报道的必然组成部分，甚至是金牌栏目。在《上海证券报》2004 年上半年的机构读者调查中，他们对财经新闻的关注度已经超越了证券新闻本身。因此，强化财经报道是证券类报纸的必然选择。

二、商业利益的影响

坚持报道有价值的新闻是新闻媒体义不容辞的社会责任。然而，在当前的社会经济条件下，商业意识正慢慢地渗透进新闻传播事业，对新闻工作者的责任意识产生了一些负面影响。

在市场经济条件下，媒介的经济利益和社会责任之间的博弈是始终存在的。“社会责任与经济利益的博弈是贯穿于当代新闻观念变迁的主线。媒体和记者的天平倾向于社会责任时，他们关注的是苍生大众、社会进步；而经济利益若战胜了社会责任，权力寻租、虚假新闻、低俗报道则会沉渣泛起。”①

新闻媒体作为社会系统的构成部分，应该相应地承担一定的社会责任。江泽民同志曾在全国宣传思想工作会议的讲话中强调，新闻工作要“以科学的理论武装人，以正确的舆论引导人，以高尚的精髓塑造人，以优秀的作品鼓舞人”。这不仅是指宣传工作，实际上也是对整个新闻工作提出的要求和标准。作为社会公器，新闻工作者必须有强烈的社会责任意识。应以为公众利益服务为己任，而不能以个人利益追求为前提。不能为了商业利益，简单地用所谓的收视率、发行量、点击率来衡量新闻工作的价值。新闻工作追求的应该是经济利益和社会效益的双丰收。“一个职业化组织，当然是以为公众服务为趋向。这种‘服务’，不能以专业组织自己利益为基础，但也不是自己的‘顾客’要什么就给什么，而是基于他们的需要。”②

新闻事业的商业属性在市场经济急剧扩展下得到了极大的释放，呈现明显的商业倾向。在这场博弈中，有些媒体置媒介的社会责任于不顾，将经济利益放在了首位。商业力量正在成为媒体发展的内在推动力，成为媒体发展遵循的首要原则。一个明显的例证，就是报业集团、广电集团的大批量出现。这些大集团、大公司完全采取现代化大生产的方式，按照现代企业的经营与管理要求对资源进行大幅度整合，按照商业化运作模式对新闻产品进行生产、包装、运输、销售。因为在这个过程中投入了大量的资金成本，于是新闻产品的生产和销售就顺理成章地承担起资本回收的使命。在这样的商业环境中，新闻工作者对商业利益的贪恋也就不足为怪了。

---

① 潘琼．中国财经媒体对证券市场的监督[D]．广州：暨南大学，2006.

② 王磊．中国报纸的财经新闻广告化现象研究[D]．武汉：华中科技大学，2015.

有研究者认为，媒体在社会公共领域构建了一个巨大的话语平台，在这个话语平台参与的各方都试图根据自己的需要与话语模式发出自己的声音。“社会各种话语都可以进入这个‘生产场’，在其中激荡、博弈，优胜劣汰。传媒始终支持强势话语——那个在社会中代表大多数人意志的话语。在这个话语生产场中，市场与商业需要构成了生产的巨大动力……”①

在新闻传播过程中，成本的控制和效益的最大化在各方的生产博弈中占据了主动，利润和市场规则慢慢浸透新闻媒体，商业意识也随之进入新闻传播过程，并对新闻媒体从业人员的社会责任意识产生影响。

三、广告泛滥

随着媒体的市场化程度日益提高，其成为高利润行业后，产业资本便顺理成章地参与了媒体的经营。越来越多的企业通过控股、参股等方式涉足传媒领域。众多市场化的新财经媒体皆是由各类产业资本投资创立的。很多时候，投资方倾向于将媒体视作自身的扩音喇叭、宣传利器，认为媒体应当传播投资方的理念。于是，许多媒体也就不可避免地带有资本的印记，要体现投资方的利益与喜好。甚至有可能影响到媒体的新闻独立性，使其无法站在客观公正的立场发言。

一些新兴财经媒体的广告，有大量是投资方或其关联企业的免费宣传广告。虽说在创业初期外来广告稀少的状况下尚可理解，但还是给人一种类似企业内刊的感觉，让人想到媒体居然还承担着市场营销的功能。比如设在北京的《经济观察报》，其背后是山东的三联集团，还有一些媒体与港资或境外资本融合。

自中国经济新闻出现起，就有对经济新闻持批判态度的学者和专家。21 世纪初，当财经新闻逐渐取代经济新闻，发展成为主流新闻报道时，许多学者也对财经新闻蓬勃发展的态势提出了反对意见。特别是近几年在财经新闻领域出现的现象，当财经新闻报道与广告混为一谈时，专家学者们

---

① 朱庆好．经济利益对新闻从业者责任意识的侵蚀[J]．湖北经济学院学报(人文社会科学版)，2014，11(9)：16－17，22.

更是有了正当理由，大力呼吁反对财经新闻广告化，反对新闻广告化，主张应当将财经新闻和广告严格区分开来，并把这个问题提升到关乎媒体生死存亡和舆论导向偏差的重大问题高度。诸如财经新闻广告化是社会的“毒瘤”、财经新闻广告化对社会只有危害没有益处、杜绝财经新闻广告化等类似观点不断涌现。

财经新闻广告化在一定程度上可以说是媒体自身主动与商家合作产生的怪胎。在中国媒体的管理体系中，有些媒体的采编权和经营权并未完全分离，这就为财经新闻的广告化提供了体制漏洞。另外，中国新闻法的缺失以及与之相配套的一系列法律法规和制度的不完善，也是导致财经新闻广告化出现的法律漏洞。财经新闻与广告一体化所带来的危害已被专家人士充分论证，总体而言是弊端远远大于利益，或者可以说几乎无利可言。财经新闻广告化，不仅损害媒体的声誉和受众的利益，更为严重的是，若任其发展，还很有可能危害整个舆论导向，扰乱社会经济正常发展，滋生更多的社会腐败。如何杜绝财经新闻广告化，就当前而言，最关键的是从思想层面入手，消除媒体现有的“利益至上”的观念。只有这样才能从根本上杜绝这一现象，财经新闻才能为受众、为社会提供真实、可靠的信息，推动社会经济的良好发展。

财经新闻广告化的出现与肆意蔓延，实际上是部分新闻机构的主动行为，尤其在市场化程度较高的新闻财经媒体中表现得更为明显。由于市场化程度较高，集团会给每位记者规定一定的稿件完成数量，有的甚至还要求记者为报社拉进定额的广告收入。在这样的规定和政策下，尽管表面上看似并无不当之处，但在实际操作过程中，记者为了达成指标，就不得不采用一些特殊手段，例如在采编环节中插入隐性广告，进行财经新闻广告化或搞有偿新闻等。长此以往，记者、编辑乃至整个传媒行业的信誉都将丧失殆尽，受众也不会再信任媒体。所以，在传媒行业中，记者和编辑撰写新闻必须遵循行业的操守。倘若任由财经新闻广告化无节制地持续发展，不仅会危及记者个人的前程，还会对整个传媒行业的健康发展造成危害。

财经新闻广告化产生的原因是多方面的。首先是思想认识层面的问题。众所周知，社会效益和经济效益是中国媒体所秉持的两个效益，并且在这二者之中，社会效益是中国社会主义媒体所追求的首要目标。然而在转企改制的进程中，许多媒体领导者在思想认识方面出现了严重偏差，错误地将经济效益置于首位，把追求经济利润当作媒体的首要目标，忘却了社会主义媒体的本质是为人民服务，忘记了社会主义媒体的目标是追求社会公共利益。故而在这种错误的思想指引下，财经新闻广告化现象越发严重，甚至使有偿新闻成为新常态，新闻腐败案件日益增多。此外，中国相关法律法规的缺失也为财经新闻广告化的产生提供了机会，法律的空白使得新闻管理机关和新闻执法人员在管理过程中缺乏法律依据。

此外，媒体自身管理不善，内部管理制度缺失，媒体与广告公司“合谋”，导致财经新闻广告化现象屡禁不止。有些媒体工作者、广告工作者自身素质低下、道德缺失，同时又缺乏有效的外部监管力量，在这种情况下，极易产生广告性新闻或新闻性广告，甚至出现新闻腐败。财经新闻广告化并非由某一个单一原因造成，而是多种因素交织在一起所产生的一种新闻腐败现象。因此，要认清新闻广告化产生的后果，就必须逐一分析其产生的原因。

（一）媒体自身管理不善

采编权与经营权未分离。新闻媒体自身的管理体系至关重要，一个良好的管理体系能够有效推动媒体的良性发展，而一个糟糕的管理体系或者管理制度，不仅缺乏凝聚力，还会使报社陷入恶性循环。所以媒体内部管理尤为关键。

据了解，当前在众多媒体中，仍存在采编权和经营权不分离的情况。这是一种极不合理的工作制度，试想，一个人既负责采编又负责编辑，这就难免会出现腐败现象。因此，对于这种制度和体系，新闻媒体应当立即采取行动，对自身的管理体系和管理制度进行变革和完善。

（二）新闻法规不健全

一方面，中国在新闻法律建设方面存在不足。中国是社会主义国家，新闻事业是党和政府的事业，是无产阶级的事业，新闻媒体是党和政府的喉舌，这是由中国的特殊国情决定的。目前，在广告业监管方面，中国已形成一套相对完整的广告法律法规体系。但在对新闻传媒行业的约束和监管方面，相应的法律法规却较为欠缺。首先，中国目前尚未有一套完整的新闻法，关于新闻的法律法规只是在其他法律法规如《中华人民共和国宪法》《中华人民共和国民法典》《中华人民共和国刑法》以及国家广播电视总局和国务院颁布的道德准则和条例中有所体现。鉴于这种情况，当务之急是制定出一套较为健全和完善的新闻法律法规。

也正是由于中国新闻法规的缺失和不完善，这种看似新闻实则广告的新闻广告难以有效规避。虽然中国现行《中华人民共和国广告法》规定："大众传播媒介不得以新闻报道形式变相发布广告，通过大众传播媒介发布的广告应当显著标明'广告'，与其他非广告信息相区别，不得使消费者产生误解。"但由于缺乏真正像《中华人民共和国宪法》那样具有权威性质的新闻领域法规，在实施过程中，有的以找不到合适依据为由，或者因缺乏有效监管等原因，一些规定和违法行为的处罚并未得到切实执行。

另一方面，执法不严。由于中国尚未形成一套完整的新闻法律法规，在具体细节上找不到与之对应的法律条文，中国的执法机关和执法人员在执法过程中缺乏法律依据，这也是执法不严的原因之一。此外，就执法主体而言，有些执法机关和执法人员在执法过程中并不严格，往往流于形式，走走过场，这也是财经新闻广告化现象屡禁不止的原因之一。

（三）缺乏第三方的监督

拥有充分且完整的第三方监督机构是一个社会文明发达的标志。第三方监督机构不仅对司法行业有积极作用，在传媒行业也不可或缺。2019 年中国新修订的《中国新闻工作者职业道德准则》是第一部由中国记协颁布的道德准则，这部准则对第三方监督机构的形成有很大积极意义。同时，第三方机构的建立必将有利于中国新闻职业道德的强化和改善，有利于整个社会道德风气的改进。党的十八大之后，在中国经济进入新常态后，应积极培育新闻领域内的第三方监督机构。在中国，记者被称为"无冕之王"，这表明记者有一定地位和权力。而任何权力都需要被监督，尤其是媒体的权力，更需要接受社会监督，这样才能在一定程度上保证新闻报道更客观、更真实。

媒体缺乏社会的监督与批评。中国新闻媒体的属性本质上是党和人民的事业，其主要作用之一是上传下达、沟通协调，同时引导舆论走向，将党和政府的决议传达给人民群众，同时把人民群众的意见和需求反映给党和国家。此外，公众应认识到，自己既是受众也是监督方，有权利和义务监督媒体的行为。媒体自身也应主动接受群众的监督和批评。因此，社会、群众、媒体三者之间只有形成良好的相互监督意识，才能更好地促进媒体的良好发展。

（四）从业人员素质不高

财经新闻与其他类型新闻不同，它要求从业人员熟练掌握新闻学和经济学两个学科的知识。同时，由于中国是具有中国特色的社会主义国家，在新闻事业上有自身特点，这还要求财经新闻从业人员具备较高的政策水平。也就是说，国家出台一项政策方针后，财经新闻记者不仅要通过宣传报道，在最短时间内让最广大的受众知晓方针、政策的相关信息，还要通过解释性报道为受众答疑解惑，促进政策的贯彻落实，同时要通过跟踪政策的实施、监督实施状况，对政策加以研究和推动。否则不仅无法报道好财经新闻，甚至还会闹出笑话。

然而，纵观中国现阶段的高校人才培养计划，许多新闻工作者是科班出身，没有经济学的基础理论知识。在新闻实践中，单位并未针对财经新闻记者进行必要的定期培训，许多财经部门的记者大多是从其他部门调过来的，半路出家临时抱佛脚，这样的记者队伍难以写出优秀的财经新闻。

同时，从一些财经记者的教育背景来看，很多记者在本硕阶段所学专业都是新闻传播类，缺乏扎实的财经基本功，而大多数院校的新闻类专业也少有财经新闻课程的培养体系，学生在财经基础课程以及财经新闻理论方面的学习投入往往较少。但我们都知道，在市场竞争日益激烈的今天，好的财经报道依然弥足珍贵。成功的财经新闻报道并非一蹴而就，记者需要经过长时间的积累和沉淀，才能写出让读者满意的稿件。因此，从业人员素质不高是导致财经新闻广告化现象产生的一个不可忽视的因素。

第四章

全球化背景下中国财经新闻传播的崛起与繁荣

进入21世纪，中国加入世界贸易组织，国际性因素渗入中国经济发展轨道。经济全球化时代，作为第二大经济体的中国为世界所瞩目。中国经济的蓬勃兴起，为中国财经媒体迈向国际一流媒体行列构筑了机遇、奠定了基础，全球化的财经新闻传播已然成为发展的共同认知。在全球化背景以及中产阶级逐步壮大的前提下，国民对于财经讯息的需求与日俱增。一批市场化运作的新财经媒体涌现，财经报道在广度和深度上都提升到了前所未有的水平，大到全球经济形势、中国经济政策，小到公司经营情况、公民的理财投资信息。随着互联网等电子媒介的崛起，大量的传统媒体开办网站，商业化的网络财经媒体也纷纷涌现，并出现了新型的多媒体财经新闻集团。在喧嚣的互联网时代，中国的财经新闻走向多元，财经新闻传播的多元化发展格局逐渐形成。

第一节　中国经济的高速发展与财经媒体的崛起

一、加入世界贸易组织与中国财经新闻传播

1978 年 12 月，党的十一届三中全会召开，中国开启了改革开放的征程，1992 年确立社会主义市场经济体制之后，中国财经新闻传播遇到了 21 世纪的第一座里程碑——中国加入世界贸易组织。2001 年 12 月 11 日，世界贸易组织举行的多哈会议，正式接纳中华人民共和国为世界贸易组织成员。自中国向关贸总协定递交恢复创始缔约方的申请起，历经长达十五年如马拉松般的谈判后，中国正式跻身世界贸易组织，成为这个“经济联合国”的第 143 位成员。“入世”以来，国际分工协作与资金流动日益频繁，中国更为紧密地将自身改革开放与经济全球化进程相互融合，深度融入全球经济，拓展全方位的开放格局，积极加入全球经济治理浪潮中。

中国“入世”引发了关于要不要与全球市场及其规则接轨以及如何接轨的持续性的大启发、大探讨。“以开放促改革”“与狼共舞”，已经成为大众话语[①]。在这样的大环境下，中国的传媒业也面临着“狼来了”的挑战与机遇，境外的财经商业媒体借势向中国媒体市场进军。中产阶级群体的显现壮大刺激了国民对财经讯息的需求，财经媒体不再“小众”，全球化浪潮和国内财经讯息需求刺激中国的传媒业积极改革，为加速融入世界传媒业而不懈努力，中国财经新闻传播逐渐崛起并繁荣发展。

在中国成功加入世界贸易组织的大背景下，财经类广播、报纸、杂

① 秦朔．新时期中国财经媒体回顾与启示[N]．第一财经日报，2015－08－27(A15)．

志、电视频道、网站等，如雨后春笋般涌现。中央电视台于2000年7月推出的《对话》乃是在“入世”这一背景之下应运而生的一档深度交流的电视节目。央视财经对于财经内容大众化，做出了难以估量的贡献。众多企业家、财经官员、经济学家通过中央电视台变成公众人物。在传统媒体愈加重视财经新闻传播，不断开辟财经频道之外，一批新兴市场化运作的财经媒体，即新财经媒体应运而生，例如《财经》杂志、《21世纪经济报道》、《经济观察报》、《第一财经日报》、《每日经济新闻》等。与之前党报一统天下局面不同的是，这个时期的财经媒体从前期的新闻报道、发行到经营与运作基本实现了自负盈亏，在报道风格方面，财经新闻也从“小财经”扩展到了“大财经”。尽管新财经媒体依靠独特的报道风格和运营模式收获了读者的肯定，在中国媒体市场占据了一席之地，但是由于起步较晚，在与国际知名财经媒体（如《财富》杂志、《华尔街日报》、《金融时报》等）的竞争中依然处于劣势地位，财经媒体的规范化发展还在不断探索之中。

二、经济全球化与中国财经新闻传播：视野的国际化

进入21世纪，随着交通和信息技术的疾速革新、生产要素的跨国流动、跨国公司以及各类国际组织的推动，经济全球化的态势迅猛演进。中国经济市场化、全球化的步伐逐渐加快，中国经济发展的历史环境与空间环境都发生了史无前例的巨大变化。由于社会主义市场经济体制也在逐步完善，全球经济正在越来越多地影响着政治、文化、社会生活等各个领域。互联网等电子媒介的崛起、新科技元素作用于信息传播以及媒介全球化，使得全球信息传播越来越便捷。在经济全球化的大背景下，信息的重要性更加凸显，尤其是财经信息的及时获得对各经济主体高端管理人才而言更为必要，这对中国财经媒体的国际化视野提出了更高的要求。

危机之中孕育转机，“灾难”刺激信息需求。2008年是极为不寻常、极不平凡的一年，中国相继遭遇了一些难以预估、历史罕见的重大挑战与考验。年初，南方部分地区出现严重低温雨雪冰冻灾害；5月12日，新中国成立以来破坏性最强、波及范围最广、救灾难度最大的汶川地震发生；

自9月份起，国际金融经济形势急转直下，急剧恶化，次贷危机迅速转变为20世纪大萧条以来最为严峻的全球金融危机，发达国家经济陷入衰退状态。全球经济危机的到来让世界经济陷入危机和困境的同时，也给财经媒体的发展带来前所未有的机遇。及时分析全球经济形势、剖析中国经济现状、传递理财投资信息等成为中国财经媒体的关注重点，财经报道的社会需求无论在广度还是深度上，都呈现急速扩张的状态，如此多样化的信息需求刺激中国财经媒体向着更加专业化、规范化与细分化的方向发展。

第二节　新财经媒体：《财经》杂志和《21世纪经济报道》

一、两家财经媒体的诞生背景

（一）《财经》杂志

2000年前后，随着中国改革开放进程的推进和市场经济体制的发展，一批市场化财经媒体应运而生。不同于以往聚焦证券市场的狭小领域，财经新闻的报道范围和视角也从“小财经”扩展到了“大财经”。以《财经》杂志为代表的新财经媒体将报道领域从证券拓展到了经济、金融、政治事件等，从以投资者为核心的“小财经”（包括证券新闻、金融新闻、公司新闻、产经新闻等）延伸到包括政经新闻在内的“大财经”领域，市场化运作的经营模式为更加客观公正、更具专业素养的新闻报道提供了先决条件。从某种意义上可以说，《财经》杂志推动了中国财经资讯向财经新闻的转变。主编胡舒立也在这时提出了“大财经”的概念，而在证券新闻一统财经新闻天下的时期，胡舒立的理念并未被业内人士所接受，直至《财经》杂志以《基金黑幕》《庄家吕梁》《银广夏陷阱》等一系列证券市场“揭黑”报道震撼证券新闻圈，“大财经”的概念才逐渐被人们承认。

1998年4月1日，肩负着关注改革、记录改革、推动改革使命的《财经》杂志创刊号亮相，当时名为*Money*。2000年10月5日，该杂志正式以《财经》之名出版发行，终结了“证券市场周刊月末版”的历程。《财经》杂志从一开始便展露锋芒，曾有人评价1998年4月创刊的《财经》杂志，

“刚诞生就如同成熟之人长着胡须”。《财经》杂志的定位可追溯至创刊号：“在报刊众多的时代，推出一本具备时代感的高品质财经杂志。”

“独立立场、独家报道、独到见解”（独立、独家、独到）是杂志自创刊以来始终秉持的办刊方针与新闻理念。它是一份密切关注中国经济体制变革与市场经济进程的财经新闻刊物，以权威性、公正性、专业性见长，其主要的受众群体是“活跃在各个行业的企业主管、职业经理人、政府官员和经济界学者”①。

《财经》杂志部分封面

自创刊以来，《财经》杂志以封面文章的“揭黑”特质、报道深度以及巨大的社会影响力而闻名，这些封面文章凭借其深度的报道与解析而深受好评，堪称具有记录史实的价值。创刊号的封面文章《谁为琼民源负责》，对曾被称作中国股市“大黑马”的琼民源遭到停牌事件进行剖析和追问，揭露了当时中国证券市场上第一个公司财务造假事件。此后，在胡舒立的带领下推出了震动新闻界的封面文章——《基金黑幕》，这篇报道主要揭露了基金公司在股市运作中违规操作的事实，同时对中国10家基金公司旗下的22只证券投资基金违规的股票交易行为进行了深度的报道和分

① 孙燕君．期刊中国[M]．北京：中国社会科学出版社，2003：123.

析，这篇文章一经报道便引起了证券界和媒体界的轰动。

这之后，《股市忧思录》《庄家吕梁》《谁在操纵亿安科技》《银广夏陷阱》《谁来监管银行》《开平之劫》《贷款黑洞》《接管深发展》《东亚：银行涅槃》等一系列封面文章，通过对问题公司和从业机构的详尽专业调查，揭露股市积弊和监管缺失，以助力资本市场的健康可持续发展，赢得广泛的瞩目和尊敬，并推动相关法律法规出台和监管举措的逐步完善。[①]公正、独立和权威的系列证券市场“揭黑”报道，使《财经》杂志赢得了“扒粪者”的声誉。胡舒立也由此被称作“中国证券界最难对付的女人”。业内人士这样评价主编胡舒立：“她是最早觉醒的一批人（之一），在进入新闻行业后，尽管走了不少弯路，但是始终把握时代的潮流，并自觉地用职业记者的素养和新闻专业主义精神参与和影响着时代变革。”

在此基础上，该杂志的视野由狭义财经拓展到政治、社会等广阔的题材，推出的《周正毅兴衰》《卢万里案真相》《马招德卖官链》等封面文章，标志着该杂志将敏锐的触角伸向了反腐败领域；2006 年的封面文章《上海社保：危险的投资》，在国内媒体中率先全面揭开了上海社保大规模投资背后交织的权力寻租“灰幕”，《谁的鲁能》《“内部人”关国亮》等封面文章，继续强烈关注“灰色地带”，引起有关部门高度重视并进行调查处理。

2009 年 11 月胡舒立辞去主编职务，新任主编为何力。《财经》杂志继续坚持独立、独家、独到的编辑方针，在保持原有犀利风格的同时，注重可读性和服务性，发行量继续稳定增长。2010 年 3 月 1 日出版的第五期《财经》杂志，其封面文章《再问央视大火》引发了全国各大媒体及民众的广泛关注，杂志一时洛阳纸贵，脱销后紧急加印万册，很快即告售罄。

（二）《21 世纪经济报道》

2001 年，中国经济领域的一桩大事是加入了世界贸易组织，中国经济由此进入全球化发展的时期，财经新闻的报道领域进一步扩展到广义的、足以影响经济的一切领域的“泛财经”层面。彼时，由南方报业传媒集团

---

① 易宗平.《财经》杂志封面文章研究[D]. 武汉：华中师范大学，2013.

主办的《南方周末》报以其独特的人文精神特质，在中国的周报市场上开创了独特的销售市场，1999 年，《南方周末》发行量高达 130 万份，而与《中国经营报》等财经媒体相比，年广告收入竟相差 1000 余万元。时任《南方周末》经济部主任的刘洲伟强烈地意识到，一个以财经为依托的购买力极强的消费群体正在形成。而当时国内只有《中国经营报》一家财经类媒体，财经报纸大有可为。于是，2000 年，刘洲伟与其他同仁一道开始筹办《21 世纪经济报道》。时值都市类报纸风生水起，“在人家未充分关注的时候，我们适时进入肯定大有可为，南方报业也正好缺这类报纸”，时任南方报业传媒集团董事长的范以锦在解释《21 世纪经济报道》的创刊初衷时表示。①

脱胎于《南方周末》经济版的《21 世纪经济报道》成立于 2001 年 1 月 1 日，由南方报业传媒集团与民营企业复星集团旗下复星信息合资设立的“21 世纪出版服务公司”联合创办，隶属南方报业传媒集团。该报在创刊词中表明：立足于理性，在理性的基础上，追求公开、公平、公正，以“民富国强”为纲领，以“新闻创造价值”为主题，与加入世界贸易组织后的中国一起成长。创刊之初，该报就深度分析报道中国资本市场、金融、企业的变化，同时及时关注国际经济形势，将世界经济信息同步到中国媒体市场，引导中国市场经济更好地发展。它不是一份单纯的商业报纸，而是一份拥有宏观与政经视野的报纸。②《21 世纪经济报道》以财经新闻为立足点，同时关注重大政治、社会新闻，凭借宽阔的视野、深入的调查、生动的文风在市场上站稳了脚跟并且获得了快速发展。

《21 世纪经济报道》从周报到日报的改版过程是循序渐进的。初创刊时，每周一期，逢周一出版；2001 年 11 月，由最初 32 版扩增成了 40 版；2003 年 1 月 1 日，改成每周两期，逢周一、周四出版；2006 年再次改为一周三期；在 2008 年 1 月 1 日，《21 世纪经济报道》改版成日报，提出了“生生不息”的品牌口号。“道生一，一生二，二生三，三生万物，生生不

① 范以锦．南方报业战略：解密中国一流报业传媒集团[M]．广州：南方日报出版社，2005.

② 孙梦．改革开放 40 年中国财经媒体的成长路径研究（1978—2018）[D]．郑州：郑州大学，2019.

息……”概括了《21世纪经济报道》的成长历程。《21世纪经济报道》真正成为一周五期的办公类日报，每个工作日为读者提供及时、准确的商务讯息。[①]

《21世纪经济报道》立足“21世纪”核心价值，不断寻找新的市场空白。2004年，《21世纪商业评论》创刊，其品牌定位为“商业思想家”。相比于《21世纪经济报道》注重“宏观而翔实”的经济新闻信息，《21世纪商业评论》更专注于企业的案例研究，做实证案例报道。2006年底，《商务旅行》问世。作为中国第一本“商务+旅行”杂志，它既是商务杂志，也是一本旅行杂志，目标受众群是在差旅商务活动中的商务人士。2007年7月，“21世纪”又延伸出新的搭档——《理财周报》，以“中产家庭、专业理财、全球机会”为办报理念，以家庭为主要目标受众，“为群体性崛起的3000万以上中产家庭和高净值人士提供财富价值管理和商业机会服务”。伴随着互联网技术的革新，以《21世纪经济报道》为首的“21报系”拥有了《21世纪商业评论》、《商务旅行》、《理财周报》、《城市画报》、21经济网等多种媒体形态，成为全国影响力较大的财经报道组群之一。

二、新财经媒体的报道特征

（一）《财经》杂志的报道特征

作为新财经媒体的典型代表，《财经》杂志的内容以调查性报道、事件性报道和前瞻性报道为主体。《财经》杂志主编胡舒立在接受《传媒观察》采访时表示，《财经》杂志的新闻报道主要可以分为三类：一是调查性报道，对某一事件进行调查，然后把事实真相说清楚，通过案例研究总结经验教训。调查性报道包括批评性报道。《财经》杂志的调查性报道侧重于通过剖析一个微观案例来透视其全局意义，倾向于通过解析一个公司来看市场。[②] 比如2004年第20期的封面故事《珠光讼案》，调查前后持续

---

① 陈康娜．专业财经报纸品牌创建之路［D］．苏州：苏州大学，2013.

② 罗才盛．《财经》杂志成功因素探析［D］．兰州：兰州大学，2006.

了三四个月，文章成熟后等待时机刊登。二是事件性报道，即当新闻事件发生后，立即做出反应，但时间比较短，不是研究完整的案例，而是记叙和分析正在发生的事件，分析背景、深层原因和未来走向。比如 2004 年第 18 期的《逐鹿广发证券》。三是对大的政策变局进行前瞻性报道分析，比如 2004 年 10 月初做的《乡权之变》，讲述随着税费改革的深化和农业税的取消，农村基层政权将会发生的变化，政策性比较强，属于趋势性报道。此外还有人物专访，必须是非常权威的人物接受《财经》杂志专访，而且必须谈得很有分量，这也是《财经》杂志的重头报道，如 2005 年第 19 期对英国首相布莱尔的专访。

在文章结构层面，《财经》杂志文章吸取了华尔街日报式文体的一些处理方法，但又不拘泥于华尔街日报式文体的框框。由于《财经》杂志多以深度报道为主，更加要求统摄性思维和结构化演绎。《财经》杂志封面文章主要有三种常见的文章结构。

第一，单线式，即抓住一个事件的一条主线和这一主线上的关键点，对其前景和背景，整件事的来龙去脉进行全程追踪并做具体剖析，适用于对经济领域的某项政策的实施、改革的过程或一个具体新闻事件的发生全过程做全景般的分析，其典型的例子是《农村税费之变》，该文分三篇，分别为《上篇：从基层起步》《中篇：自上而下推开》《下篇：调整中推进》。

第二，多线式，即同时铺开几条线索，在每条线索上都可能有几个关键点。适用于对一个牵涉面较广的事件做全面的报道。这些线索可以是同一角度的展开，也可能是多角度的展开。如 2004 年 3 月 5 日的封面文章《危险的三角》，通过记者缜密的调查，分头叙述了刘金宝、钱永伟、周路各自的灰色发家史，以及他们之间牵扯不清的关系如何构成了一个“危险的三角”，最终使得中国银行最重要的分行——上海分行陷入巨大困境。

第三，扩散式，这种方式与多线式的区别在于它涉及面更广，它更注重的不是事件本身，而是事件在整个大环境中造成的辐射性的影响，如《SARS 西侵》，既有对疫区山西的调查，也有对农民工在 SARS 防护中所处地位的分析，还有对广交会的特写，内容超越了对疫情传播本身的报道，涉及了宏观政治中的公共危机体系及对经济领域的影响。调查、背景、评论和特写组成一个立体多维的新闻图景①。

在语言风格层面，由于《财经》杂志的报道在后期要经过编辑统一的加工处理，所以形成了独有的语言风格，可以称之为“《财经》笔调”。其特点是：冷凝的笔调，简洁的文字，行文时大开大合，夹叙夹议，这种简单明了的叙事风格，看似平淡无奇，实则处处透着理性与逻辑的力量，有一种理性之美，让人回味再三。

（二）《21 世纪经济报道》的报道特征

新财经媒体的另一典型代表——《21 世纪经济报道》，在报道内容方面兼容并包。有业内人士这样评价《21 世纪经济报道》，说它既有财经媒体应有的专业视角与见识，又有大众媒体善于抓住读者的切入方法与提要方式。②《21 世纪经济报道》将经济报道触角伸向了每一个角落：宏观经济政策、经济法规、财政预算与收支、价格、保险、会计、审计、农工贸、劳动工资福利、信用、金融、货币、基金、债券、国际分工合作、租赁、期权、社会保障、就业、电子商务、人才与劳动力等。经济活动以外的很多涉及公共领域的报道内容，也正在得到越来越多的关注，包罗万象的报道内容是新财经报道之“新”的基础③。《21 世纪经济报道》主编沈灏曾谈道：“我们不忌讳去大张旗鼓地谈论财富，我们关注与财富相关的任何领域，以客观、公正的理念去报道。”

作为国内商业报纸的领跑者，该报一直尊崇“新闻创造价值”的经营理念，信息内容与受众生活的关联更加紧密，价值取向从“指令传达型”转向“经济传导型”，服务性更加突出。和《财经》杂志在报道视野上有所不同，《21 世纪经济报道》更注重中观、微观报道，更加重视国家宏观经济及中观产业信息对企业、个人和普通老百姓日常生活的影响。因为《21 世纪经济报道》的主要受众已从领导决策者转变成了投资者、消费者

---

① 方洁．试论《财经》杂志封面文章的特色［J］．出版发行研究，2004（2）：62－64.
② 陆小华．整合传媒——传媒竞争趋势与对策［M］．北京：中信出版社，2022：191.
③ 毅鸥．新时期中国经济新闻的发展流变［D］．呼和浩特：内蒙古大学，2010.

和经营者，因而报道内容更多地关注大众题材，尽可能变领导角度为群众角度，变工作角度为生活角度，变生产角度为市场角度。

在报道方式上，《21世纪经济报道》重视“观点”，擅用故事化的叙事方式，同样也注重深度报道。从《21世纪经济报道》的版面设置来看，除了每期头版的社评外，还有专门的评论版，2004年以后，更是将评论版从第29版提前到第2版的位置。评论中还分“观点”“声音”和“国际评论”等专栏，既有记者采访专家学者的访谈式评论、著名经济学家的“专家见解”，也有来自普通读者的“民间观察”，还有来自各家媒体的不同观点。

在叙事方式上，广泛使用“华尔街日报体”，以引人入胜。比如《21世纪经济报道》2006年3月8日的财经故事“香港股王诞生记”，把宏利金融和客户的命运作为一个案例来写，清晰形象地描绘出了宏利金融股票的涨落、与此有关的其他人可能受到的影响，故事化的叙事方式用于较为生涩难懂的经济报道中，的确是一种很好的尝试。虽然《21世纪经济报道》由周报向日报过渡，但深度报道所占篇幅依然较大，对于深度报道的重视可以说是新财经媒体的共性。

三、新财经媒体的经营模式

（一）《财经》杂志的经营模式

“联办”，也就是中国证券市场研究设计中心，其前身为“证券交易所研究设计联合办公室”，它为《财经》杂志新闻专业主义的践行提供保障支持。联办是证券市场的开创者，参与并助力深、沪两地证券交易所的设计与筹建工作，它的核心业务并非媒体，然而为了获取公众影响力，使更多人听到自身的声音，就必须借助媒体的平台。“面向投资公众（包括机构投资人），支持和主办各类大众传播活动和专业咨询活动，普及证券投资知识，疏通投资渠道，提供信息服务”。故而，和此前的体制类媒体有所不同，《财经》杂志从投资到发行都达成了市场化运营。直至2001年，《财经》杂志仍是中国唯一完全按照市场机制运作的财经报刊。联办提供资金直接经营管理发行、广告、财务及人事等环节，媒体的编辑部门只相当于一个生产内容的大车间，这种管理模式类似于西方媒体采编经营分离的管理模式。联办有自己独立的广告部和发行部，分别对旗下纸媒的广告和经营业务进行全权管理，媒体的编辑部只管内容、版面，完全不过问广告与发行方面的具体操作；联办只管广告、发行等经营问题，不干预媒体的采编业务。采编和经营的平衡 + 编辑中心制，这种模式的优势是显而易见的。媒体业的投资非常缓慢，投资回报期很长，《财经》杂志创立后的两年多时间里，皆是依靠联办的另一刊物《证券市场》周刊提供资金支持。编辑记者无须考虑杂志的发行状况、广告客户的利益等，更倾向于秉持新闻专业主义。《财经》杂志将文人理想与商业主义联姻，既坚持新闻理想又尊重媒介的商业化运作规律，走市场化道路却又拒绝过度市场化，实行以人为本的管理方式。①

《财经》杂志的发行，采取自办发行和邮局发行相结合的模式，以自办发行为主。在发行策略上，以北京、上海、广州、深圳等大城市为发行重点，同时兼顾省会城市和一些经济发展水平较高的二线城市。在创刊初期，联办的特殊政治背景，给予了这份杂志更大的言论尺度和报道空间，拥有直抵中央决策高层的渠道，对经济学界的知名学者及政府管理层的部分官员，《财经》杂志采取了赠阅方式，培养了不少高端的固定读者。随着“揭黑”报道声名鹊起，《财经》杂志的品牌价值愈加凸显。《财经》杂志每期的广告页数在 40 个版左右，占杂志总页数的比例一般在 30% 左右。广告源也较为稳定，主要来自几个行业：IT 通信、汽车、房地产、金融、教育培训、酒店、会议公告等。

（二）《21 世纪经济报道》的经营模式

从诞生之日起，《21 世纪经济报道》就严格遵从国际化商业报纸的游戏规则，实行采编和经营完全分离的管理模式。这种模式保证了采编工作的独立性，同时也保证了新闻报道的客观独立性。在营销层面，《21 世纪经济报道》采取“区域代理制”，即将全国分为十几个区域，每个区域都

---

① 罗才盛.《财经》杂志成功因素探析[D]. 兰州：兰州大学，2006.

有一个负责的总代理，或是邮局，或是与邮局合作的公司派出的代表，之后通过层层代理负责制的形式逐渐向下渗透，借助雄厚的资金和《南方周末》成熟的发行渠道、运作模式和人才优势等，主攻大城市，迅速打开市场。该报不断引进外部资本，并将其发展为具备现代化企业管理架构的公司，在创刊不到一年就已经实现了盈利。

南方日报社原社长范以锦认为，正是南方报业传媒集团对“品牌媒体创新力量”的深刻认识，以及多品牌战略决策形成了南方报业在社会上的一定影响力，这一影响力为《21 世纪经济报道》品牌的发展壮大提供了强大的支持。作为南方报业旗下第一家规划为“报系”的单位，报系运营为21 世纪传媒放大了媒体价值，同时，和而不同的南方报业文化、人才管理以及开发理念为 21 世纪传媒的品牌发展增加了厚重的文化内涵。

第三节 财经新闻传播的多元化发展格局形成

一、第一财经打造多媒体形态

2003 年 7 月 6 日，第一财经在上海揭牌，8 月 13 日，上海第一财经传媒有限公司登记注册成立，隶属于上海文化广播影视集团有限公司（SMG）。第一财经总部坐落于上海，同时在北京、广州、深圳设立分支机构，并且在全球重要的金融中心安排驻派人员。第一财经是国内较具影响力的全媒体传播集团之一，具备强大的原创财经内容生产能力，每日财经内容发布数量达 2000 条以上，7×24 小时不间断报道国内外财经资讯。

第一财经旗下机构和产品涉及多种媒体形态：报纸（《第一财经日报》）、电视广播（第一财经电视、东方财经·浦东频道、第一财经广播）、杂志书籍（第一财经杂志、第一财经杂志客户端、《陆家嘴》、未来预想图）、互联网平台（第一财经 App、第一财经网、第一财经系列微信公众号矩阵）、数据机构（第一财经商业数据中心、DT 财经、新一线城市研究所、金字招牌研究室）、智库（第一财经研究院）、国际传播平台（一财全球）。除此之外，第一财经还有广告服务、内容定制、版权交易、会议服务、投资者教育、版权服务、创意设计等内容。

下面简要概述第一财经打造多媒体形态的发展现状与路径。

（一）《第一财经日报》

第一财经体系影响最深远的是《第一财经日报》。2004 年 10 月 18 日，上海文广新闻传媒集团、广州日报报业集团、北京青年报社在上海国际新闻中心举行三方合作签约仪式。2004 年 11 月 15 日，《第一财经日报》正式创刊。《第一财经日报》是中国第一份市场化运作的跨区域财经日报。2005 年被中国传媒大学评选为“2004 年中国年度传媒榜中榜年度报纸”。作为中国财经日报的先行者，2018 年 3 月，《第一财经日报》获得“2017 年百强报纸”荣誉。《第一财经日报》目前已覆盖中国主要的经济城市和地区，同时，也逐步在全球主要经济市场设立分支机构和驻外记者。订阅用户遍及全国所有省、自治区和直辖市，发行量位居财经报纸类前列。

《第一财经日报》以“专业创造价值”为办报理念。本着负责任的态度，以权威准确的信源和专业的态度报道财经资讯，为人民、国家、时代创造价值。该报将读者定位为经济专家、企业人才等财经专业人士，其具有扎实的财经知识以及较高的消费水平。该报对自身使命的描述是：成为一张与中国未来经济相匹配，和《华尔街日报》等世界级媒体相媲美的百年大报。基于此使命，该报的报道内容涉猎广泛，重视独家新闻和特色板块，报道风格活泼幽默，坚持维护社会大众的利益。

2018 年，《第一财经日报》宣布进行创刊以来最大力度改版，将报道方向转变为深度优质内容，以专业视角洞察财经领域重要话题，深度解读全球经济事件。

（二）第一财经电视

第一财经电视是中国较大的财经视频平台之一，总部位于上海，此频道以财经相关的电视节目为主要内容，很少播放其他类型内容的电视节目。第一财经电视拥有地面频道与数字频道，覆盖长三角地区 1.5 亿受众。

第一财经电视节目包括《今日股市》《财经早班车》《市场零距离》《财经中间站》《解码财商》《谈股论金》《公司与行业》《财经夜行线》《中国经营者》《价值三人行》等，这些节目满足广大观众对财经资讯的需求。第一财经每天播放节目的时间约为 21 小时，持续播出股票、债券、基金等市场动态以及国内外财经资讯。第一财经电视持续聚焦前沿热点话题，节目话语通俗化，精准满足观众财经内容需求。第一财经电视与财经生活和 NowTV 为战略合作平台，通过 NowTV 服务中国香港和珠三角地区 8

万订户，通过 YouTube 服务全球用户。

第一财经旗下电视频道，除第一财经电视，还有东方财经·浦东频道，由上海广播电视台与浦东新区政府于 2015 年联合创立，是定位于“体现国家战略、具有财经特色、凸现浦东元素”的电视频道。东方财经·浦东频道播出第一财经电视部分节目，同时播出原创内容，如《创时代》《632 观察》《自贸排头兵》等。东方财经·浦东频道通过东方有线网络覆盖全国，服务 6000 万用户，覆盖全国超过 2.2 亿收视人口。

（三）第一财经广播

第一财经广播是中国较具影响力的财经广播频道之一，波段为 FM97.7，常年位居全国财经广播前三。第一财经广播每日约播放 18 小时的财经节目，每周一至周五以投资类的节目为主，如股票、债券、期货、外汇等市场，周末和节假日播出多样话题，如数码科学、家装技巧、电竞内容以及创业故事分享和招聘信息等。历经多年的发展，第一财经广播已然塑造了一系列具备竞争力的品牌节目，如《股市大家谈》（股民对于股市的见解）、《财经早新闻》（全球财经资讯）、《中国财经 60 分》（国内宏观财经政策内容）、《直通公司》（对上市公司内部运营的剖析）、《约客》（分享创业者的创业历程）等。此外，《中国长三角》节目在江浙地区 20 多个电台同步转播，并经由中央人民广播电台向全国播送。方言类节目《理财应健中》极具海派特色。再者，第一财经广播还承办了大学生理财竞赛——“未来理财师”。上海各高校积极参与，知名度不断提升，目前该赛事已逐渐拓展到长三角地区。

（四）第一财经杂志

2008 年 2 月《第一财经周刊》创刊，旨在为读者持续报道有价值的商业新闻。内容包括公司现象和行业信息，行文通俗易懂。2019 年更名为《第一财经》，致力于打造有故事、有研究、有态度、有腔调的新型财经杂志。注重主题策划、可视化的数据呈现，深度解读公司现象、建立作家专栏，关注新消费、新生活与新文化。第一财经旗下还创办了以金融专业人士为读者的高端杂志《陆家嘴》。该杂志以投资为核心，聚焦金融创新和新金融业态，报道全球化背景下金融创新趋势、各类机构投资者的投资理念和行为，深入发掘金融市场的价值发现者和价值创造者，近距离关注金融人的生意和生活。

第一财经在传统媒体的基础上，不断拓展自身的产业链，建立互联网平台，包括第一财经网、第一财经 App、第一财经系列微信公众号矩阵；财经数据机构，包括第一财经商业数据中心、DT 财经、新一线城市研究所、金字招牌研究室；财经智库第一财经研究院；国际传播平台一财全球。第一财经网、第一财经 App 均为互联网媒介财经产品，汇集《第一财经日报》、第一财经电视内容和互联网平台原创内容。第一财经系列微信公众号矩阵包括财经证券类公众号，如第一财经资讯、第一财经今日股市、第一财经公司与行业、第一财经谈股论金等；商业科技类公众号，如第一财经 YiMagazine、新一线城市研究所；商业数据类公众号，如 DT 财经、第一财经商业数据中心。其中，第一财经研究院属于非营利性独立智库，其宗旨是致力于优化经济政策。第一财经研究院立足全球视野，通过研究剖析事实和数据，为相关政策提供建议，以促进经济政策发展与金融治理完善。作为全球高端资源的整合者以及依托强大媒体影响力的智库机构，第一财经研究院推出年度旗舰报告、课题研究、决策咨询、论坛研讨会，还有指数和排名等一系列产品。第一财经商业数据中心以阿里巴巴的商业数据库为根基，输出涵盖产业经济全景分析以及行业企业深入洞察的数据产品，全方位满足商业领域对数据的迫切需求。

在新媒体时代，第一财经应用新媒体技术与形式，延伸财经资讯产品，打造多媒体形态，促进媒体集团的转型升级。

二、“三跨”模式的形成

跨媒体、跨地区、跨行业是中国媒介集团做大做强的必由之路。[①] 中国媒介集团发展初期，是单一媒体形式的传媒集团，如报业集团。随着

① 林如鹏．跨媒体、跨地区、跨行业——中国媒介集团做大做强的必由之路[J]．新闻大学，2002(4):45－50.

“三跨”模式理念的形成，中国媒介集团转型为多媒体形式的传媒集团。第一财经是中国第一个突破地域限制的频道、频率呼号，也是国内第一家跨媒体、专业化、市场化、品牌化、国际化的财经媒体。因此，在探讨“三跨”模式方面，第一财经具有代表性。

第一财经的战略定位是为全球华人经济圈播报实时、权威、优质的财经新闻，成为中国影响力最大的专业财经资讯供应商。为实现长远战略目标，第一财经将战略布局分两步走：一是搭建跨媒体和跨地域的传播平台，汇聚各方信息渠道，呈现多样化财经新闻内容。二是进行跨行业的财经衍生产品的开发，包括财经资讯产品和财经公关产品①。

首先是跨媒体。跨媒体指各种类型媒体之间的信息流动，包括两层含义：一是不同媒体之间的信息资源整合，二是不同媒体之间的战略互动与合作②。

第一财经跨媒体产业链依托传统媒体，例如《第一财经日报》、第一财经电视、《第一财经周刊》、第一财经广播，伴随第一财经媒体矩阵的升级需求以及新媒体技术的发展。第一财经拓展互联网平台，如第一财经网、第一财经 App、第一财经系列微信公众号矩阵、第一财经研究院、第一财经商业数据中心等，实现全媒体传播体系格局。也就是说，第一财经旗下的日报、电视、广播、杂志、网站、研究院等媒体通过产业链整合，联结到一个跨媒体的产业价值链系统中，形成跨媒体产业的发展模式。

第一财经跨媒体达成了三方面的共享。第一是人力资源的共享。第一财经将总部工作人员派遣到各个分部，并且不断扩张主要经济城市地区的记者、编辑数量，合理安排财经内容生产过程的工作量，保障内容产出的效率和质量。第一财经成立之初，北京分部仅有 3 位记者，目前，《第一财经日报》北京分社已有 100 位职员，涵盖记者、编辑、管理、发行团队等。充足的人力资源使得工作人员能够在各媒体形式之间实现共享。第二是信息资源的共享。第一财经的资讯采取统一谈判、统一购买的方式，提

---

① 国家广电总局发展研究中心.《第一财经产业价值链研究报告》摘要[J]. 现代传播(中国传媒大学学报),2008(1):15－20.

② 木韦.“第一财经”的跨媒体之惑[J]. 传媒,2005(11):23－25.

升第一财经的议价能力。同时，第一财经目前的所有财经产品、财经公关产品均可以实现内部资源共享。第三是品牌资源的共享。第一财经整合发展各媒体形式的目标是营造品牌效应，构建强大的品牌联盟。

其次是跨地域。财经产品内容制作成本随着产品数量增加而递减，产生规模效应。而产生规模效应的有效手段是联合地方打造信息内容，跨地域整合资源。目前，第一财经开展一系列跨地域的媒体活动。第一财经与CNBC、马来西亚网络公司进行合作，通过宁夏卫视上星，与广州日报报业集团、北京青年报社跨区域创办《第一财经日报》。

以第一财经与宁夏卫视的合作为例，2010 年 2 月，第一财经的节目借助宁夏卫视上星，将观众由上海地区扩展到全国，跨地域整合资源，实现规模效应。① 这项跨地域的合作广受业界好评，该合作是对媒体跨地域发展的有益探索，打破了中国传媒产业长期的地域分割状况。但是后期由于战略实施问题，该合作于 2014 年宣告终止。从第一财经的角度看，主要问题是经营成本的提高和第一财经的定位偏离。第一财经需要向宁夏卫视支付 1.2 亿元的广告代理费并逐年以 11% 递增。同时，节目制作成本与人力成本也显著提高。除此之外，第一财经借壳上市后，与其“专业财经”的定位产生偏离。从宁夏卫视角度看，问题在于宁夏卫视的本土性受到一定的破坏，节目制作受到限制。可见，多方要素使得该合作并未实现最初的目标。因此，媒体的跨地域发展需要多方合理协调，促进合作双方共同发展。

最后是跨行业。第一财经在传统媒体平台和互联网媒体平台的基础上，开发具有较高增加值的跨界衍生产品，延长产业价值链。② 目前，第一财经的衍生产品是财经资讯产品以及财经公关产品。财经资讯产品包括第一财经指数、行业分析报告、行业数据库、金融资讯终端等。第一财经研究院、第一财经商业数据中心等专业的研究机构和数据机构，分析各领域的经济发展现状和前景，制作具有自主知识产权的产品。财经公关产品

---

① 倪琳．第一财经跨界传播的回顾与思考——基于战略管理的理论视角[J]．新闻爱好者，2016(2):16 - 19.

② 李文峰．第一财经媒体集团运营的四大特色[J]．传媒，2017(15):56 - 58.

包括第一财经论坛、第一财经榜单、会展、培训、广告服务等。第一财经将集团价值主张贯穿于财经公关产品中，打造一条集合了资讯源、发布方和服务供应商的产业链。与此同时，第一财经也积极寻求跨行业合作。2015 年，第一财经与阿里巴巴宣布开启跨行业合作。同年推出“蚂蚁聚宝”。第一财经在此平台整合精选财经资讯，推送个性化定制内容。第一财经积极发展衍生产品以及构建跨界平台，深度开发财经资讯产品和财经公关产品，有效整合内部资源，不断增强核心竞争力。

面对国内财经媒体的竞争环境，第一财经整合人力、信息、品牌资源，采取跨媒体、跨地域、跨行业的发展模式，迎接经济全球化的挑战，为中国其他媒体发展提供有益的借鉴。跨媒体、跨地域、跨行业运营的模式也越来越受到财经媒体的青睐。“三跨”模式对财经媒体集团做大做强具有强大的推动作用，助力第一财经拥有三重身份：财经资讯发布者、财经资讯供应商、财经服务提供商，助力第一财经打造多元化的盈利模式。①

① 国家广电总局发展研究中心.《第一财经产业价值链研究报告》摘要[J]. 现代传播(中国传媒大学学报),2008(1):15－20.

第四节　从"大财经、大众化"到"小财经、专业化"

一、电视财经节目的诞生与兴起

中国经济的不断发展以及社会公众对经济信息需求的提升为媒体的财经类节目提供发展的土壤，催生多家专业的财经媒体。纸媒凭借其历史积淀与人才积累率先入局，随之，电视财经节目也破土成长。电视财经媒体与财经纸媒相比具有明显的优势与劣势。优势在于表现形式为视频画面，更为生动形象，劣势在于投入大、受众少、回报低。因此，各类电视财经媒体不断革新，打造多样化的电视财经节目，力图破局。

电视财经节目大体可以分为四类：新闻资讯类电视财经节目、评论类电视财经节目、访谈类电视财经节目、故事类电视财经节目。[①] 新闻资讯类电视财经节目的主要内容是为观众提供最新的财经资讯，包括国内外最新消息、宏观经济政策、微观市场环境、证券市场交易信息等。此类电视财经节目的目的是让观众及时了解相关财经资讯，故此类电视财经节目的主要形式是简单的字幕、配图以及主持人的口播。新闻资讯类电视财经节目的另一核心点是信息的准确性，所以对信源的权威性有较高的要求，也正因如此，比较专业的电视财经节目依托地域优势，快速获取全面和权威财经资讯。具有代表性的新闻资讯类电视财经节目有中央电视台财经频道的《经济信息联播》《证券时间》，上海第一财经的《环球第一财经》《今

---

① 黄振民，王康．中国电视财经节目现状与分析[J]．新闻知识，2009(8)：19－21.

日股市》《财经夜行线》《财经时讯》等。

评论类电视财经节目的主要内容是讨论热点经济事件或者重大的经济政策，包括国内外金融市场和资本市场的变动与运作，主要形式是直播或者现场连线邀请相关领域的专家以专业的经济视角深度解读经济现象以及背后的运作规律。该类电视财经节目相比于新闻资讯类电视财经节目受众定位更精准、内容的整合更具深度与多元性、内容的解读更加专业与全面。具有代表性的评论类电视财经节目有 CCTV －2 的《经济半小时》《中国财经报道》，上海第一财经的《经济观察》，凤凰卫视的《财经正前方》等。

访谈类电视财经节目与评论类电视财经节目类似。访谈类电视财经节目的访谈对象是金融界的成功人士，节目会选择当下经济热点作为讨论选题，经济专家之间相互碰撞观点和思想，并且与主持人、现场观众对话交流。具有典型性的访谈类电视财经节目包括内蒙古卫视的《财富非常道》、第一财经的《波士堂》以及《中国经营者》、CCTV －2 的《对话》、广东卫视的《财经郎眼》等。

故事类电视财经节目的叙述角度为个体人物的经验故事，主要形式是主持人实地调研，与当事人进行对话，讲述当事人的创业故事和致富之道。此类电视财经节目通过环环相扣的故事情节娓娓道来，讲述致富故事，以观众喜闻乐见的方式传递积极的财富观。具有代表性的故事类电视财经节目有 CCTV －2 的《财富故事会》、凤凰卫视的《财富人生》、中央电视台国防军事频道的《致富经》等。

在当前阶段，电视财经节目不断向专业化迈进，涌现不同类型的电视财经节目。下文主要介绍有代表性的电视财经媒体中央电视台财经频道以及电视财经节目《财经郎眼》，回顾此时电视财经节目的发展状况。

二、中央电视台财经频道

中央电视台财经频道（又称 CCTV －2）是以财经类节目为主，生活类节目为辅的频道。中央电视台财经频道名称的最终确定经历了经济综合频道、经济·生活·服务频道、经济频道一系列变迁。从名称的更改可以看出该频道从综合性频道转变为专业性的财经频道：初期融合生活类与娱乐类的节目，随着该频道自身改革的不断深入以及市场细分理念的运用，逐渐专注于专业化的财经类电视节目。

中央电视台财经频道于1987年2月正式向全国开播，于1993年1月更名为经济综合频道；于2000年7月更名为经济·生活·服务频道，进行第一次改版；于2003年10月更名为经济频道，进行第二次改版；于2009年8月更名为财经频道，进行第三次改版。下面简要回顾中央电视台财经频道的改版历程。

在该频道的开播初期阶段，该频道的节目涉及多方面内容，不光有经济类节目，也有娱乐综艺类节目。[①] 1973年5月，该频道在北京地区播出。1987年2月1日，该频道正式面向全国播出，《综合经济信息》正式开播，1989年《综合经济信息》改版为《经济半小时》。1990年开播益智类综艺节目《正大综艺》。1991年3月15日播出"3·15"晚会。1992年8月，新增节目《经济信息联播》。1997年5月，部分节目名称进行了变更，如《财经报道》更名为《中国财经报道》。1998年11月，开播益智类娱乐节目《幸运52》。

CCTV－2随着社会经济发展以及细分化的节目定位不断改版，将该频道打造为专业性的财经频道。2000年7月3日进行首次改版，CCTV－2从以经济为主的综合频道转变为差异化定位的专业化频道——经济·生活·服务频道，这次改版迈出了频道专业化改革的关键一步。经济·生活·服务频道的特点在于：宣扬国家经济政策、展现国家经济成果、连接社会大众的经济生活。这次改版的准则是节目内容的编排契合目标观众的需求，增大经济生活服务类节目的比重；节目播出时间与观众的收看习惯相符，调整部分节目的播出时段；栏目形态的设置符合观众的欣赏习惯，更具服务性和平民性。并且随之推出了《证券时间》《开心辞典》《对话》《中国房产报道》等节目。

伴随着社会大众对经济内容需求的扩张以及CCTV－2自身的财经内容制作优化，2003年10月20日CCTV－2进行了第二次改版，由经济·生

① 赵化勇. 中央电视台发展史(1958—1997)[M]. 北京:中国广播影视出版社,2008.

活·服务频道变更为经济频道。改版之后，推出了早间新闻节目《第一时间》，午间新闻节目《全球资讯榜》。同时也推出了娱乐综艺节目，例如《非常6+1》《绝对挑战》等。2005年，CCTV-2建立了频道内部的信息共享系统，实现频道内各节目之间全部资源的有效共享。随后进行了节目创新，推出了以经济为主题的新节目，如消费竞技节目《超市大赢家》、故事类节目《财富故事会》。2005年5月，中央电视台明确提出对各节目的要求：梳理栏目布局，提升节目质量，发挥频道整体合力是经济频道凸显经济特色的突破点与工作要点。根据这一要求，CCTV-2开始实行栏目末位淘汰制以提升频道整体节目质量。2006年，CCTV-2建立选题日历制度，扩展经济选题。此次改版加强了频道节目的财经特质，并进行了节目创新，推出新类型的财经节目，推动频道的财经专业化。

2009年8月24日，CCTV-2进行了第三次改版，由经济频道变更为财经频道。增强频道各节目的财经特性，降低非财经内容的占比。新推出了《环球财经连线》《交易时间》等节目。与此同时，对部分节目进行改版和更名。如《生活》改版为《消费主张》，《为您服务》改版为《理财在线》（后改为《生财有道》）。2010年后陆续推出多部关于经济的纪录片，如《公司的力量》《华尔街》《大市·中国》《跨国并购》《金砖之国》《资本的故事》等。经过此次改版，频道内的财经类节目在数量和质量方面均有显著提高，多样化的财经节目使得财经频道的整体内容框架更加完备；增加社会大众关注的经济问题、投资理财等内容贴合观众需求，服务百姓经济生活的功能更加彰显；同步推送全球市场经济信息，推动频道的国际化发展，令“全球视野、全球市场、全球资源、全球智慧”的国际化氛围更加浓郁。

结合该时期财经频道的板块设置，可以看出财经类节目逐渐占据财经频道的主导地位。CCTV-2持续加大经济类节目的比例，确立以经济为主要内容的频道特点，使得频道节目收视率排名在前10位的栏目里，经济类栏目占7~8个席位。以大经济观、大资讯观、实效信息观作为理念根基，以《经济信息联播》《经济半小时》等节目为核心，打造综合性财经板块；以《生活》《前沿》《健康之路》《为您服务》构建生活服务资讯板块；以

《中国财经报道》《中国证券》着力打造专业财经资讯板块；以《艺术品投资》《鉴宝》塑造新兴市场资讯板块；《对话》《经济与法》形成深度资讯板块；《非常6 + 1》《绝对挑战》《开心辞典》《幸运52》《欢乐英雄》共同打造娱乐板块。综上所述，中央电视台财经频道根据社会大众对财经节目的需求以及频道内部的改革升级，历经多次改版，逐渐由大众化频道转向专业化的财经频道。

三、《财经郎眼》

伴随着中国经济的不断发展，投资体制成熟与投资热使得社会公众对财经内容产生深度理解的需求。与此同时，电视财经改革创新是社会环境背景下的必然结果，电视财经节目进行差异化定位，主张独特的节目看点，深度解读社会生活中多方面的经济现象与问题。《财经郎眼》是具有代表性的创新电视财经节目之一，以独到的见解、专家们犀利的评论以及主持人幽默的主持风格广受好评。

《财经郎眼》是广东卫视于2009年6月推出的对话式电视财经新闻评论节目。由王牧笛担任主持，郎咸平担任固定嘉宾，同时邀请财经媒体人、专家、企业家担当嘉宾，采用对话方式解读经济现象，普及经济知识。[①]《财经郎眼》自开播以来获得广泛好评：2009年10月，全国35个城市收视市场份额排名第三，11月份排名第一。2010年，获得“广东省广播电视新闻类二等奖”“广东电视新闻类二等奖”，获评“2010十大最具原创精神电视栏目”、《新周刊》2010中国电视榜主榜之“最佳财经节目”。2011年，荣获2010国家广电总局第四届《综艺》年度节目奖。

《财经郎眼》的成功涉及多方面因素。首先，从内容主题上看，《财经郎眼》的选题涉及经济的全部内容，大到宏观政策，小到个人生活，体现泛财经的理念。宏观层面涉及经济一体化背景下国际的竞争与合作、国家的经济政策等。比如《奥巴马上任200天》，从探讨美国的经济动态，拓展到对全球经济形势的影响。中观层面包括区域经济、产业经济等方面的

① 吴玉兰，邢春燕.《财经郎眼》节目特色及发展对策[J]. 当代传播，2012(2)：93－95.

问题。如《史上最最严厉的楼市调控》等结合国家政策剖析房地产行业的问题。微观层面包括企业活动与社会民生问题。比如选秀、春运等话题围绕社会公众展开，选取观众感兴趣的话题。

其次，从解读方式来看，《财经郎眼》对专业经济学术语进行大众化的解读。专业的财经知识具有高门槛，因此，财经节目的受众定位也具有一定的局限性。过多的专业术语在一定程度上将一部分观众拒之门外，导致曲高和寡，不利于财经节目的可持续发展。而《财经郎眼》对经济术语和专业知识进行通俗化的解读，使经济知识简单明了、趣味横生。如在《就业困局路在何方》节目中，解释“M型社会”与“橄榄型社会”的内容、形成与区别，并举例说明“M型社会”对就业造成的影响。专家以普通观众能够理解的话语编码，使得普通观众顺利解码，理解节目内容。因此，《财经郎眼》逐渐做到专业化与大众化的统一，通过对经济知识的形象化解释拓展潜在观众群体。

再次，节目观点表达角度新颖、解读有深度。《财经郎眼》的专业嘉宾具备扎实的财经知识与独特犀利的观点。从经济民生事件出发，向观众呈现热点经济事件。《财经郎眼》在讨论“丰田召回事件”时，郎咸平教授认为该事件的本质是美国与日本之间的汽车贸易战。报道视角由企业产品质量问题演变成国家贸易保护战。

最后，节目现场流程安排合理，主持人控制谈话平衡。谈话类节目需要一名掌控全场节奏的主持人。《财经郎眼》的主持人王牧笛财经专业知识扎实、主持灵活、荧幕形象睿智，其主持风格与节目调性相符。《财经郎眼》的节目形式为三人面对面交谈，主持人王牧笛承担提供主题背景的职责，引导嘉宾与观众进入讨论话题。同时，控制谈话节奏，根据嘉宾的性格特点以及嘉宾的现场表现与嘉宾互动或者为嘉宾提供更多时间表达观点，合理推动谈话节奏，激发嘉宾观点碰撞。

伴随观众对财经的新需求以及新技术的发展，《财经郎眼》也需要进一步地创新发展，以成为更具影响力的财经节目。[①] 首先，需要拓展节目

---

① 郭世俊. 从《财经郎眼》看财经类谈话节目的发展趋势[J]. 传媒,2016(16):73－74.

的选题内容范围。中国正处于经济发展转型时期，面临着多样化的经济民生问题，这些也正是社会大众关注的内容。因此，电视财经节目需要深度解读相关经济热点，满足观众对财经知识的需求。《财经郎眼》的选题要着眼泛财经的内容，选择与社会大众息息相关的选题，加强对民生问题的探讨，提升节目影响力。其次，需要加强与场内外观众的互动。电视节目可以通过前期调研以及后期反馈了解观众的内容需求。一方面，《财经郎眼》开设官方社交媒体账号与观众互动交流，不光需要内容输出，也需要新媒体运营人员进行维护；另一方面，《财经郎眼》节目录制过程中可以增加与现场观众的互动，观众参与谈话也许可以创造出新的话题点。最后，随着人工智能、虚拟现实、增强现实（AR）等技术的发展，可以将这些智能技术应用于节目制作之中。单纯的三人谈话方式表现力比较单调，对普通受众吸引力不大。目前《财经郎眼》已进行初步尝试：应用机器人“小郎”提升节目的科技感，运用节目中 3D 光影配合嘉宾展示经济数据。

第五章

移动互联时代中国财经新闻传播的融合与转型

移动互联网时代，中国财经新闻传播经历了从传统媒体到新旧媒体融合的深刻变革。特别是自 2011 年起，国家政策的引导、宏观经济的变化、传统媒体与新兴媒体的融合发展，以及科技的迅猛进步，共同推动了财经新闻报道的全面革新。从党的十八大到十九大时期，中国财经新闻的报道对象不断丰富，从传统的资本市场和金融焦点，向更广泛的社会经济生活领域延伸。财经报道不再局限于专业的金融术语，风格趋向大众化、故事化，但总体上仍缺乏全球化视角。党的十九大后，随着新媒体技术的广泛应用，财经新闻传播更加注重多媒体融合、内容大众化以及品牌栏目的建设，力图满足用户高效化、多样化的信息需求。

在数字技术、移动互联网技术发展迅疾的背景下，传统财经媒体加速转型，走向全媒体集团化的发展道路。与此同时，随着新传播技术的应用以及社交媒体的崛起，财经新闻出现财经类网站、财经类微信公众号、财经类短视频平台等多元化的传播渠道，呈现传统媒介边界消失、新旧媒体融合转型的趋势。

第一节　2011年以来的中国财经新闻传播

一、2011—2018年财经新闻传播的发展条件

（一）国家政策

党的十八大以来，以习近平同志为核心的党中央做出推动传统媒体和新兴媒体融合发展的战略部署。习近平总书记多次召开新闻舆论工作会议，发表重要讲话，强调“要研究把握现代新闻传播规律和新兴媒体发展规律，强化互联网思维和一体化发展理念，推动各种媒介资源、生产要素有效整合，推动信息内容、技术应用、平台终端、人才队伍共享融通”；[①]党的新闻舆论工作“必须把政治方向摆在第一位，牢牢坚持党性原则，牢牢坚持马克思主义新闻观”；[②] 要“主动借助新媒体传播优势”，“抓住时机，把握节奏、讲究策略”；[③]“要加快培养造就一支政治坚定、业务精湛、作风优良、党和人民放心的新闻舆论工作队伍”；[④]“要加强传播手段和话语方式创新，让党的创新理论‘飞入寻常百姓家’”；[⑤]“要扎实抓好县级融媒体中心建设，更好引导群众、服务群众”。[⑥] 国家政策的扶持使中国财经媒体进入深度融合阶段，逐渐向“两微一端”、视频、直播等多元形态

① 2015年12月25日，习近平总书记视察解放军报社时的讲话。

② 2016年2月19日，习近平总书记在北京主持召开党的新闻舆论工作座谈会上的讲话。

③ 2016年2月19日，习近平总书记在北京主持召开党的新闻舆论工作座谈会上的讲话。

④ 2016年2月19日，习近平总书记在北京主持召开党的新闻舆论工作座谈会上的讲话。

⑤ 2018年8月21日至22日，习近平总书记在全国宣传思想工作会议上的讲话。

⑥ 2018年8月21日至22日，习近平总书记在全国宣传思想工作会议上的讲话。

发展。

（二）宏观经济

第一，经济飞速发展，资本市场迅速扩张。

第十二个五年规划指出要提高产业核心竞争力、促进区域协调发展和城镇化健康发展、实施科教兴国战略和人才强国战略、完善社会主义市场经济体制、提高对外开放水平等。[①] 2016 年中共中央审议通过了《中共中央关于制定国民经济和社会发展第十三个五年规划的建议》，主要阐明国家战略意图，明确政府工作重点，引导市场主体行为，指出要在提高发展平衡性、包容性、可持续性的基础上，到 2020 年 GDP 和城乡居民人均收入比 2010 年翻一番，提出要拓宽网络经济空间、加快金融体制改革、加强宏观经济政策国际协调等。[②] 在两个五年规划的指导下，中国经济突飞猛进，资本市场迅速扩张，人民生活水平和质量普遍提高，取得了巨大成就。

第二，国民财富水平提升，投资意识增强。

改革开放以来，中国经济实力不断增强，国民财富水平大幅提升。2004—2015 年，全国工资水平上涨约 2.95 倍，国人总体消费水平逐年提高，国民财富由过去的单一储蓄结构逐渐呈现多元化趋势。[③] 在 2013—2016 年，互联网理财规模由 3853 亿元增加到 2.6 万亿元，互联网理财指数增长了四倍，新型互联网理财方式越来越被大众尤其是年轻群体关注。[④] 2018 年中国人民银行发布的《2017 年中国普惠金融指标分析报告》显示，全国平均有 45.97% 的成年人购买过投资理财产品。随着互联网和电子支付技术的持续发展，移动支付业务量将继续保持较快增长，助力推动全民互联网理财时代的到来。随之，国民对财经媒体在采集经济信息、传播财经资讯、解读经济政策、分析市场变化、提供财经服务等方面的需求日益增加。财经媒体针对受众需求，在财经信息解读专业性、报道题材多样性

---

① 参见《中共中央关于制定国民经济和社会发展第十二个五年规划的建议》。

② 参见《中华人民共和国国民经济和社会发展第十三个五年规划纲要》。

③ 参见《2020 国人理财趋势报告》。

④ 参见《国人工资报告》(2017)。

及呈现形式的易读性等方面进行完善，不断提升自身业务、经营能力，对财经媒体转型升级有重要战略性意义。

（三）传统财经媒体加快媒介融合步伐，向全媒介集团化发展

随着国家政策持续支持、媒介技术迅猛发展及受众需求不断趋向多元化，中国传统财经媒体融合的实践探索步伐逐渐加快。

2012 年，腾讯公司推出微信公众平台，集语音、文字、视频、图片等为一体，使传播更加精准，传播内容类型更加丰富，同时也增强了传播的互动性。主流财经类媒体纷纷开设公众号，根据新媒体时代用户对财经媒体的需求变化，逐步采用有效手段来传播受众喜闻乐见的财经信息，探索数据可视化方式，并巧妙结合文字、图片、信息图表、短视频、音频、动画和 H5 等形式，为受众提供全方位的新闻报道。① 同时，财经媒体积极探索变现盈利模式，凭借硬广植入、软文广告宣传定制、粉丝打赏、内容付费、商业运营平台搭建、与电商平台合作等多元盈利模式，获得可持续发展和壮大机会。

2014 年 8 月，中央全面深化改革领导小组第四次会议审议通过《关于推动传统媒体和新兴媒体融合发展的指导意见》，主流舆论阵地向移动互联网迁移有了顶层设计。② 2015 年是“互联网 + ”模式元年，传统财经媒体与新媒体加速融合，纷纷搭建微信、微博和新闻客户端，实现三大新媒体平台内容、技术、渠道、人力、业务、机构等全方位融合，积极向移动化、定制化、数据化、可视化方向进行创新转型发展。“十三五”规划建议提出，国家要实行大数据战略，加快推动数字资源共享开放和开发应用。2017 年 12 月 8 日，习近平总书记发表了关于推动实施国家大数据战略、加快建成数字中国的重要论述。③ 财经媒体借助大数据技术进一步拓展预测性财经新闻范围，加大深度报道广度及深度，加强新闻报道个性化和提高财经新闻传播可视化程度。

---

① 孙梦．改革开放 40 年中国财经媒体的成长路径研究［D］．郑州：郑州大学，2019.

② 曹英，刘雅卓．媒体融合发展序幕开启［N］．中国经济时报，2014－08－25（2）.

③ 陈寿富．大数据背景下传统媒体与新媒体融合发展战略［J］．江淮论坛，2016（4）：140－144.

移动短视频应用于2011年出现，随着移动端的逐渐普及和互联网的迅速发展而快速崛起，到2015年在中国已形成了群雄逐鹿的局面。2017年刘奇葆同志提出要“推动媒体深度融合，确立移动媒体优先发展战略”，引领媒体融合面向移动端进行内容创新方向的发展。而短视频因其使用门槛低、传播速度快、内容通俗易懂、形式丰富多样、能够迎合用户碎片化阅读习惯等特征，成为媒体融合创新的重要途径，主流财经媒体及财经自媒体纷纷入驻短视频平台，充分利用丰富视听语言来表现财经新闻多样化内涵，使较为抽象、专业的财经内容更加具象化、生动化，增强其吸引力及可读性，以期增强财经新闻传播效果，提升其受众影响力。

同时，财经媒体加速有效整合媒体内外部资源，致力于打造跨媒体、跨行业、跨区域经营的媒体集团。在中国财经媒体发展过程中，由上海文广新闻传媒集团创办的上海第一财经传媒有限公司和南方财经全媒体集团，具有典型代表性意义，成为传统财经媒体向全媒体集团化融合变革的参照标，助力中国财经传媒集团化之路可持续发展。

2011年，由上海第一财经传媒有限公司全新打造的数字付费电视频道“东方财经”落地上海，上海有线数字电视用户可收看到“东方财经”的内容。2014年，上海第一财经报业有限公司与第一财经传媒有限公司实施一体化运作，进行平台资源整合及业务流程重构。2015年，第一财经与阿里巴巴达成战略合作，在第一财经旗下成立媒体子公司——上海第一财经新媒体科技有限公司，充分发挥各自在传媒与大数据领域的资源优势，积极探索大数据商用的路径。2015年，第一财经深圳演播室正式开播。2016年，第一财经正式发布英文资讯产品“一财全球”，与猎豹移动合作，利用其超过六亿月度活跃用户资源推送新闻。目前，第一财经打造了第一财经App、《第一财经日报》、第一财经网、第一财经电视、第一财经杂志、第一财经研究院、第一财经商业数据中心及一财全球等机构和产品，致力于打造成中国最具公信力和全球影响力的新型数字化财经媒体和信息服务集团。

南方财经全媒体集团由广东省委宣传部主管，建立于2016年，是国内首家聚焦财经全媒体主业的全媒体集团，构建了以21世纪经济报道、21

财经 App、经视频道、股市广播为核心的全媒体矩阵。南方财经全媒体集团自建立以来紧跟时代，合力打造财经类 App、网站、微博、微信公众号等产品，不断完善和发展自身全媒体矩阵。同时，大胆运用人工智能、大数据、云计算等新技术在财经新闻生产、传播与呈现方面不断创新，致力于打造专业、强针对性的知识付费、电子商务等服务，对传播普及中国财经和金融信息、引领国内财经媒体融合转型、打造具有国际影响力和传播力的综合性财经媒体、促进广东省贯彻落实创新驱动发展战略具有重要意义。

（四）传播技术

第一，大数据技术提升财经新闻传播质量。

尽管对于大数据的定义仍难达成共识，但一般认为，大数据是基于相当大的量级（这个量级也在不断发生变化）的数据进行数据收集、分析、挖掘与应用的技术。[①] 伴随着数字、信息技术的高速发展，大众生活被贴上数据标签，逐渐进入大数据时代，对专业媒体或机构解读数据的需求逐渐增加。在大数据技术影响下，新闻信息生产、传播、呈现等方式正在发生深刻变革，而财经新闻对数据的特殊依赖性也使财经媒体得以通过运用大数据技术来更好地挖掘、处理、预测、分析数据，使财经新闻报道更加有深度，在信息预测方面的作用更突出。同时，财经新闻报道也一改往日以文字报道为主的特征，大数据时代背景下的财经新闻开始用文字、图表、静态动态模型等多种形式展示数据，解释经济现象[②]，使财经新闻更加具有趣味性、可读性、新颖性，提升其内容传播质量。

第二，云计算提升财经媒体数据传输有效性。

2011 年 6 月初，中国的网络高科技公司开始了对云技术的研究和探索，运用云技术为众多大型企业提供信息收集、数据分析处理及存储服务，[③] 云计算平台拥有强大的信息传输和储存能力，财经记者可以依托云

① 彭兰．网络传播概论[M]．北京：中国人民大学出版社，2017：29.

② 李宜昶，康子威，杨泽华．“大数据”时代背景下财经新闻的转变[J]．商业经济，2014(2)：95－96.

③ 阚子毅，杨颖，张君浩．云计算对媒介生态的影响[J]．前沿，2014(Z4)：133－134.

技术获取海量新闻数据与资源，并在短时间内完成高效数据处理与分析工作。在进行实地考察采访时，财经记者也可将采访所获信息随时上传至云计算平台，进行实时文档共享、图像编辑等工作，提高财经媒体新闻生产的速度和效率。以云计算为基础的信息存储、分享和挖掘手段，可以便宜、有效地将大量、高速运行、多变化的终端数据存储下来，并随时进行分析与计算。利用云计算技术对大数据进行深入分析和预测，从而提高决策的准确性，并揭示出数据背后更多的潜在价值。①

第三，人工智能重塑财经新闻生产、分发模式。

2017 年，人工智能被写入了政府工作报告，成为不断引起热议和关注的重点话题，逐渐渗透至各行各业，包括对新兴传播技术高度敏感的新闻媒体行业。算法与新闻的结合，是人工智能技术进入传媒业的主要方式，并集中体现在算法写作和算法分发上。② 在新闻生产方面，财经新闻记者可以借助传感器技术，通过可穿戴设备、无人机等设备，准确及时获取并记录现场第一手的信息，大大节省了人力物力成本，同时突破了人对环境探索分析的局限性，从而提高财经新闻的时效性，并增强其客观性。在新闻分发方面，人工智能时代的新闻分发是内容算法和人之间的双向流动，③算法将所收集到的用户的兴趣点、媒介接触习惯、社交习惯、所处位置场景等信息，反馈给内容提供方，内容提供方根据这些信息来制作更贴合用户心理需求、更能吸引用户注意力的内容，提升用户黏性，实现用户与内容的精准匹配。

二、党的十八大至十九大期间的财经新闻报道（2012—2017 年）

（一）报道对象不断丰富

财经报道从一开始就聚焦于建立市场化经济体制，并着重于培养市场

① 维克托·迈尔-舍恩伯格，肯尼思·库克耶. 大数据时代[M]. 盛杨燕，周涛，译. 杭州：浙江人民出版社，2013：2.

② 苏涛，彭兰. 反思与展望：赛博格时代的传播图景——2018 年新媒体研究综述[J]. 国际新闻界，2019，41(1)：41-57.

③ 胡尊栊. 人工智能在新闻传播中的应用研究[D]. 成都：四川省社会科学院，2020.

要素，尤其是与资本市场相关的经济报道。因此，财经报道主要集中在对经济活动和经济现象展开财经化专业分析，尤其着重观察和分析宏、微观经济领域的变动如何影响资本市场制度及企业和个人在投资理财方面的增值行为。[①] 随着财经新闻报道的发展，其研究焦点已不再局限于从金融资本市场的角度审视中国的经济活动，而是扩展到了全部的社会经济生活和与经济相关的多个领域，包括经济政策与法规、财政制度、市场、人力资源管理、金融、国际贸易、企业管理、统计、财税、债券、价格、社会保障、脱贫、就业、民生、行情、股市、并购等。例如，2016 年“21 世纪经济报道”微信公众平台对北京房价进行了专题报道，通过分析 2010—2015 年北京普通住宅和别墅商品房供销存量年度走势、北京建设用地成交情况等数据，预测得出“2016 年北京房价上涨动力十足，未来房价将继续处于上行区间，但成交不会出现显著增量”，进一步提出北京二手房价格上涨可期、房地产投资政策继续稳定及豪宅项目开发商的竞争会更激烈等观点，为居民买房、企业进行房地产投资等提供数据依据。从“每日经济新闻”微信公众平台报道题目，如《高速公路 15 年收费到期怎么办？延长年限》《15 年老股民总结的 81 条滴血经验！》等，也可以看出财经新闻报道的对象和范围在不断扩大。

（二）报道风格趋于故事化

传统财经新闻报道倾向于运用大量专业财经术语和数字，遵循严谨标准和严格结构，通过文字表述、数字和图表分析来解读关系国计民生的经济政策，呈现千篇一律、过于僵硬、趣味性低、可读性低的特征。随着移动互联网迅速发展，全民进入信息过剩时代，用户注意力越发稀缺，增强财经新闻报道的可读性和趣味性成为学术界主流研究话题，重新整合新闻素材，打造故事化报道风格，采用故事化报道方式以期获得受众关注，激发读者积极阅读行为，成为当时财经新闻报道力争的目标。

新闻模式和信息模式内涵不同，因此，在财经新闻故事化过程中，应根据报道要重点突出部分的实际情况对新闻要素进行重新取舍和选择。如

---

① 王婷婷．我国财经新闻报道探析［D］．郑州：郑州大学，2007.

“第一财经”微信公众号财经新闻报道《人与机器人的情感戏即将成真?》《大佬们这一年：马云任性　强东嘚瑟》等标题中，运用制造悬念、使用流行网络词汇等方式，来增强财经新闻报道标题的趣味性和吸引力，同时也概括出了新闻报道的大概故事内容。在标题中使用“情感戏”“任性”“嘚瑟”等词语，也使财经新闻报道更加生动可感，吸引读者注意力。在财经新闻正文写作中，注重细节描写、运用个性化语言及制造悬念和冲突。如在《大佬们这一年：马云任性　强东嘚瑟》一文中，“第一财经”微信公众号财经编辑在点评刘强东、马云、董明珠和唐岩时，分别用了“大叔爱奶茶？傻傻分不清楚！”“15 年前被拒绝，15 年后震惊全球”“大海航行靠舵手，人民娱乐靠阿姨”“真相只有一个！”这样诙谐幽默、紧随网络潮流的语言，在以趣味性方式塑造人物性格的同时也使报道充满故事性和现场感。

（三）报道全球化视角有所欠缺

2012—2017 年的财经新闻报道相对来说比较偏向本土新闻，报道视野多局限于国内情况，或在报道国外新闻时深度和分量有所欠缺。例如“中国基金报”微信公众号，对国外新闻的报道多集中在单纯分析国外某基金公司发展现状、某基金主流模式、股价波动方面，例如《美国科技股暴跌 QDII 遭殃》《美国基金公司比我们舒服》《他山之石：美国 FOF 发展现状及主流模式》等，在国际问题本土化方面还有很大进步空间，在报道国际问题时，缺乏站在中国视角上分析评论该国际新闻对中国经济发展的意义和影响等内容，因而不能更好地引导读者从更深层次上去理解财经信息和为读者提供国内财经发展可借鉴的相关经验。整体来说，欠缺一些在发生于不同国家、不同方面的经济现象之间把握共同点、寻找共同规律，以及站在全球视野下深度分析报道对象间的利益关系的相关财经报道。

三、党的十九大后到中国特色社会主义新时代的财经新闻报道

（一）报道综合运用各种多媒体手段

专题报道是报道内容和手段的“集装箱”，通常采用文字、图片、视

频、动画、网页等多种媒体形式进行全面报道，整合多种报道方式，为读者提供多样化阅读体验。[①] 新媒体时代，用户追求高效化、碎片化浅阅读方式，借助人工智能、大数据、5G、H5、虚拟现实等多媒体形式，开启短平快、可视化、互动性、趣味性、易读易分享的财经新闻报道。例如第一财经 App 中综合运用文字、图片、H5、直播、短视频、人工智能、VLOG、动画图解等多种新媒体手段来进行报道。例如，《一财摄像 VLOG——领你去看人工智能大会》中，第一财经的记者摄像记录世界人工智能大会的全过程，《云上会丨新年问势　年金投资新布局》中，通过直播形式来解答如何布局新政下的年金投资及养老金产品投资策略等问题，《社区团购的是是非非丨价值三人行》中，通过短视频形式来分析社区团购热潮下发生的低价倾销、不正当竞争等问题，并提出规范社区团购的有效措施等。同时，第一财经 App 针对人工智能技术普及推出“AI 视・界”栏目。例如，通过《担心 AI 侵犯数据？隐私计算技术受关注》来普及人工智能与多方计算技术相结合，助力实现数据隐身，通过《虚拟偶像成团，人类携手 AI 共同撑腰》来介绍四位人工智能虚拟偶像的选拔、训练、出道的全过程等。

（二）报道内容趋向大众化

互联网发展背景下，网络信息繁杂，信息社会生活千变万化，用户注意力稀缺，对财经报道内容数量和质量的要求都有所提高，且用户媒介接触习惯及信息需求呈现多样化特征。为获得更多市场份额、增强用户黏性，增加媒体品牌曝光度，财经媒体对用户进行心理画像分析，从用户需求与兴趣点中获得素材和灵感，以期打造迎合用户心理、满足用户阅读兴趣和阅读习惯的报道内容。因此，财经媒体在报道时不再仅局限于股票、基金等专业财经领域，也开始关注泛财经和民生经济话题。例如，网易财经官网开设了科技、智能、旅游、房产、家居、读书等方面的大众化栏目，关注当贝智慧盒子 Z1 Pro 评测、苹果正为 iPhone 开发无线电池组、地区热门楼盘推荐、春节一线城市楼市成交量、中国最大油菜花田等贴近大

① 孙地祥．网络时政新闻专题报道研究[D]．南昌：南昌大学，2018.

众生活的内容，力图满足用户大众化、多样性信息需求，提升财经新闻的通俗性和易读性。

（三）设立品牌栏目打造专题报道

网络财经媒体栏目是媒体基于自身的报道目标和编辑原则，结合新闻稿件特性及读者需求，对新闻报道进行分类而创建的一个类目。[①] 近两年财经栏目推出各类特色专题报道，继续坚持以“内容为王”原则为指导，力图打造高质量、有差异性和特色的原创财经专题报道，并做到持续规律更新，以保持栏目专题报道特色的相对稳定性，培养优质、高忠诚度用户群体。例如，“吴晓波频道”微信公众号，开设了“品牌新事”“同读一本书”“财经日日评”等专题栏目，内容大致分别是品牌发展与营销分析、财经类著作核心观点概括及观后思考和股价、基金、楼市等经济生活相关变动解读等，新浪财经网开设“海外来风”“热评中国”和“投资理财”等栏目，分别主要分析经济全球化、美股波动、欧洲财政政策等国际经济政策，评论中国经济变动相关政策，解读股票、基金、理财、保险、期货、外汇等关系投资者的切身利益的最新变动等。网络财经媒体打造专题报道能够提升原创力度，拓展报道广度，助力打造强势媒体，提升财经媒体品牌自身影响力。

① 李居清，张顺亮．打造特色栏目，提升杂志影响力[J]．青年记者，2012(5)：62.

第二节　移动互联与中国财经新闻传播的繁荣与发展

一、社交媒体与大数据的兴起

（一）社交媒体兴起

对于社交媒体的定义，目前学术界虽没有统一标准，但包括共同内涵。百度百科的定义为：社交媒体（Social Media）指互联网上基于用户关系的内容生产与交换平台，包括社交网站、微博、微信、博客、论坛、播客等。随着计算机设备的普及和互联网技术的高速发展，社交媒体从20世纪90年代开始得到广泛关注和迅猛发展。到90年代末，博客已经具有一定的影响力。特别是在2004年以后，Web 2.0运动兴起，社交服务网站开始蓬勃发展，社交媒体由此成为一类不可忽视的媒体力量。[①] 以下简要介绍国内三大特色社交媒体，来更好地了解中国社交媒体的特性。

1. QQ

QQ是1999年2月腾讯公司推出的一款基于互联网的即时通信软件，陆续开发出QQ游戏、QQ宠物、QQ群、QQ邮箱等程序，涵盖即时聊天、语音和视频通话、文件共享、邮件发送、群组聊天、动态分享、留言评论、游戏娱乐等多种功能。QQ从最初仅具备实时聊天功能，到逐渐开发个性化社交空间，再到打造为充满互动元素的社交娱乐应用，使腾讯公司

---

① 曹博林．社交媒体：概念、发展历程、特征与未来——兼谈当下对社交媒体认识的模糊之处[J]．湖南广播电视大学学报，2011(3)：65－69.

逐渐成为中国互联网领域的领军企业。[①]

QQ 在建立之初，以陌生人交友作为主打点来吸引用户，使与陌生人进行线上交流成为一种潮流。后与陌生人交流的新鲜感逐渐消散，交际圈开始以家人、朋友、同学、老师为主，用户使用 QQ 来进行即时交流和管理社会关系。QQ 是一种方便、高效、低成本的即时通信工具，为用户带来了生活方式、交往观念、信息接触习惯等众多方面的转变。

2. 微信

微信（WeChat）是腾讯公司于 2011 年 1 月 21 日推出的一个为智能终端提供即时通信服务的免费应用程序，逐渐上线查看附近的人、摇一摇、漂流瓶、扫一扫、表情商店、游戏中心、微信公众号、微信支付、微信小程序、微信红包等程序，提供文字、图片、语音、视频聊天、多人群聊、支付、金额提现、查看附近的人、摇一摇随机交友、阅读优质文章、玩游戏等功能，聚合了人际传播、群体传播、大众传播三个层级的传播，实现了三者之间的连接贯通。[②]

微信的最大特点是通过关系网进行贴身传播，第二个特点是圈子文化，第三个特点在于，它是一个最佳的 O2O（Online To Office）的商业模式，可以从线上到线下，也可以从线下到线上。[③] 社交是微信的核心功能，也为微信推出其他功能奠定了基石。微信联系人多是“强关系”，能够满足用户对基础即时通信和维系私人社交的诉求，用户社交黏性强。微信朋友圈主要由现实生活圈子中的熟人组成，整体结构相对来说较为封闭，利于维系现实圈子中的关系，巩固原有情感联系，促进微信好友关系的稳定与和谐。同时，微信的支付功能和与电商深度合作，也为用户日常生活提供了极大便利。

3. 微博

微博是一种基于用户间关系信息来分享传播实时讯息的社交媒体，借

---

① 赵洁．论社交媒体[D]．武汉：武汉理工大学，2010.

② 彭兰．网络传播概论[M]．北京：中国人民大学出版社，2017：116.

③ 沈颢．财经新闻二十一讲[M]．北京：中国经济出版社，2012：172.

助文字、图片、视频等多种多媒体形式，实现信息的实时分享和互动传播。微博陆续开发出私信、分享、群聊、网红电商平台、青少年模式等程序，支持搜索，文字、图片、音频、视频发布，转发关注评论，私信，群聊等功能。微博用户主要关注的是内容传递，因而在微博平台上，具有公众价值的内容更有可能被广大用户所接受和传播。在此背景下，微博成为大众传播较有效的工具之一，可以被认为是一种社交化的大众传播平台。[①]

微博用户众多，信息来源多元，传播结构开放，是一个能够为不同群体提供对话和自我展示机会的平台，有利于促进社会沟通，且能在一定程度上反映网络舆情。规定发布内容的字数上限和使用场景的移动化也使微博具有低门槛、碎片化、高参与度的特征。

（二）社交媒体特征

社交媒体是 Web 2.0 的发展延伸，它是一个有着更多人积极参与，集体分享，并融入了人们真实社会关系的新型网络媒体。[②] 它的特征有以下几点。

1. 开放性

用户在社交媒体上既可以自我为中心，又能够与外界保持即时、持续性互动，不断吸收外界信息。社交媒体发布、转发、分享功能的简单、易操作性会加速信息和观点的流动，进一步提升开放性。例如，大部分社交媒体都支持外部数据源链接，受众可以在社交媒体上链接界面相关内容；支持同平台或跨平台轻松一键分享；同平台一键附带评论转发或快转等。

2. 社会性

社交媒体打造出群、朋友圈、公众号、超话、兴趣小组等各种各样的社交手段和社交圈，在社交媒体中信息和意见是沿着用户关系网络这一渠道而流动传播的，关系渠道的质量和数量影响着信息传播的效果。用户可以在社交媒体平台上通过即时聊天、评论、转发、点赞等有意识的社交活

---

① 彭兰．网络传播概论[M]．北京：中国人民大学出版社，2017：110.

② 赵洁．论社交媒体[D]．武汉：武汉理工大学，2010.

动来与社交圈其他成员产生发展联系，维系人际关系，拓展社交渠道，从而获得社会资源和资本。社交媒体用户众多，用户运用社交媒体可以对个人的态度和观点进行记录和表达，进而传达至整个公共话语空间，能够产生较大规模的社会集合，成为社会舆论气候的风向标。

3. 参与性

新媒介时代与传统媒介时代的主要区别在于传统媒介时代的听众主要是纯粹的消费者，因此涉及的媒介素养主要体现在信息的选择、文本的解读等方面；步入 Web 2.0 新媒介时代，读者、听众不仅仅是信息的消费者，同时也是内容的创作者，并在信息传递、情感互动及团队写作中发挥了积极的作用。[①] 网络用户扮演新闻生产者的角色体现在初级新闻生产与新闻再生产两个层面。初级新闻生产是以专业机构为主导的直接新闻生产过程，而新闻再生产则是新闻报道在网络中发布的扩散、增值过程。[②] 在初级新闻生产中，用户生产的内容及互动评论、提供的新闻线索、参与的调查或访谈等资源可以被社会性媒体使用或为其进行新闻生产提供思路。在新闻再生产过程中，用户会通过社交媒体来转发或分享感兴趣、有帮助的内容，有时会附带上自己的思考和评论或对媒体提供信息进行筛选整合后的整合性资源，从而促进新闻扩散和增值，大大提升新闻在社交媒体中的传播效果。

移动互联时代，财经媒体运用 QQ、微博、微信、豆瓣等社交媒体和多种新信息技术形式来为用户提供财经资讯及深度解读报道，内容涵盖国家经济政策、外汇贸易、股票期货等专业财经领域及房产、科技、教育、能源等热门话题，同时不断进行自我革新，深化社会化传播思维，持续强化社交关系，深入挖掘调动用户力量，激发用户社交群体生产力，满足用户多样化、个性化信息获取需求与习惯。

（三）大数据技术发展成熟

大数据（big data），是指无法在一定时间范围内用常规软件工具进行

---

① 彭兰．网络社会的网民素养[J]．国际新闻界，2008(12)：65－70.

② 彭兰．网络传播概论[M]．北京：中国人民大学出版社，2017：176.

捕捉、管理和处理的数据集合，创立全新的量化研究的系统知识和方法，包括大数据技术、大数据工程、大数据理论和大数据应用。[①] 大数据的基本特征也是国内外研究的重点，大致可以概括为以下几个方面：数据体量庞大、数据种类繁多、数据处理高效、数据处理灵活、数据质量稀薄。[②] 大数据时代的来临对于财经新闻行业来说是一种机遇，为财经新闻提供海量分析数据，大大提高财经媒体新闻数据信息采集的效率、质量和可执行度。财经媒体借助大数据进行用户画像分析，能够生产个性化新闻内容，帮助财经媒体更加精准地了解用户需求，吸引用户注意，提升用户黏性，增强财经新闻报道的客观性、可信性和互动性。

1. 数据采集

在传统新闻生产过程中，新闻数据可能大多来源于新闻当事人、新闻事件相关人或参与相关社会实践调研的用户，数据收集方式较为费事、费力，且数据准确性有待商榷。而大数据时代拥有海量数据，数据来源相对于传统新闻生产来说，更加多元和复杂。数据新闻中的数据主要可以划分为两大类：一类是一手数据，通常通过媒体或机构的调查或众包手段直接从受众处获取，确保了数据的真实性，但同时也带来了较大的工作负担。另一类是从多个数据库获取的二手数据，这种数据获取方式相对来说更为简便。[③]

一手数据主要通过如下途径获取：一是 QQ、微博、微信、豆瓣网、人人网等社会化媒体用户发布、转发或评论的内容；二是借助基于位置的服务、物联网、可穿戴设备、无人机等技术，直接进行搜集和整理的内容；三是从媒体已有的报道得到的，能够在一定程度上提高财经新闻内容生产效率，降低财经新闻生产成本，有效整合新闻要素和资源，满足用户个性化信息需求。二手数据主要是指由政府、企业、数据采集公司及组织等主体，公开提供、可无偿或有偿获取的较为科学可靠和完整的数据。在

---

① 刘建明．“大数据时代”的奇幻虚构[J]．西部学刊，2013(5)：10－12.

② 陈力丹，李熠祺，娜佳．大数据与新闻报道[J]．新闻记者，2015(2)：49－55.

③ 周承君．数据新闻：意义解析与特推探寻[D]．南京：南京师范大学，2015.

对数据进行统计分析时，财经媒体记者可借助 EMC 的 Greenplum、Oracle 的 Exadata，以及基于 MySQL 的列式存储 Infobright 等技术；在进行数据导入时，可以将数据清理和初步处理后导入大型分布式数据库或分布式存储集群，过程中可以使用 Twitter 的 Storm 来对数据进行流式计算。

2. 数据处理

数据采集后要开展的就是数据处理工作，常用工具主要有 Microsoft Excel 和 Google 工具 OpenRefine，其简单易学的特点使大部分记者可以快速掌握，处理后的数据更加直观，令受众更易懂。① 财经记者在运用 Microsoft Excel 时主要是使用它的计算百分比、中位数、平均值、标准差、排序、分类汇总、做图表等功能。OpenRefine 主要可以帮助处理大体量的繁杂数据、转换数据格式与数据库进行链接等。

在进行数据处理过程中会出现不合适或不准确的数据，财经记者应该运用数据清理来将这些数据转化为适合的、质量高的数据或通过筛选和过滤淘汰掉部分干扰性数据，从而进一步提升数据准确性和数据价值，更好地帮助财经新闻记者进行数据分析工作。在数据清洗过程中，首先，要检验数据格式，确保分析工具能够和软件相容。其次，要对缺失、多余、异常、过时和错误数据进行检测，并选择合适的计算工具来进行数据调整。最后，应对处理后的数据集与数据源进行核查，以防其他环节发生错误。

3. 数据分析

从数据分析本身来看，数据分析包括对比分析、交叉分析、相关分析、回归分析、聚类分析等；而从数据新闻或可视化的角度来看，分析的核心目标，是寻找数据间的关系，并通过各种可视化手段来揭示数据间的关系，进而揭示新闻意义。② 在进行数据分析时，记者应该对数据计算结果和分析所得结论的可信度和质量进行合理性核查，从结果中分析各事物间关系和相关性，告诉受众新闻发生的背景、原因及新闻重点，并与相关新闻进行对比分析，梳理出事物间的共同规律或事物的特殊性，有助于解

---

① 周承君．数据新闻:意义解析与特推探寻[D]．南京:南京师范大学,2015.

② 彭兰．网络传播概论[M]．北京:中国人民大学出版社,2017:239.

释在经济全球化背景下一些经济现象所带来的深度影响，进而为人们生产生活、投资理财提供决策依据。

4. 数据可视化呈现

可视化这一概念是指运用计算机图形学和图像处理技术，将数据转换为图形或图像的形态，并进行互动处理的方法。[①] 在对新闻进行可视化加工时，应先提取新闻中能直接作为数据来处理的元素，再对较抽象、无法用数据直接代表的元素进行拆分或转换等。目前，数据可视化主要包括以下几种：首先，是针对数值型数据的可视化，例如根据财经新闻中应着重突出的相关关系选择将所获数据制成条形图、柱状图、折线图、面积图、树状图或组合图等，来清晰反映出对比、变化、构成等关系。其次，是针对文本特征如关键词、概括特征制作词树、标签云等，针对关系类数据如人、事务而制作网络图。除此之外，还可以通过对文字的精华部分进行提取，将其转变为形象、简洁、美观的视觉符号。最后，还可以制作动态的、具有互动功能的信息图表，如将新闻发生时间地点、关键元素及涉及事件等混合标注在一起的动态地图，将连续性新闻或整合类新闻发生的时间点按时间或逻辑顺序排列的时间线等。

财经新闻记者可以根据需要选择运用一种或多种表现方式，来对新闻中的相关要素进行可视化处理，运用一些免费工具或软件来制作简单的信息图表，较复杂的信息图表可以交给专业设计开发团队来制作，不断提升财经新闻的直观性、易读性和视觉化程度，拓展新闻评论分析的深度与广度。

当今社会中国经济迅速发展，日新月异，在财政金融方面更是如此，用户需要及时了解经济发展信息和财经知识，急需专业财经报道知识与解读，对财经资讯内容和表现形式等方面的需求不断提高，并趋向多元化。在大数据背景下，财经新闻要不断进行调整与变革，与时俱进地及时更新信息搜集手段，提升数据分析能力；结合新传播技术来创新财经新闻报道

---

① 周子晴．大数据时代下财经新闻新特征分析[J]．石油化工管理干部学院学报，2018，20(4)：66－70.

形式，提升财经新闻报道可读性和趣味性；坚持以用户为中心，运用算法和大数据等技术通过分析用户的信息获取习惯、阅读偏好、消费水平、兴趣爱好等来为用户进行个性化、定制化财经新闻推荐，提升用户信息获取的效率、质量和互动性。

二、多媒体技术下的财经新闻报道

多媒体技术的核心是利用计算机来存储和管理语言文字、数据、音频、视频等多种形式信息，从而使用户可以通过各种感官与计算机进行实时信息交流。①

（一）流媒体技术

流媒体是一种多媒体应用，其特点是通过实时传输协议传输视频和声音等数据，并以流形式从源端传递到目的端，当目的端接收到一定量的缓存数据后便能播放。② 流媒体技术能够为用户提供仅需通过短时间的启动延时，便可获得实时播放的音视频的连续性、高效性、高品质播放与通信的体验，剩余部分在服务器上自动继续下载，能在一定程度上减轻服务器设备的压力，节省用户存储空间，并且有效解决知识产权保护问题。流媒体新闻是以互联网作为其传播渠道，采用流式传输技术，对正在发生或最近发生的事件进行视听化处理的报道。③

流媒体新闻具有信息承载量大、传播效率高、现场参与感强、检索便利、传播范围广阔、互动性高、呈现方式多样等特征。财经媒体能够运用流媒体技术在媒体网站上，为用户提供自制或从电视财经新闻节目中截取片段的视频新闻报道和新闻相关视频资料，摆脱电视新闻受观看时间限制的缺点，提升财经新闻内容丰富度，增强用户对财经新闻的主动选择性，满足用户碎片化阅读需求，巩固用户资源。随着互联网逐渐普及和流媒体技术进一步发展，逐渐诞生了视频分享网站和弹幕式视频网站，如腾讯视

---

① 朱辰．在无线网络环境下流媒体系统的研究[D]．长春：长春工业大学，2019.

② 庄捷．流媒体原理与应用（第二版）[M]．北京：中国广播电视出版社，2013：3.

③ 王凡．流媒体新闻的传播特点及发展策略[J]．新闻论坛，2018（1）：25－28.

频、优酷视频、爱奇艺、哔哩哔哩等。用户在观看财经新闻视频时，可以通过发弹幕、评论、点赞等方式来体验财经新闻的趣味性和交互性，同时，在相互交流中也能够提升自身对新闻理解的广度和深度，从而不断增强视频传播效果，不断提升用户数量。同时，用户或自媒体也能够将视频网站生产的内容剪辑、加工、重新整合后，直接发布或是将链接分享至微信、微博等社交媒体平台，进行流媒体二次传播，再次引起广泛关注和热议。用户在进行二次传播过程中，也能通过评论、转发、点赞和分享等功能，附带上对该财经新闻的态度和见解，进一步拓展新闻报道深度、增加新闻报道价值。

（二）虚拟现实技术

虚拟现实（Virtual Reality，VR）技术，可以对所在情境进行360度的全方位重现，甚至在视觉、听觉、触觉等方面实现精准模拟，为用户提供身临其境的在场感。①多媒体技术的深度发展使用户的信息需求愈加多元化，用户不再满足于仅通过文字、图片、音频、视频等传统方式获取新闻资讯，而是寻求更有趣味性、高度参与感与在场感的财经新闻呈现方式。一般来说，新闻虚拟现实是指使用虚拟现实技术来制作、报道新闻，是一种利用游戏平台和虚拟环境来传递新闻、纪录片和非虚构故事的新方法。②

财经媒体在进行内容生产时，能够运用虚拟现实技术及来自新闻发生现场的音频和视频素材来真实再现新闻现场，丰富画面真实度和细节，为用户带来沉浸式体验。用户通过佩戴虚拟现实眼镜或其他可穿戴设备，可以第一视角在虚拟世界中主动寻找信息、接收信息和解读信息，充分调动自身感觉器官，通过虚拟现实财经新闻纪录片、现实场景新闻和实时报道等切实感受到一些经济政策或经济波动所带来的现实影响，如股价暴跌、哄抬物价、金融危机等。在观看过程中，用户还可以对新闻中出现的信息类图表，进行详细数据查看，甚至可以与其进行互动以了解更多隐藏在数据背后的原因及相关要素，能够增进用户对较抽象、较难懂的财经数据与

① 贡悦．虚拟现实新闻的发展应用及其策略研究[D]．南昌：江西财经大学，2018.

② 严艺文．虚拟现实技术在新闻传播中的应用及影响研究[D]．广州：暨南大学，2019.

知识的接触和了解，满足用户求知欲和好奇心，使用户产生强烈情感共鸣。

（三）数字动画技术

数字动画技术是指运用动画设计软件将某一情节以影片的形式表现出来的技术[①]，主要包括 Flash 动画、3D 动画等。信息大爆炸时代，受众对财经新闻的质量、呈现形式和传播速度等，有了越来越高的要求，且用户的碎片化阅读习惯，使用户在获取新闻信息方面更加具有“惰性”，更愿意接收形象化、直观化的新闻传播形式。

而能够以图、文、画有机结合的生动动画形式表现新闻的数字动画技术，能够大大丰富用户接收新闻的方式，将较为晦涩难懂和专业性极强的财政和金融知识，转换成能为受众所接受的通俗性、大众性知识，使财经新闻内容更加通俗易懂，更易被大众理解和接受。除此之外，财经媒体运用数字动画技术进行新闻报道，还能够将新闻事件的产生原因、发展过程及所带来的影响逼真、清晰明了地呈现给用户，其色彩搭配、镜头选择与运用、配音、细节描绘等手法能够为用户带来全新、趣味性视觉体验，提升用户对财经资讯的阅读兴趣，有利于促进财经资讯在微信、微博等社交媒体上的二次传播。

---

① 李嘉. 数字动画技术在新闻传播中的应用[J]. 科技传播,2017,9(14):30-31.

第三节　中国财经媒体的转型与融合

一、传统财经媒体走向全媒体集团化发展道路

在数字技术、移动互联网技术发展迅疾的背景下，各类新媒体强势崛起，报纸、广播、电视等各类传统媒介的边界逐渐消失，对传媒行业而言，新闻的生产加工及发布表达等都受到了直接影响，各类终端逐渐趋向“融合”，受众通过互联网平台获得的信息，原来可能需要通过多个媒介终端获得。① 传统媒体在收视率/收听率降低，广告收入下降，新媒体技术冲击，社交媒体、国际传媒集团跨国经营兴起等竞争环境下，迅速整合集团资源，积极进行新旧媒体融合转型，为集团可持续发展提供动力。

二、财经类网站的诞生与繁荣

（一）东方财富网

东方财富网被认为是中国较受欢迎且具有强大影响力的财经证券门户网站之一，致力于创建专业、权威，始终考虑用户需求的财经传媒平台。2004 年 3 月上线，此后，开始在证券之星、全景网等报刊网站上刊登广告，其内容主要涉及股票、基金、理财、银行、保险等多个专业领域，基本涵盖了主要财经领域的信息。2006 年，东方财富网初步涉及金融数据服务领域，主要通过进行用户精准定位和采用适合当时金融市场发展水平的定价政策来获取利润。2018 年东方财富网开始自主研发数据终端，为用户

① 梁玉翠. 媒介融合背景下重庆日报报业集团转型研究[D]. 重庆:重庆工商大学,2018.

提供金融数据服务，不断扩大用户基数。从2013年开始，东方财富网针对优选货币基金推出了理财工具“活期宝”，后又推出了“定期宝”，大幅降低了理财门槛，满足了用户的多样化理财需求。近年来，东方财富网在其原有基础上进一步完善和丰富了其内容所涉及的领域，主要包括财经、股票、全球、基金、市场、新股、理财、个股、商业、股吧、研报和直播等财经信息和金融资讯领域，提供证券交易、电脑手机开户、基金交易、基金导购、基金估值等一站式服务，并在传统网站投放形式之外逐渐拓展了H5、活动合作、自媒体、直播等广告投放方式。同时，通过细分用户市场来进一步明确用户定位，确定其受众群体是在基金、股票、期货、证券等经济领域具有较高消费水平、强烈投资愿望和专业财经知识底蕴的用户，为华南地区广大的投资者和金融机构提供优质的产品与全面的服务。

在营销方式方面，东方财富网根据互联网发展阶段特点和用户获取信息的偏好不断摸索新的互动整合营销方式。首先是在网站的各大流量聚焦点进行通栏广告、浮标广告等传统硬性营销广告的投放。其次是通过发布软文，制作人物访谈、视频节目等方式来进行软性营销，使用户在潜移默化中接受广告所要传达的主题和信息。同时也通过开展行业沙龙、论坛互动和相关评选等活动来进行活动营销，打造线上线下闭环模式，进一步提升用户吸引力，扩大用户规模。最后，东方财富网也会通过建立线上交易区、在线路演、组建财经俱乐部等方式来进行特色营销，切实迎合了网站上各类金融产品和机构的营销需求，积累了大量财经金融领域的网络营销经验。

（二）和讯网

和讯网成立于1996年，是国内首个专注于财经资讯的垂直网站，也是国内唯一同时持有互联网新闻信息服务许可证、信息网络传播视听节目许可证和证券投资咨询资质的网站。每月的用户覆盖量超过了六千万，全年的用户覆盖量超过了一亿。2003年，和讯网设计了“大财经”的概念，致力于把和讯网打造成中国第一财经门户网站，逐步将网站提供内容从简单财经资讯服务扩展到更全面的理财服务上来，开始在网站上开设理财、房产等栏目。2004 年，和讯网提出了“回归互联网，做大财经门户”的发展战略，突出体现“资讯 + 服务 + 社区”三结合的商业模式。和讯网的三大板块主要包括涉及财经生活方方面面的资讯板块，提供互动交流、投资指导的社区板块及提供会员理财服务、机构服务等的服务板块。

自 2004 年开始，和讯网开始向以个人门户为基础、社会化网络为组织、Web 2.0 技术为支撑的社区类门户网站方向发展。近年来，为迎合移动互联网时代用户对财经资讯需求的变化，和讯网越发注重内容的可信性，通过注重对其品牌的塑造来树立和讯网的良好信誉，力争得到用户的尊重和支持。和讯网也非常强调其提供的财经资讯和内容的即时性和完整性，力求 60% 以上的讯息能够做到第一时间发布，同时尽力保证信息在正反面、历史总结和未来预测等方面的完整性。

除此之外，和讯网在原有内容以股市理财信息为主的基础上不断扩大其内容覆盖范围，主要涉及新闻时事、数据科技、房产汽车、基金外汇、银行保险、行情理财等专业财经领域及泛财经领域，提供名家直播、财道社区、理财客、期货大赛、期货联盟和 App 下载等服务。针对用户定位的分众化趋势，和讯网进一步细化其用户市场，将主要受众群体明确定位为不断崛起的新兴中产阶级，满足新兴中产阶级用户日益增长的多元化投资理财和财经资讯获取需求，力图打造出一个兼具财经资讯信息、投资理财工具及金融数据产品的价值互动平台。

（三）新浪财经

新浪财经成立于 1999 年 8 月，现已成为全球华人社群首选的财经信息门户网站，在财经网站领域占据了超过三分之一的市场份额，并始终保持绝对的领先地位。2012 年，新浪财经开发出财经会议、互动平台、金融业界等服务项目，为用户提供贴心、便捷的金融服务。2014 年，新浪财经打造了金融数据应用和数据分析团队，上线新浪数据中心，与南方基金达成大数据战略合作，在金融创新方面不断探索，将大数据与金融行业融合发展。

近年来，伴随移动互联网和智能手机设备的应用普及，新浪财经不断创新发展，其内容特点是即时传达财经金融、资本市场最新资讯，打造丰富内容专栏，致力于做成面向全球华人的综合财经平台。新浪财经开始探索在网站上打造新闻专题对财经信息和资讯进行深度挖掘，利用即时图文直播、事后视频回放和为关键词加超链接等方式来进行发布会现场信息发布及为用户提供财经信息的解读。同时，新浪财经在其原有基础上进一步完善和丰富其内容所涉及的领域，主要包括股票、基金、期货、外汇、黄金、债券、理财、银行、保险、信托、专栏等专业财经领域，并提供数据分析、学投资、意见领袖独家专栏、股市汇等服务。新浪财经主要受众是以企业高管和政府经济决策部门人群为主的高投资需求、高价值的用户。

此外，新浪财经通过细分用户市场来进一步明确用户定位，针对主要目标消费者，提供高端新闻资讯，深入解析探讨业界重要会议和重大事件，不断提升财经新闻独家率和原创度。而针对广大非专业财经业界用户，新浪财经也推出了金融超市、金融产品在线咨询等系列实用、贴近民众日常生活的财经产品，也获得了这部分用户的青睐，提高了新浪财经的市场占有率。

（四）财经网

2007 年，《财经》推出网络版，名为《财经》网，2008 年 1 月更名为“财经网”，从杂志电子版扩充为财经新闻网站，积极构建一个以财经证券、金融管理、投资理财内容与服务为主的信息平台。财经网延续了其杂志的编辑理念，是每日实时更新的全原创、高品质、可信赖的财经新闻网站。从 2008 年起，《财经》杂志建立了杂志和网络两个平台，两个平台拥有统一的指挥中心，负责确定网络主题和选择头条新闻等，也拥有同一个记者队伍。在财经网建立初期，杂志和网络的融合过程中存在编辑和记者角色转换困难，采编记者短平快新闻稿书写、摄影摄像技能缺失及杂志与网络新闻稿质量周期性波动等问题。

近年来，财经网在其原有内容基础上进一步完善和丰富了其内容所涉及的领域，主要涉及资本、金融、产经、汽车、科技、地产、生活等财经和生活领域，并提供证券股票预测、国家企业经济政策解析、房产信息、生活频道、海外频道、评论频道等服务和资讯。财经网通过细分用户市场来进一步明确用户定位，确定目标受众为中国个人和机构投资者，致力于发展成为中国财经证券和股票领域的领先门户网站。财经网自成立以来一直在积极探索与财经内容供应有关的业务，致力于构建一个以财经证券、金融管理以及投资理财内容和服务为核心的信息平台。

随着新传播技术持续发展，媒体融合程度不断加深，媒体可以将更加个性化、更具趣味性、高质量、定制化的内容推荐给用户，而处于传统媒体和新媒体之间的财经媒体官方网站，更应寻求有效转型方式来应对市场竞争压力和挑战。财经媒体官方网站急需在打造品牌特色、提升网站内容差异化方面采取有效措施，如设计专栏板块加强与用户之间的互动性，丰富资讯报道，对专业财经信息进行通俗化解读，准确把握受众需求，做好精准定位，提升财经记者新闻素养和数据处理分析能力等，以此来不断提升自身竞争力和影响力。同时，当前伴随经济领域不断拓展，财经新闻的覆盖面拓宽，财经媒体应在保持信息发布效率和速度的基础上进一步增强财经新闻的专业性，并将专业与通俗适度结合，逐渐向有深度和独家见解的财经媒体发展。

三、财经类微信公众号的兴起

（一）“央视财经”公众号

2015 年，央视财经入驻微信平台，打造了自己的官方微信公众号，并将其定位为专业化频道的财经资讯发布平台，核心是为用户提供专业财经信息，一直坚守“为国家经济建设服务，为大众经济生活服务，为企业发展服务”的定位，为用户提供权威经济政策解读、新鲜市场资讯及深度分析解读等。

“央视财经”公众号在运营初期存在很多问题，如一天只推送一条多图文信息导致新闻及时性不足、内容过于专业不利于用户理解记忆、运营团队不够完善使推送内容过于单薄等。后通过对拍摄素材进行精心加工和最大限度利用，提升微信推送内容的综合性和梳理性，将财经新闻的专业性与通俗性相结合，力图将复杂难懂的财经问题通过简单形式为用户讲述，完善运营团队、充实团队力量以争取用户，抢占财经媒体市场份额。“央视财经”公众号不断积极探索新媒体内容的生产模式，截至 2024 年 10 月，“央视财经”分为财经资讯、正在直播、精彩聚焦三个频道。其中，财经资讯频道分为《市场动态》《名家看市》两个栏目；正在直播频道包括《正在直播》《3 · 15 专区》两个栏目；精彩聚焦频道则包括《金牌新字号》《寻百强看中国》等栏目。

“央视财经”公众号相对来说内容更加注重专业财政和经济领域，视角更加站在促进国家发展和便利民众生活的角度，报道选题、报道标题写作、报道中所用话语，也更加官方、权威和专业。例如，选题关注人民币汇率变动、脱贫攻坚最新进展、城市落户政策更新、摇号限购所带来的影响等，《18 年了，美国总统再次参会达沃斯　释放什么信号?》《3 · 15 权威发布！刚刚，“2018 年十大消费侵权事件”揭晓》《2 年后，智能汽车新车占 50%?! 汽车电子行业迎来大机会，企业纷纷布局》等报道标题紧密结合时事和最新经济变动，用词专业准确，且客观性强。

（二）“凤凰网财经”公众号

“凤凰网财经”公众号主要为全球华人提供财经服务，致力于全天 24 小时运转，传递及时、准确、全面、专业的财经金融信息，以独到的价值判断、独立的报道角度，覆盖财经、股票、基金、理财、金融、商业、消费等领域。截至 2024 年 10 月，“凤凰网财经”公众号主要有消息、视频号、服务三大板块。其中的品牌栏目主要有《财经连环话》《凤凰网股票》《凤家尚品》《风暴眼工作室》。“凤凰网财经”公众号在关注专业财政和金融领域以外，也注重对民生热点的分析报道，如报道内容既涉及股价波动、基金涨跌、企业市值等，也涉及房价、新兴科技、影视娱乐等领域，对专业财经投资者的专业性需求和大众用户简要了解与生产生活紧密相关的财经知识的需求进行了兼顾。

（三）“每日经济新闻”公众号

《每日经济新闻》于 2004 年 12 月 9 日创刊，其旗下的新媒体平台为每经网，是中国主要的原创财经媒体之一，随着互联网和移动智能设备的不断发展，《每日经济新闻》开通了官方微博、微信账号，为用户提供多平台互补、多元化的信息咨询及投资服务。面对信息技术更迭给传统纸质媒体生存环境带来的巨大冲击，以及手机逐渐取代杂志成为用户获取新闻信息主要方式的生存现状，每日经济新闻积极探索全媒体发展方式，开始入驻微信公众平台。

“每日经济新闻”公众号致力于为经济政策制定者、金融证券人士、经济管理人士、经济研究人士及相关专业投资者，提供覆盖理财投资、证券金融、基金外汇等专业经济领域和房产、科技、时尚、汽车等日常生活热点领域的财经新闻资讯，深度解读财经政策，不断提升其在经济领域的影响力。初期，每日经济新闻在拓展公众号业务时面临新媒体技术人才缺乏、员工对新媒体平台持怀疑态度的思想意识难以扭转、采编流程需进行改变等多重挑战，后通过不断引进掌握新媒体技术的专业人才，采购最新图片处理和拍摄设备，采用鼓励机制对记者进行多次培训，对运营团队内部架构进行重新调整和结合多媒体平台来进行微信推送的二次传播等方式逐渐提升其官方微信公众号的传播效果和影响力，使其不断朝着全媒体化方向发展。截至2024年10月，“每日经济新闻”公众号主要分为三个板块：消息、视频号、服务。主要品牌栏目有《掘金大赛》《超级个体》《每经头条》《每经热榜》《每经融媒》。

“每日经济新闻”公众号所推送的新闻报道多偏好采用悬疑式标题来吸引用户注意，促使用户点开全文进行阅读，如《这是什么神仙节目？网友：“再来亿遍”！》《农村大龄男青年结婚难：新“三大件”重如山，有的要花上百万》《部分作品被指侮辱女性！B站遭品牌方拉黑，股价大跌，刚刚紧急回应……》等。除此之外，“每日经济新闻”公众号也常用接地气、俏皮式语言表达方式，来提升财经报道整体的趣味性，如《3小时2次道歉！茶颜悦色摊上事了》《春节抢红包遭吐槽：“一顿操作猛如虎，一点红包一块五”》等。

（四）“吴晓波频道”公众号

伴随着社交媒体不断发展，传统媒体的影响力逐渐下降，公众更加倾向于利用新媒体和新技术渠道来获得财经资讯信息。因此，专业财经记者和作家吴晓波停掉了传统媒体和网站的写作，开始采用通过微信公众号推文和以爱奇艺为主的视频网站视频投放相结合的方式进行财经信息和资讯的传播。2014 年“吴晓波频道”公众号成立，2016 年起开始探索跨平台的内容分发模式，与网易财经、喜马拉雅等平台和渠道进行合作，进一步拓展其财经内容传播范围和传播方式。同时也开启了电商平台，依托其庞大用户基数和平台吸引力探索多元化商业盈利变现模式，开始出售知识付费类产品。“吴晓波频道”公众号具有内容原创比例高，继续保持原创性稳定性内容生产，密切结合社会话题性和热点性事件来引起用户关注，内容呈现采用图文结合形式，呈多元化趋势及资讯内容主要围绕泛财经领域进行传播等特点，能够最大限度地满足用户多样化信息获取需求。

现如今，“吴晓波频道”公众号进一步细化受众群体，将其用户定位为新中产人群，提供泛财经的知识、信息及对新闻资讯的态度和看法，截至 2024 年 10 月，主要分为三个板块：听见吴晓波、在线客服、积分兑换。其中听见吴晓波板块分为：细读商业经典、超级会员、吴晓波圈子、学习中心。在线客服板块分为：免费领读书会员、兑换课程、App 专属礼包、购买年终秀门票。积分兑换板块分为：App 免费下载、季度讲堂、标杆工厂、加入出海联盟。

“吴晓波频道”公众号相对来说更加注重商业价值变现，会引导用户来听其团队开发出来的学习监督 + 实操作业 + 分享答疑训练模式的财经知识音视频课，如《每天 10 分钟，总编带你学理财》。同时，注重打造和维护粉丝社区和圈子来更好更快实现内容变现，通过设置功能板块来将公众号粉丝转向自身私域流量池，实现用户生态圈的闭环。例如，该团队发起的“新匠人新国货促进会招募令”，通过宣传能够听到专家的经验分享、与核心高管进行跨行业深度交流学习等线上内容，来引导用户到线下场景，邀请部分粉丝深入产业一线进行实地访学，来提升粉丝对国货品牌升级和流量的认识，从而实现线上线下联动，进一步提高粉丝黏性、发展粉丝经济。“90 门召集令”的定位和口号是“由吴晓波发起的 90 后精英社群”和“找一群喜欢的、靠谱的同龄人，一起做有意思的事”，社区核心卖点是导师传思路，师兄给方法，亲自辅导，针对性解决会员自身问题，严选社区成员和有效的劝退机制。该公众号主要是通过售卖团队打造的书籍、音视频课，收取活动会费，招募经销商及软硬广植入等来实现内容变现，为团队获得盈利。

随着微信公众平台功能不断完善、用户日益增多，财经类媒体纷纷在微信公众平台上开设财经栏目。初期财经媒体微信公众号内容、表现形式多以单纯文字为主，偶尔配图，总体来说形式单一、枯燥。内容主要是对其在报纸上已刊登的新闻进行完整搬运，对重要片段进行截取或是对网上相关经济知识进行有机整合，缺少原创性财经新闻报道和经济信息深度解读。后为迎合用户对财经资讯日益提高的需求，财经媒体开始打造专业化运营团队，提升新闻记者在数据可视化、深度解读报道、新闻热点发掘等方面的能力，逐渐在微信公众平台上为用户提供音频、信息图表、视频、小程序投票等具有丰富性、趣味性，可视化的财经新闻报道，便于用户理解和记忆，迎合用户碎片化阅读习惯，在一定程度上加强与用户间的互动，迎合用户移动互联传播环境下的需求和特性。

除此之外，财经类公众号也在针对社群或圈子打造线上线下联动活动，来提高用户活跃度，提升原创内容比例，拓展报道内容的全球化视野，在讲好财经故事等方面也在不断探索和进步。但目前财经类公众号还存在难以协调兼顾财经新闻专业性和用户大众化阅读需求、对用户留言和互动重视度不够、缺乏媒体团队专业运营管理理念、缺乏打造优质品牌意识等问题，财经媒体还应继续采取打造精品内容、运用全媒体融合渠道和新技术新形式进行推广、为用户提供多元化定制服务、提升国际话语影响力、不断探索内容付费和流量变现模式、促进公众号运营品牌化与社群化等针对性措施，来提升自身竞争力和影响力。

四、财经类短视频账号的出现

（一）“央视财经”抖音号

“央视财经”抖音号在选题上并不完全聚集于财经领域，报道选题呈现多样化特征，例如，有《北上广深 4 个一线城市房价涨了》《62 年老牌国企，三位高管被查被抓，公司或将面临退市》等财经方面的专业内容，有《三个不良习惯影响手机支付安全！看看你中了几条?》等泛财经内容，还有《炸藕夹、蒙古果子，我最怀念的家乡年味是?》《10 年骗了 2 亿！央视揭假活佛，发展弟子 3000 多人，强奸猥亵数名女弟子》等贴近生活热点的知识普及类内容，能满足大部分用户了解财经资讯、普及财经知识的需要。从叙事角度来看，主要是新闻主持人或专家，以第一人称视角和专业口吻解释财经政策、经济变动，以对新闻现场进行视频拍摄和剪辑为主。在视频制作技术方面，其镜头拍摄手法主要是采用固定镜头对人物主持或访谈进行拍摄；字幕设计手法主要是对视频关键信息用以黄色为主、白色为辅的，能引起用户注意的字幕颜色进行突出显示，并对视频字幕中的关键词和关键数据进行加粗着重处理等。

除此之外，“央视财经”抖音号在记者选择方面倾向于选择在财经领域专业性强，能够用口语化、通俗化语言来播报的记者，进而提升受众对播报内容的理解力，为受众提供更好的财经信息解读服务。在未来，“央视财经”抖音号可以结合大数据技术采用多种视频编辑形式，如加入彩色动态图表等，来使财经新闻更加明确。“央视财经”抖音号还可以对财经新闻工作人员进行定期培训，提升工作人员的信息辨别能力，使其得以对视频来源进行控制，提升“央视财经”抖音号内容的真实性和公信力，进而真正做到为用户提供权威的政策解读和最新的市场资讯。

（二）“直男财经”抖音号

“直男财经”抖音号成立于 2021 年 2 月，其主要是对贴近用户日常生活的经济现象进行趣味、通俗性解读和评论，从而为用户生产生活提供指导，如《小镇青年年薪 15 万，收入比肩苏锡常，为啥这么刚?》《是谁心态崩不住，报复性卖房?》《学区房凉了，我的小祖宗怎么办?》《体育大年，为何成了直男噩梦年?》《还屯粮呢？为啥说现在最该做的事是去吃烤串?》等。从叙事角度来看全部是采用第一人称视角，以调侃、夸张等趣味性强的口吻，对经济生活现象发表自己的态度和评论，来为用户解答疑惑。在视频制作技术方面，其镜头拍摄手法主要是采用固定镜头对人物主持或访谈进行拍摄；在视频封面制作方面，采用图文结合的技术手法，既呈现讲解员的照片，也呈现概括视频主要内容信息的，以紫色、蓝色为主的加粗文字标题；在字幕制作技术方面，会根据视频内容适时配上形象化小图标来帮助读者理解记忆；在视频配乐方面，以快节奏纯音乐为主；等等。

目前，“直男财经”抖音号成立不久，还存在视频生产者缺乏专业化内容生产团队，导致视频内容发布时间不固定，内容质量不够稳定，以及选题不够适应抖音平台流量引流方式、更加注重泛娱乐化，对财经资讯的专业性与深刻性有所忽视等问题。

（三）“巫师财经”抖音号

“巫师财经”抖音号成立于2020年6月，其内容主要聚焦于和资本相关的事件，例如《中国资本内斗：万科争夺战》《中国偶像产业的崛起》《杨超越资本博弈》《经济犯罪赌博资金链揭秘》《小红书的资本博弈》《资本战争：保时捷恶意并购大众》等，涵盖明星、App、企业等诸多领域。“巫师财经”抖音号在进行讲解时，大多将事件分为上、中、下三个片段，将需要进一步详细展开讲解的事件分为六、九、十二个片段，并会对年度资本大事件进行汇总整理，并进行专题讲解。从叙事角度来看，多以平淡语调、快语速的画外音方式，进行事件历史背景回顾和存疑解答。在视频更新频率方面一般以3～6天为周期，更新频率不稳定。在视频制作技术方面，主要是采用对与内容相关的视频素材进行剪辑整理，或以延时摄影等空镜头配合画面播放的方式；在视频封面制作方面，采用图文结合的技术手法，多选择与讲解事件相关的深色、较隐晦的图片和大号加粗白色字体来呈现视频主题；在字幕制作技术方面，以白色中英文双语呈现为主等。目前，“巫师财经”抖音号存在原创内容生产力不足，有抄袭、洗稿嫌疑和视频生产内容质量和频率不固定等问题，亟须通过招揽新媒体技术人员，完善运营团队、提升内容原创性来获得视频竞争力等方式进行发展提升。

自2016年起，移动短视频呈现井喷式发展趋势，市场热度不断提升，并提供大量商业化和流量变现机会，主流财经媒体和财经自媒体纷纷入场，逐渐成为新热点。目前，学术界尚未对“财经短视频”有规范性定义，因此，尝试以财经+短视频的方式为其定义，即财经短视频是以财经为主要内容，以移动互联网为主要传播渠道，播放时长在5分钟以内的网络视频内容产品。①

因财经媒体大多入驻短视频平台较晚，还未形成较成熟的短视频操作模式和经营理念，目前财经短视频在内容制作方面大多存在以下问题：在画幅制作方面仍保持适用于传统视频平台的横画幅制作手法，没有采用迎合移动短视频平台的竖屏画幅制作方式，不方便用户使用手机进行观看；在内容生产方面，如讲解内容选题、讲解背景、讲解语言风格等，存在同质化严重的现象，使用户产生审美疲劳，进而造成用户对视频内容失去兴趣、降低好感，因此，财经短视频媒体一般流量相对较少，在阅读量、点赞数、评论数、关注数和转发数方面数据较小，且数据大小分布不均匀；不注重短视频评论区的维护、让用户有距离感等。

为此，财经媒体在今后的发展过程中应着重转变财经内容视频化制作观念，在制作技术方面，应选择与讲解内容风格适配性高、具有着重突出功能的字幕色彩，符合短视频内容讲解节奏的背景音乐及多样化、丰富化的镜头转换方式等来不断提升财经短视频制作技术；在内容生产方面，应注重定期产出高质量、专业严谨、迎合用户兴趣的原创作品，持续输出优质内容，不断提升原创性内容生产质量；在内容投放方面，应运用算法机制来实现对用户的精准推送，同时也要注重不断提升和完善短视频的场景化分发方式；积极探索财经短视频流量变现和盈利方式，为短视频媒体带来稳定的收益等。通过这些方式不断提升用户观看兴趣，为其提供更好的观看体验，进而吸引用户主动订阅，提升自身市场占有率和市场竞争力。

---

① 王晨．财经短视频的内容生产和传播效果研究[D]．成都：西南财经大学，2019.

第六章

中国财经新闻传播的发展路径与趋势

改革开放四十多年间，中国财经新闻传播历经变革，形成了独特的发展路径，包括财经新闻内容的生产和品牌的建设、多元盈利模式的创建与多场景体验的打造，以及经济发展驱动下的财经媒体变革。在这一过程中，经济体制的变革始终是财经新闻发展的核心动力。与此同时，媒介技术的不断革新、媒体管理体制的制定、财经市场容量的扩大以及社会多元化的发展也加速着中国财经新闻传播的演变。

然而，当前中国财经新闻仍然存在着内容上国际化程度不足、融合深度不够等问题，财经新闻传播不同于其他类型的传播，在表现形式上也较为单一，同时舆论监督缺乏动力。这些问题亟待解决，以推动中国财经新闻传播迈向更高水平。

第一节　中国财经新闻传播的发展路径

一、财经内容生产与品牌建设

作为以经济活动、经济现象、经济决策最新事实和情况报道为主要内容的财经新闻，是关系到国计民生和人们切身利益的新闻，因此无论是在以报纸、电视、广播为媒介的传统媒体时代，还是在以网络为媒介的互联网时代，纵观中国财经新闻传播的生存与发展历程，从短至寥寥数语的简讯，到长至数万字的长篇通讯，无论舆论生态、媒体格局和传播方式发生怎样的变化，在报道中凸显鲜明立意，为受众提供有价值的、高质量的信息，坚持以客观事实为依据进行高质量的报道，始终是财经媒体能够得到长足发展的关键所在。

与此同时，中国的财经新闻传播发展也呈现紧随经济体制变化的特殊性，在不同的经济体制背景下，中国的财经新闻传播报道内容也有着不同的侧重。计划经济时代，中国的财经新闻被学者更多地定义为“经济新闻”，这一时期的内容以宣传先进人物、解释问题、总结经验为主，多局限于较为狭窄、简单的经济领域，选题往往直接来源于政府指令，密切配合政府经济政策的实施。

而在改革开放，特别是1992年确立建立社会主义市场经济体制的改革目标后，随着资本市场的日渐成熟，中国的经济活动日益丰富，人们希望通过媒体多角度多层次地及时了解到市场动态和变化背后的内涵，对财经媒体的信息分析、总结、预测能力的要求增强，与此时的市场经济体制和受众的需求相适应，报道的内容、题材与体裁逐渐丰富起来，“财经新闻”

开始崭露头角。媒体的产业属性也渐渐确定，发展越来越快，竞争也变得激烈，市场细分成为财经媒体间的主要竞争策略，在内容生产层面，财经媒体的报道内容覆盖了证券、金融、IT、市场营销、企业管理等领域，涉及商业、工业、农业等各个行业；在服务群体层面，财经媒体更加垂直细分，不仅为个人用户诸如业余财经爱好者、专业财经人士等研制产品，还为机构用户提供定制服务。

以新华社新闻研究所所长陆小华的分类标准划分，中国的财经新闻传播逐渐形成了以《经济日报》《市场报》为代表，定位于权威的经济专业报纸的泛经济型财经媒体；以《证券市场》周刊等三大证券媒体为代表，专注于资本市场领域的证券型财经媒体；以《经济学消息报》为代表，具有一定学术性的经济专业型财经媒体；以《中国经济时报》《中国经济导报》《中国产经新闻》等为代表，以特定行业为立足之基的行业依托型财经媒体；以《财经时报》《21 世纪经济报道》《经济观察报》等为代表，用经济的专业视角去报道和解读新闻事件的新财经媒体。①

随着市场与经济相对于政治的影响力越来越大，长期受行政干预和行业垄断的传统财经媒体难以再满足受众多变的要求、适应新时期的市场化竞争，而不断涌现的新财经媒体则为中国的财经新闻传播注入了新的活力，加速了中国财经新闻传播市场的洗牌，而在受众有限的注意力下也形成了日趋激烈的媒介市场竞争，因此树立一个良好的品牌逐渐成为财经媒体构建自身核心竞争力、实现差异化竞争、提高受众市场占有率的必要手段与关键所在。

回顾改革开放后中国财经新闻传播的发展，在财经媒体的市场竞争中也涌现了许多优质的财经媒体品牌，其凭借在质量、形式、服务、信誉、市场占有率和市场回报率等方面的优异表现，打造了独具特色、个性鲜明的媒体品牌，从而吸引了大量的受众、占有了较大的市场份额。

例如，作为中国市场化财经媒体代表的《财经》杂志，自创刊之初就秉承着“独立立场、独家报道、独到见解”的理念，在新闻专业主义精神

---

① 关妮纳．从文本和受众因素分析我国新财经媒体品牌建构[D]．南宁:广西大学,2011.

指导下，通过缜密调查、简洁叙事的深度报道与解析揭露社会乱象，赢得了“扒粪者”的声誉，获得了较高的社会影响力与公信力。

创刊于2001年的中国最大的商业报纸《21世纪经济报道》，始终坚持“新闻创造价值”的经营理念，以优质的深度报道分析中国资本市场、金融、企业的变化，同时也以宏观和政经视野关注国际经济形势，在以“新闻创造价值”的经营理念下成为中国财经报纸的领导者。

以企业报道见长的《中国经营报》，恪守“为改革开放鼓与呼，为市场经济的实践者出谋划策”的办报宗旨，最早对商战、市场微观层面的活动等进行报道，服务于中国的商务管理阶层，被赞誉为“一个时代，一张报纸”。

以分析性报道为主的《经济观察报》，将中国社会拥有财富、拥有权利、拥有思想、拥有未来的“四有新人”作为读者对象，依靠专业的报道、规范的写作、独到的视角，以打造全球商业分析、资讯领域排名第一的华文媒体集团为目标，传达着新兴的、行动能力强的价值观和生活态度。①

可以看出，这些财经媒体都通过在新闻专业主义精神指导下生产的优质内容、明确的市场定位下差异化的竞争实现了媒体品牌的构建，而媒体品牌的建立与维护，也逐渐成为中国财经媒体快速成长为主流媒体的必要条件。伴随着中国财经新闻传播的发展和中国经济地位的不断提升，未来中国财经媒体应更加注重财经内容的品牌化效应，不仅在国内市场，还应在国际市场上打响品牌，让中国声音传播得更远。

二、打造多元盈利模式与多元场景体验

改革开放前，鉴于中国传媒行业是党的“耳目喉舌”的特殊属性，政府对财经媒体的管控力度较大，制度逻辑在中国财经新闻传播的市场结构形态中起着奠基作用，由审批制、主管主办制、行业管理制和属地管理制

① 聂元建. 论平面财经媒体的品牌构建——以《21世纪经济报道》《经济观察报》《中国经营报》三大财经报纸为例[D]. 广州：暨南大学，2004.

构成的中国传统媒体管理的四大制度，从资格审查、市场准入、成本补贴等方面对传媒市场进行了管理；再加之，这一时期的传统媒介技术无法解决传播半径的问题，平面媒体中的中央级以外的财经媒体难以进入全国性市场，广电媒体中上星频道以外的财经媒体无法拥有本区域外的其他用户，财经媒体的覆盖率按中央级—省级—市级—其他的层级属性依次递减，进而导致了以行政为导向的中央级媒体成为财经媒体市场的先驱者，这部分财经媒体得到赋权，优先获得资源、占据市场，形成了自中央到地方的伞形竞争格局。在这样的行政壁垒保护与媒介技术限制下，财经媒体为实现最大限度的用户规模，大都选择了大众化的市场定位，并将二次售卖作为主要的盈利模式，财经媒介市场丧失竞争活力，媒介市场的垄断格局逐渐形成。

随着改革开放，特别是社会主义市场经济体制的确立，市场经济得到蓬勃发展，数字技术消融了时间边界与地域边界，财经媒体的内容生产速度与信息传播效率得以快速提高，财经媒体的生产主体越发多元化、传播主体逐渐多样化，财经媒体市场竞争得到激化，变得十分激烈，进而消解了管控制度的行政力量，政府开始简政放权，商业逻辑和技术逻辑成为影响财经媒体竞争格局的两大力量。

虽然传统媒体的政治庇护的市场竞争优势逐渐消失，但在采访权、专业采编队伍等的加持下，传统媒体仍具有权威性、中心性以及社会地位授予功能，在财经内容质量上仍有着无与伦比的优势。因此，在新的环境下，传统媒体转型成功的关键在于颠覆传统报业商业经营的旧模式。面对互联网碎片化阅读、内容免费但质量参差不齐的情况，作为传统媒体的重要收入来源的报纸订阅服务难以继续实现，但传统财经媒体依旧可基于内容优势进行多方位的市场竞争，例如，央视财经频道依托于其对内容专业性的超强把控力，开通了官方微信公众号“央视财经”，并很快以绝对的优势碾压了其他财经账号。

互联网经营思维也是传统财经媒体能够在新媒体化的优胜劣汰过程中焕发新的生机的关键所在。21 世纪初，学者林如鹏就提出跨媒体、跨区域、跨行业是中国媒体走向媒体融合的必由之路。在媒体融合的探索过程中，真正意义上走出单一媒体集团、建设成为具备多种媒体形态的传媒公司，尤以“第一财经”最具代表性。作为中国最具影响力、品种最完整的财经全媒体集团，第一财经旗下拥有第一财经 App、第一财经网、第一财经电视、《第一财经日报》、第一财经杂志、第一财经研究院、第一财经商业数据中心，以及面向全球财经人士的一财全球，是中国众多媒体中率先脱离地域色彩和行政称谓，拥有多种传媒形式的跨地区、跨媒体的财经传媒公司，同时它也是许多财经资讯产品、公关产品、论坛、商务活动的提供商和策划商。

此外，拥有“两报两台三刊四网两微一端”财经全媒体矩阵的南方财经全媒体集团，旗下包括《21 世纪经济报道》《21 世纪商业评论》《投资快报》《快公司》《城市画报》及经济频道、股市广播、财富动力网、南方财经网、21 经济网、21 财搜网、21 财经 App 等平面媒体、广电媒体、新媒体，该集团以共享经济作为一种重要的经营模式，提供财经资讯、数据服务、股市直播、VIP 增值、会员定制等服务，同时以交易平台为目标，紧抓产业、电商、新媒体，做大文化交易平台，推进文化产权交易、文化企业投融资、文化产品金融创新等业务。①

适应互联网发展趋势，这些新媒体化后的传统财经媒体延续内容优势、厚植于互联网财经资讯领域，逐渐形成“报、网、端、微、视、屏”全方位、多维度的全媒体矩阵，进而构建适应时代与自身能力的商业版图，不仅打造了区别于传统媒体时代的二次售卖的多元盈利模式，也为用户提供了多元化场景体验。

除了内容层面的竞争，伴随着新媒体技术的发展，搜索引擎、社交媒体、在线应用等新兴媒体平台的出现，也导致了财经媒体在平台上的竞争。20 世纪 90 年代，财经领域伴随着经济的腾飞而备受关注，人们生活水平提高，对财经信息的需求也日益强大且精细化，财经垂直网站应运而生，基于生态圈的构筑及积累，这些网站逐渐向平台化方向发展，积累了

① 孙梦. 改革开放 40 年中国财经媒体的成长路径研究（1978—2018）[D]. 郑州：郑州大学，2019.

大量的用户，在此基础上，这些财经垂直平台除了提供类别丰富的财经信息，还开发出种类繁多的专业财经服务，将用户引至多元业务之中，营收结构逐渐多元化，逐渐形成了范围经济优势。

例如，致力于为用户免费提供财经资讯的同花顺，通过为国内外各类机构客户提供软件产品及系统维护服务、金融数据服务、智能推广服务，为个人投资者提供各种投资理财分析工具，以及积极探索前沿技术的产品及应用，进而打造多元化盈利渠道，向互联网金融科技平台转型。起家于东方财富网的东方财富，利用技术创新推出主打社交的股吧，并上线了基金资讯平台天天基金网，进而留存了海量用户，成为垂直财经媒体中最大的互联网金融服务平台。依托早期母体资源的新浪财经，在 PC 端和移动端沿不同线路作战，打造出一个全新的财经门户平台，不仅实时提供财经资讯及全球金融市场报价，还提供覆盖股票、基金、期货、信托、理财、管理等多种面向个人和企业的服务，始终独霸门户财经频道市场。

这些财经新兴媒体审时度势，汲取互联网公司运营经验，融合传统媒体和新型媒体的优点，兼顾大众化和专业性，拓展多种业务，最终都逐步构筑起了互联网财经平台生态圈，为其用户提供了多样的产品服务，同时也建立了多元盈利模式，继而发展成为市场的头部力量。

三、经济驱动下的财经媒体变革

以经济信息提供为主要内容的财经新闻传播的发展变化始终都与所处时代的经济相关联，社会的经济基础在很大程度上决定了财经媒体的形态与报道内容。

改革开放前，中国社会以阶级斗争为纲，在高度集中的计划经济体制下，财经新闻传播也以政治为中心，扮演着“政治教科书”的角色。1978年，党的十一届三中全会开创了中国特色民主政治的新局面，此后，中共中央召开了全国新闻工作座谈会，提出要将新闻宣传与社会主义经济建设统一起来，并指出今后的新闻工作重心要逐渐转移到经济建设上去，这次会议标志着中国新闻媒体逐渐冲破为阶级斗争服务的牢笼，进而转向为人民服务、为经济建设服务。

20 世纪 70 年代末，以农村的家庭联产承包责任制为标志，中国经济体制开始发生变革，与此相适应，各大经济类媒体单位都把报道农村，尤其是把报道农村经济、农民的衣食住行摆在了重要的位置，财经新闻传播不再单纯进行政府宣传、发布政府政策，而是关注到普通群众生活中所关注的问题，与社会生活的关联更加紧密。1984 年，党的十二届三中全会提出有计划的商品性经济体制，同时指出在深化农村经济体制改革的同时，也要进行全面的城市经济体制的改革。社会主义商品经济概念逐渐被人们所接受，商品经济与市场机制的出现与逐渐活跃带来了新的经济现象与经济问题，新一代的经济类媒体不断涌现。中国的财经媒体不断进行自身的探索以适应改革开放的新趋势，在反映农村经济体制改革的同时，也全面关注了国民经济的恢复、整顿和发展。

1992 年，党的十四大正式提出了“建立社会主义市场经济体制”的目标，中国的现代化建设进入了一个全新的时期，除了传统的工业经济、农业经济等，在上海证券交易所和深圳证券交易所先后成立后，股票、证券、保险、期货等方面的金融经济也不断涌现，中国的“投资动力”促进了经济建设的迅速发展，市场变化与经济现象、经济问题、经济形势之间的关系逐渐成为财经媒体关注的重点，同时全国各地也掀起了创办证券报的热潮，《上海证券报》《中国证券报》《证券时报》三大证券报应运而生。1994 年以后，随着外贸出口市场的逐渐扩大，出口贸易也成为推动中国经济增长的一大动因，相应地，财经媒体也增加了汇率、进出口、国外经济资讯等内容。这一时期所创办的经济类报纸和杂志，利用自身拥有的行业资源，以读者的需求为本位挖掘独家的经济新闻进行深度报道，对经济现象与问题的分析、解释等都有着明显的时代特色，逐渐成长为行业内权威的综合类财经报纸和杂志；资本力量的进入，也使媒体在为受众提供经济资讯的同时，将媒体机构作为一个公司来经营，盈利能力成为衡量一个财经媒体是否成功的最重要的标准。

2001 年，中国成功加入世界贸易组织，全球化速度不断加快，中国逐渐融入了世界经济体中，国际贸易不断增加，中国的经济发生了翻天覆地的变化，诞生了很多跨国公司、跨国集团，信息的作用也日益凸显，大批高端经营管理人才需要了解更多全球化的财经资讯，以便于整合资源，进行战略扩张，财经新闻传播凭借其特殊的价值与专业性，吸引了一批专业素质高、黏度大、付费概率大的用户。与此同时，中国传媒业也积极地进行改革，为加速融入世界传媒业而不懈努力，财经类报刊、广播、电视频道、网站等媒体的数量与日俱增，一大批新兴的财经媒体也不断涌现，它们凭借自身独特的报道风格和运营模式，从发行到运作基本实现了自负盈亏，逐渐分割财经媒体市场。

2008 年，中国先后遭遇了南方冰冻、四川地震等自然灾害，同年的全球经济危机也让世界经济陷入了危机和困境，萧条的经济环境下，人们的经济生活受到了重创，普通受众普遍意识到了财经资讯和经济信息的重要性，及时分析全球经济形势已然成为财经媒体工作的焦点，中国的财经媒体市场逐渐细分化，呈现读者分层化、报道理念价值化、服务专业化。

自 2011 年以来，中国经济建设进入了高速发展阶段，在第十二个五年规划和第十三个五年规划的指引下，中国的经济建设不断实现新的突破，人们可支配性收入不断增加，消费结构也从生存资料消费向发展资料消费转变。随着全球化趋势不断深化，中国的经济结构不断升级与完善，沪港通开通、中美贸易摩擦、积极的财政政策颁布等重要的事件对中国经济产生了巨大影响，人们对国内、国际经济形势的关注度也在不断提高。中国的财经媒体凭借其强大的经济信息源和专业化的内容生产不断成长为受众获取财经资讯的渠道。在财经媒体产业中，兼具内容生产与渠道传播功能的财经媒体的内容生产在不断地向外扩展，关注的焦点也不断与时俱进。此外，在受众多元化的需求下，综合型的财经媒体不断细分为小众的、专业化的、精准的财经媒体。

回顾改革开放四十多年来财经新闻传播的发展历史，不难看出随着经济发展水平的不断提高，受众对财经信息的需求度也在逐渐提升，财经媒体也对市场的需求做出了相应的反应。经济发展为财经新闻传播发展的一个重要驱动力，在不同的经济条件下，财经媒体市场呈现了不同的形态，也相应地通过提供财经信息促进了经济的发展。在未来，财经媒体也必定会紧跟时代的步伐，同中国快速发展的经济一起“携手并进”。

第二节　中国财经新闻传播的发展动力

一、经济体制与资本市场的变革

纵观中国财经新闻传播的发展历史，可以看出其最大的特征就是发展变化紧随经济体制的变革，在不同的经济体制下，中国财经媒体的市场格局不断伴随着国内经济建设的发展变化而变化。正如学者辜晓进所谈到的，这是由客观经济规律所决定的，同时也是财经媒体市场内发展规律的反映，社会经济发展的每一个阶段，都必定会出现相应形态的媒体与之相适应。

新中国成立至改革开放前，中国实行高度集中的计划经济体制，财经新闻传播被看作党和政府宣传工作的一部分，依靠行政力量生存，其报道内容往往直接听命于政府有关部门的指令，以“报道人民生产劳动的状况，宣传生产工作和经济财政管理工作中的成功的经验和错误的教训，讨论解决这些工作中所遇到的各项困难的办法”为目的，新闻媒体主要分为相应的财贸、工交、农业等部门，其报道内容主要是为了配合党和国家的各项工作，而不是从读者的需求出发，报道集中于数字和成绩，文风较为单一。

1978 年，党的十一届三中全会确立了改革开放政策，中国开始以经济建设为中心，社会进入了全面转型时期，且改革最先从经济体制方面启动，之后逐渐向社会各方面渗透。在计划经济向市场经济过渡的这一阶段，与高度集中的计划经济体制与市场调节相结合的经济体制相适应，媒体的指导理念逐渐从单一的指令性宣传向“报道”转变，自第一份专业经济类报刊《财贸战线》诞生起，一批专业的财经媒体陆续建立，向群众告知经济动态成为这一时期新闻报道的特点。

1992年，党的十四大正式确立了建立社会主义市场经济体制的改革目标，中国社会进入了急速转型的快车道，市场化步伐日益加快，中国内地逐渐形成了国有资本、民营资本、跨国资本共存的格局，民众对市场力量的认同度也在不断提升，与之相适应，传媒业监督守望社会环境、预测社会发展面临的风险、为弱势群体发声、为社会公众利益诉求提供表达渠道及为决策者提供事实依据和意见参考的社会性功能不断增强，中国媒介的“事业性质、企业化经营管理”的模式也得到了确认，中国媒介从而大踏步地进入市场。财经类期刊异军突起，中国财经新闻传播在遵守党和国家法律法规以及新闻宣传政策的前提下，定位于财经领域的某个行业或某个层面，报道国内外经济发展的最新动态和未来趋势，新闻内容不仅有政府的视角，也有资本的视角，以及消费者和普通民众的视角。在“报道”理念的基础上，这一时期媒体也更加注重“解读”，财经媒体通过深度报道让受众明白事情背后的意义，对信息不断进行“解读”以满足群众多元化的需求。①

2000年以后，中国财经新闻传播进一步深化市场化探索，报道方式与运作方式均更注重受众需求，传媒产业的资本运作亦出现了突破性进展，部分媒体资源得以整合为媒体集团，形成规模效应。自2011年以来，中共中央先后制定了“十二五”规划与“十三五”规划，在两个五年规划的指引下，中国的经济建设不断实现新的突破，财经媒体凭借其强大的经济信息源和专业化的内容生产不断成长为受众获取财经资讯的渠道，为处在瞬息万变的市场经济中、经济学知识匮乏的普通大众提供市场经济走向的相关信息。

随着经济体制的日渐完善，财经类媒体逐渐成熟，中国财经媒体的发展几乎与中国经济体制的变迁同步进行，不同的经济体制下的财经媒体呈现不同的时代特色。

媒介社会学认为，传媒的内容是一个复杂生产过程运作的结果，是社会因素、政治因素和经济因素相互作用产生出来的特别的和与众不同的最

---

① 林晖．“双重转型”态势下中国传媒业发展战略[J]．新闻记者，2009(9)：22－26.

终产物，财经新闻传播亦是如此，社会主义市场经济体制的不断完善，为财经媒体提供了更大的独立性、资源性支持，同时中国社会结构、社会分层的出现以及加入世界贸易组织等经济行为，也为财经媒体的发展创造了条件。而财经媒体也因与经济领域的联姻，成为中国经济建设的枢纽，深刻地影响着中国经济的运行与发展，推动着经济的快速发展。[①]

二、媒介技术的不断更新与发展

正如伊尼斯所言："任何一种传播媒介都对知识的扩散发挥着某一方面的重要作用，只有深入考察媒介的技术特性，方能对媒介的文化功能做出准确的评估。"媒介技术每一次革新，都会带来深刻的社会变革，从传统媒体到自媒体，从传播主体到传播渠道，互联网技术的出现，不仅给人们的生活带来了方方面面的变化，也给媒体带来了彻底的突破与变革。

从传播内容来看，面对市场的瞬息万变，经济全球化趋势的不断加强，财经新闻内容的及时性与全局性也需进一步增强，而不断变革的媒介技术为财经新闻传播的创新与发展提供了巨大的可能，各类财经媒体的电子化、专业的行情网站、专业的金融数据服务公司、财经网站以及综合门户网站的财经频道等，使得互联网技术在财经新闻传播方面得到了广泛的应用，财经新闻传播呈现多层次、广覆盖、即时性、互动性的特点，财经新闻传播向着小众化、分众化、交互式传播的方向发展。

从新闻生产来看，基于大数据构建的财经数据库，在媒介技术的支持下对数据进行存储与分析，实现了财经数据的可视化呈现与报道；借助于人工智能等技术，写稿机器人已在财经金融信息领域采写行情、上市公司公告、财报、数据发布等稿件方面大显身手，从快讯、简讯到合成分析方面均有出色表现。

从传播方式来看，随着移动互联网的广泛普及、手机的智能化以及群众生活方式改变所带来的时间碎片化，技术的发展和用户消费需求的提

① 俞运宏，商建辉．媒介社会学视角下解析影响深度报道的宏观因素——以《财经》深度报道为例[J]．新闻知识，2013(12)：29－31.

升，促使新闻资讯内容获取渠道呈现出从线下到 PC 端再到移动端转移与渗透的态势。财经媒体为应对互联网的冲击、适应用户的阅读习惯、提升用户的阅读体验，也适时地对自身的运营策略加以调整。从 1997 年《上海证券报》开办电子版以来，各大财经媒体相继触网，商业化的网络财经媒体也纷纷涌现。从最初的传统财经媒体的各自为政，到媒体集团化出现后将文字搬到网络上，再到现在的自媒体时代，移动互联网成为内容分发的重要平台。艾瑞咨询数据显示，中国原创财经新媒体移动端用户在 2020 年下半年超七百万量级，并呈稳步小幅度增长态势，新媒体技术的发展不断丰富着财经新闻的传播接收方式。①

从传播范围来看，传统媒体时代的市场准入壁垒逐步被打破，内容传播也不再受限于地域的桎梏。因数字技术的发展，越来越多的人加入互联网世界，社会密度赶上了技术的步伐，社会群体中互联网这个生命空间逐步形成，传播空间从物理空间转变为虚拟空间，地域边界被完全溶解。在虚拟空间中，财经信息的传播结构是去中心化的，每一个用户都是一个交互节点，尤其是分享功能的设置，有着承上启下的作用，既能承接前一阶段的行动，也能触发分享者所在群体的注意和兴趣，形成新一轮传播，再加上用户相互影响的强大网络关系，财经媒体的信息流和影响流由单向线性模式转变为多向分布模式。从物理空间来看，财经媒体的传播范围不再局限于方圆几千米，传播能力也得到极大的提升。

新兴媒介技术的到来，不仅改变了传统媒体传播的内容、方式和形态，也对新媒体环境下的传媒格局产生了重要的影响。技术赋予了更多“人”以更多的话语权，财经内容的生产权不再仅仅掌握在少数财经媒体手中，信息传播的门槛不断降低，除了专业的财经媒体记者、编辑，专业的财经专家、业余的财经爱好者也成为财经内容的重要传播者，传统媒体赖以生存的环境被不断瓦解。在未来，财经媒体的发展将依靠强大的大数据技术、人工智能技术、算法推荐技术、物联网技术等，来推动自身向融

① 林功成，李莹，龚细和．财经报纸如何呈现信息——基于《21 世纪经济报道》和《中国证券报》的研究[J]．现代传播（中国传媒大学学报），2014，36（5）：57－63.

媒体、全媒体转型。财经媒体将不仅是单纯的发布信息的平台，而是逐渐成为通过大数据、算法等，以多元化跨界的内容来连接人与人、人与商品、人与信息、人与服务的媒介。

总之，随着市场经济体制的日渐完善，加之中国新兴中产阶级的不断壮大，以及加入世界贸易组织后中国经济的迅速发展，中国的财经媒体市场环境发生了翻天覆地的变化。随着媒介技术的革新和市场经济的日益繁荣，在新媒体环境下中国财经媒体不断进行媒介融合，在创新运营模式的基础上不断拓展产业链，实现价值变现。

三、媒体管理体制与市场格局的变化

新中国成立后，中国一直延续着中国共产党在延安时期的“党管媒体”的办报传统和理念，实行以行政管理为主的“党办媒体”（后来的“媒体国有”）和“全党办报”的新闻媒体管理模式，即使之后媒介进行了商业化的运作，但“党管媒体”的方针从未改变。但在不同时期，政府的调控作用有所不同，改革开放前，传媒产业的政治属性最为突出，国家接连制定、推出了各种政策，从资格审查、市场准入、成本补贴等各个方面，对传媒市场进行管理，财经媒体的主要功能就是为政府的宣传服务；1978 年后，伴随着改革开放，中国传媒业也开始了“事业单位，企业化管理”的改革尝试，直至 1995 年，社会主义市场经济体制逐步确立后，中国媒介的“事业性质、企业化经营管理”的模式得到了确认，国内出现了一系列市场化运作的报纸和电台，从前期的新闻报道、发行到经营与运作都实现了极高的市场化，其中广告收入成为其最重要的收入来源，从而打破了传统的单一的“媒体国有”的局面，媒介生态结构发生了实质性的变化。经过几十年的发展，中国财经新闻传播逐渐分为两种，一种是新华社、《人民日报》等国家级媒体主办的官方“喉舌”财经媒体，另一种则是地方兴办且增长速度和影响力明显更高的“市场化”商业性财经媒体。①

① 夏倩芳．党管媒体与改善新闻管理体制——一种政策和官方话语分析[J]．新闻与传播评论,2004(1):124－133,234,243.

除了宏观体制的媒介管理，财经媒体在发展过程中也制定了相应的内部管理体制。正如布尔迪厄指出的，新闻场是一个自主性极弱的场域，它是在自己专业标准建构的逻辑与追求收视率和市场份额的商业逻辑两种合法性原则的对立中构成的，因此，媒体应处理好发行、广告等媒体经营业务与社会认同之间的关系，降低经营业务对报道的干扰，确保深度报道的质量。以《财经》杂志、《21 世纪经济报道》等为代表的中国财经媒体一路走来，为保障报道内容的新闻专业性，其大多实行采编与经营完全分离的管理运作模式，编辑部只负责内容和版面，以确保记者、编辑免受利益集团的干扰，相对客观地进行新闻报道，而媒体的资金来源一般为广告而非政府财政支持，经济根基越来越和市场相连，一些财经媒体甚至筹划上市。

此外，自加入世界贸易组织后，中国经济发展一日千里，对财经媒体的发展也产生了深刻的影响。一方面，人们的生活水平提升，可支配收入不断增加，消费结构从生存型转为发展型，对财经信息的需求日渐增多。另一方面，资本力量也竞相入驻财经领域，财经新媒体领域的投资热度整体提高，财经媒体由此一路高歌猛进，市场规模逐步扩大。为降低内容同质化对竞争造成的影响，满足受众日益多元化、个性化的需求，财经媒体的内容生产涵盖范围更广，包含了证券、金融、IT、市场营销、企业管理等领域，涉及商业、工业、农业等各个行业，在服务群体层面，财经媒体更加垂直细分，不仅为个人用户诸如业余财经爱好者、专业财经人士等研制产品，还为机构用户提供定制服务。①

财经市场的容量扩大，也导致了进入者数量的急剧攀升，众多新生财经媒体的蜂拥而入给既有的市场带来了极大的冲击，使流量和利益需要重新分配，各大财经媒体平台也不得不使出浑身解数，不断延伸、整合产业链，从而巩固自身的市场地位，以南方财经全媒体集团、中国财富传媒集团、中国经济传媒集团、重庆上游财经传媒集团等为代表的媒体机构通过跨媒体、跨行业的媒体融合方式实现媒介集团化发展，以应对市场竞争、

① 管雅月．中国财经媒体市场结构研究[D]．长沙：湖南师范大学，2020.

巩固自身的市场地位。

放眼国际，在全球化浪潮中，中国在金融领域的话语权较弱，金融安全和信息安全受到威胁和挑战，建设有中国特色的金融信息平台，以掌握金融信息的采集权，有效维护中国的金融和信息安全成为现实所需，未来，中国的财经媒体还应在国内市场饱和的情况下，积极开拓国际市场，增强文化软实力，传递中国声音。

四、社会多元化与中国财经新闻传播的变迁

计划经济时代，财经媒体为政府的宣传工具，媒体市场没有细分，受众的需求被忽视，财经新闻传播报道对象都是以部门经理、厂长等生产者为主，这一时期的经济新闻将生产作为经济报道的主要内容，除生产的管理人员会对内容进行关注外，很难找到受众的共同兴趣，这种过于单一的报道内容对受众消费经济行为产生的影响微乎其微。

改革开放以来，中国不断推进市场化、工业化、城镇化和国际化进程，在“新四化”的推动下，社会经济、利益关系、组织形式和分配方式发生了深刻的变革，在邓小平同志倡导“让一部分人先富起来”之后，“投资行为”逐渐进入人们的生活中，再加上经济的迅速发展，人们的可支配性收入不断增加，逐渐产生了对投资理财等相关知识的需求，财经新闻通过普及财经知识，引导受众培养正确消费、投资理念和掌握风险知识等功能在中国经济健康发展中扮演着重要的角色。

随着经济的发展，人们的需求和思想观念也逐渐呈现多元化、差异化、独立化的特点，受众从被动的接受者成为消费者、投资者，需求更加多元化，市场分化加剧。与之相应，中国财经媒体也发生了深刻的变革，多元复杂的注意力经济逐渐取代改革开放前同质化、单一化的宣传价值，受众的主动选择权逐渐替代强制性被迫接受，特别是在互联网兴起后，这种趋势更加明显，在受众多元化的需求下，综合型的财经媒体不断细分为小众的、专业化的、精准的财经媒体。

同时，经济体制的变革也逐渐引起了社会结构的重组，原有的社会阶级与阶层不断分化，若干个新的利益群体和社会阶层不断涌现，社会阶层

结构不再简单地由工人、农民和知识分子组成，以发展生产力为共同的任务，中国社会逐渐形成了由普通劳动者、经营管理者和生产要素所有者构成的三大利益群体，社会阶层多元化转变，形成了不同的利益群体，因此也就形成了不同的利益诉求，对媒介内容产生了不同的需求，为适应社会阶层的新变化以及对内容的新需求，媒体根据新的社会阶层划分要素来锁定自己的目标受众群体。此外，以个体工商业者、企业家等为代表的中产阶级也在不断地增多，其更加关注市场经济形势、金融服务等方面的内容，作为财经新闻信息的主要消费群体，他们利用自身的集体优势对媒体传播的大众信息资源进行引导，他们的需求、兴趣、价值观念和审美标准在很大程度上决定了媒体新闻内容的基本风格。

第三节　中国财经新闻传播存在的问题

目前中国的财经新闻传播在飞速发展的状态下仍然存在着内容上国际化程度不足、融合深度不够等问题，财经新闻传播不同于其他类型的传播，在表现形式上也较为单一，同时舆论监督缺乏动力。

一、内容国际化程度不足

中国财经新闻传播在内容上国际化程度不足，原因之一是专业的财经记者较少，且素质参差不齐，自然创作出来的内容同质化严重，国际化程度不足。尤其是在当今媒介融合的时代背景下，内容创作从宏观上来看需要引起全球的共鸣感，要拥有开阔的格局和视野，尤其是当世界格局发生变化时，中国处于结构性改革的关键时期，财经媒体人更要有全局的意识，抓住时代的机遇。另外，要深入了解国外环境和国内环境，立足于更高的视角和观念，创作出符合国际潮流和时代背景的内容作品，并且结合当前的实际，来满足不同受众的需求，从而搭建起与中国综合国力相匹配的内容传播力。

从中观层面来看，应讲好中国的财经故事，注重内容国际化，提升财经新闻传播的国际影响力。在5G、物联网、大数据、人工智能、云计算等科学技术的加持下，打造优质的财经内容，拓宽传播渠道，提升专业化水平。将英文的财经讯息纳入主流程，对专业的人才进行对口培养，使其既拥有良好的财经知识又具备专业的英文水平，推动中国财经新闻传播“走出去”。同时，英文的财经资讯内容不仅仅是对汉语的直译，而是要根据国情和国际环境，对内容进行本土化的编译，使中国的财经内容更加具备国际化性质，适合目标国家的语言环境和群众的接纳心理。只有有针对性地编译才能更加准确地将财经新闻传播国际化。

从微观层面来看，在人人都有麦克风的时代，互联网准入门槛逐渐降低，任何人都可以进行创作与传播。媒体人要做出正确的价值引导和内容引领，把握时代话语权，将国内的财经新闻传播与国际化结合起来，传递中国声音，打造国际化内容平台，进行优质内容探索，避免同质化、低俗化，培养受众良好的价值理念，用专业的精神和过硬的技术弥补目前内容上的短板。提升大数据的应用水平，合理分析数据库中的海量信息，及时获取有用信息，并通过技术运用进行第一时间的发布，抢占市场。在具备速度的同时，内容准确性更不容忽视，要实现速度与内容的两手抓，技术创新与内容创意两者缺一不可。财经媒体人更要体现出自身的优势，将专业性与服务性相结合，走进群众、贴近生活，善于从人民生活中发掘新鲜讯息，同时寻找国内外财经新闻传播共同点和差异点，紧抓用户的需求，打造优质内容，提升传播内容的标准化水平。

因此，在内容创作上，更加需要深度、专业和国际化，以深度内容吸引用户本身，以专业精神锁定用户目光，用国际化内容打通受众市场，通过智能化、交互性的内容产出，配合科学的数据支撑，打造出全球受众都需要的优质内容产品，从而实现全球产业化发展和产业布局。

二、舆论监督缺动力

财经新闻传播的内容是关乎经济发展、国家经济政策等的权威内容，在进行舆论监督时需要更加注意。但是目前由于现代科学技术的飞速发展和门槛的降低，尤其是在互联网技术的推动下，各种信息冗杂，内容质量良莠不齐，在舆论监督上缺失动力，报道的方式和理念等也缺乏制约。在当今后真相时代下，反转、刷屏等成为常态，受众在进行信息接收时由于自身素质、学历水平等的限制，并不能很好地分辨信息的真假。特别是在重大社会事件和突发公共事件面前，谣言极易横生，比如2020年的新冠疫情期间，出现许多社会谣言，如果没有相关部门的合法监管，将会对社会民众产生误导，导致哄抢、恶意抬高物价等后果，也会对民众的心理造成一定的影响。

同时，在内容传播方面，版权意识淡薄，越来越多的自媒体等平台对官方媒体的内容进行直接复制，缺乏原创性的内容，严重损害媒体人的合法权益和行业规范。在互联网高度透明化公开化的当下，对内容产品知识产权的保护至关重要，有关部门要进行监管，加强对原创内容的版权保护意识，防止错误信息的恶意传播，对媒体创作者也进行版权保护。加强传播内容的监督与管理，建立健全版权制度和对于知识产权的保护制度，出台相应的法律法规，保护合法权益不受侵犯，增加违法行为的成本，并进行严厉惩处。

在过去传统媒体语境中，对纸媒等的监管需要编辑、总编辑等的层层把关，现今在新媒体的环境下，数字化的传播方式减小了把关的力度，并且生产周期更短、传播速度更快，因此，监管也要采取更加严格的措施。舆论监督也需要依靠适当的动力，主流媒体要承担起社会责任和使命，积极为政策法规提供支持，对虚假谣言等信息进行鉴别和监督，引导财经新闻传播进一步有序健康发展。

三、呈现形式较单一

由于财经新闻传播不同于其他形式的传播，更加需要专业准确的数字、图表等信息，对财经媒体人的要求也更高，因此在呈现形式上的观赏性和阅读性并不强，呈现的形式较为单一。财经新闻传播的内容较为抽象，并且具有很强的时效性和专业性，关乎民生经济、金融发展等方面的各种问题，对受众的专业程度要求较高，且受众观看一般通过手机网络或者家庭电视等，极容易被其他信息所干扰，甚至出现误读、误判等情况，对信息的接收也会出现障碍。

要增加财经新闻传播的趣味性，使呈现方式更加多元化、接地气，媒体人也要与时俱进，不断提升个人的业务能力，将晦涩难懂的财经专业术语转换成用户听得懂、看得清的语言和文字，让财经新闻传播真正“飞入寻常百姓家”，不断拓展新的传播版图。在技术研发上，要创新多元化的表现形式，促进传统媒体转型升级并与新媒体融合，使内容作品更加适合多种移动终端的呈现形式。财经新闻传播在场景多样化、沉浸式的体验中也存在部分不足，尤其是对于财经新闻的场景来说，更需要有互动性和独特性，需要运用新媒体技术创作出符合条件的场景，通过人机协调的方式进行问题的处理和解决，但是如何使场景更好地实现传统媒体与新媒体的联动，是需要考虑的问题，也是未来需要提升和进一步改进的地方。

要针对不同的用户群体和受众，创作出其喜闻乐见且有针对性的内容产品，各个媒体需要对受众进行细分和相应的定位，无论是高端人群还是中低端人群，只有将信息需求和受众合理匹配才可以让受众获取所需。同时也要不断学习，进一步提升内容质量，深入挖掘用户市场，从而进一步精准细分，运用动画、虚拟现实、短视频、直播等多种样式，进行全方位立体传播，打造新时代的财经新闻传播新格局。但是，目前财经新闻传播由于经费、技术设备以及人才匹配上存在着各种各样的问题，并且互联网时代下，受众对资讯的阅读都是碎片化的，因此在呈现方式上也要体现出碎片化的特点，以短小精悍的内容见长，不同于过去的一点对多点的传播模式，而是多点对多点的新型表现方式，在意见领袖的影响下，也会呈现不同的特点。财经新闻传播相对于其他新闻传播而言，对于数据的要求更加严格，应建立完善的数据信息库，搭建相应的媒体平台，并且可以与专业的公司机构等开展合作，定期分析专业数据，再结合数字技术，将繁复的财经数据以鲜明直观的形式呈现在受众的面前。要不断挖掘专业的财经人才，同时培养全媒体人才，将专业数据人才与财经记者相结合，配合进行相应的事件报道，从而能够进行深入分析，实现常态化报道。

四、融合深度不够

媒介融合是时代所趋，对于财经新闻传播来说，更应该乘着数字技术的春风，走媒介融合之路。汇集众智，实现共创，达到资源与成果共享。利用共享的思维优势，进行全方面的资源整合，将硬件设施和软件资源的利用最大化，做到绿色与循环的可持续发展，避免资源浪费。目前，财经新闻的媒介融合深度仍然不足，要合理配置资源，降低生产成本，以惠及民生大众。

在进行信息生产时，应推动平台间的信息共享，以互联网为纽带，以开放、平等、共享与协作的精神进行创作与生产，实现媒体智库的功能化变革，探索媒介融合的新态势。并且，信息的生产主体也不仅仅局限于媒体人，在新技术的推动下，智能写稿机器人等应运而生，相对于人工来说，其写作更加快捷，发布更加迅速，能够在接收信号的几秒钟之内，迅速反应过来完成稿件的写作与发出。比如，第一财经的“DT 稿王”，其海量信息检索能力和迅速编译写作能力以及生产内容质量之高使其成为写稿机器人中的佼佼者，在一些大型活动中大展风采。

5G 技术的运用使得场景化、沉浸感成为现实，媒介融合是当今的大势所趋，不同媒介融合发展最终实现便民利民，同时也能够促进相关产业的技术升级，更好地服务用户，以更加精湛的技术和精准的服务实现产业转型，以多条腿同时走路的方式，拓宽信息传播的渠道，避免单一生产导致的负面效应。南方财经全媒体集团形成新型的全媒体矩阵，为日后的媒体发展提供一条新的探索路径，实现报业、网络、客户端等全方位平台构建，打造可持续发展的循环绿色生态圈，从而推动自身产业的市场化发展，既为用户提供更多优质的内容服务，也为自身发展开辟新的前进道路，同时也为相应的业界同行们提供一个示范基地，不断整合多方的资源，最终实现共赢的新局面。

短视频的迅速崛起对于财经新闻传播来说也是新的机遇，在媒介融合的背景下，更应该把握住时代的机遇。短视频的创作门槛低，通过手机就可以拍摄，并且能够实时剪辑发送到网络平台上。5G 时代来临后，流量传输速度等进一步优化，手机终端设备也不断升级，人们通过短视频的形式拍摄的新闻，成为诸多新闻网站的重要来源，并且相对于单一的记者而言，全民记者的视角更加多元全面，拍摄成本更低，并且内容信息量并不低于专业记者，但是目前传播的规范化、专业化水平还有待提升，内容的审核上也需要进一步探索，应该合理利用新技术的优势和海量的大数据，不断加深媒介融合，从而创作出更加符合当今时代潮流的作品。

媒介融合要实现深度的融合，而非浮于表面，从最初的“报网融合”到现在的深度融合，不是仅仅将过去报纸上的内容照搬到网络上，而是要从内容和形式上进行创新，网络端的受众和纸媒用户的需求并非完全相同，要紧抓新媒体客户端的受众需求，探索融合创新的新模式。对多板块业务进行详细筛选，择优选择优势板块，并集中精力将其做大做好。《第一财经日报》便是遵循如此模式，着力发展优势板块，以优质的内容、深度挖掘的新闻线索吸引受众，通过不同板块的设计，可以让用户在第一时间找到自己所需，条理清晰，内容严谨，与用户的互动也更为便捷，在具备新闻专业性的同时，也提高新闻的可读性和趣味性。

第四节　中国财经新闻传播的发展趋势

从内容方面来看，财经新闻传播未来朝着内容定制化、纵深化方向发展，在深度和效率之间保持平衡，并且报道的理念也更加完善，品牌化、专业化成为趋势，并配合各方舆论的监督。从表现形式方面来看，在科学技术的加持下，报道的视角和场景等日趋多样，同时搭乘着媒介融合的高速列车，展现着财经新闻传播未来发展的新趋势。

一、报道内容日趋定制化，注重新闻报道深度

注重“人”的逻辑思维，提升用户的参与感和卷入度，吸引用户主动参与，增强黏性。财经新闻传播的信息要满足受众的需求，在社交方面，让用户积极投稿，发现身边的新闻热点。坚持内容为王，打造核心的拳头产品，尤其是在信息海量的当下，人们的注意力成为稀缺资源，更快地吸引人的眼球，同时留住注意力成为诸多媒体追逐的目标。财经新闻传播也应该注重内容的深度和广度，要在深度和效率之间找到平衡。一篇深度稿件的写作周期可能会很长，当下人们更加追求效率和速度，就迫使媒体人在深度报道中将效率提上日程。

财经新闻有着专业性、逻辑性、洞见性和服务性等特点，财经新闻的传播对于经济发展有着深远的影响。因此，对于财经记者的要求也更高，对记者的个人能力、专业素质等都有不同的要求。尤其是报道中的专业术语和名词等，需要在保证专业性的同时言简意赅地表达出核心内容。并且由于各种财经信息之间的关联性，也要用有逻辑的思维进行梳理和辨析，洞悉事件的真相，提供可靠的预判，避免引起误导，最终服务群众。影响

财经新闻报道的因素有许多，如经济因素和社会因素等，但无论如何都要做好财经新闻的深度报道，对信息资源实现开发与利用，合理分析内容之间的联系。新媒体时代下，媒介格局的转变也带来报道方式的转变，以深度内容的加工吸引读者，用典型事件作为切入点，在展开内容时进行故事化的叙述，故事内容与观点并重。

注意树立品牌意识，注重报道的深度。对于财经新闻来说，要对新闻进行深入浅出的分析和总结，只有如此才能发现其他人看不到的闪光点和新闻亮点，一般会经历一个相当长的时间周期，才能形成自身高知名度的品牌，同时借助大数据，进行科学化、专业化分析，对有需求的人士进行定制化的个性服务，精准推送相关内容，避免记者对新闻的主观判断，而是提供更加科学的依据，提高内容的公信力，进行智能化内容生产，进一步提升作品质量。以内容创作为主体，以先进技术为支撑，提升核心竞争力，形成自身的“拳头”品牌，进行差异化发展，避免被时代所淘汰。与此同时，强强合作是常见的选择，如阿里巴巴与第一财经联合成立“CBN－Data－第一财经商业数据中心”，借助于阿里巴巴的大数据和财经优势，形成全行业、产业令人印象深刻的数据产品，助力电商运营，发挥所长，优化内容服务等，实现联合提升，通过不同产业间的“跨界合作”，最终实现新的产业模式和运营理念。

在大数据时代，可以迅速获得信息总量的样本，对用户进行精准分析，避免了过去抽样带来的随机性等问题，对未来新型事物的热点等进行及时的预判和预测，从而准确地锁定目标用户。建立大数据智库，参考“老牌”传媒产业的创作模式，形成统一的数据资源平台，达到资源之间的互助与共享。《第一财经日报》与阿里巴巴进行合作，朝数字化、交互式的方向迈进。新媒体DT财经上线，通过跨界合作的方式让《第一财经日报》与阿里巴巴之间发挥最大专业优势，获取新的效益。这样跨领域、跨产业相融合的方式可以最大限度优化资源利用率，同时吸引用户自身进行内容产出，共同创造价值，让受众不仅是单方面的内容接收者，还是参与内容产出的创作者，实现身份的转换，进一步提升参与感和互动感。“界面新闻”为了进一步鼓励用户进行原创内容的发布，在其客户端页面设置了相应的用户投稿和爆料的专区，并以相应的稿费进行激励。这样的方式在互联网时代利用网络云盘等形式会最终形成一个“群体超脑”，汇集多方智慧和力量，群策群力，实现数字时代的资源整合与共享。

二、报道理念日趋成熟，积极配合舆论监督

网络数字技术的加持自然会影响到相应的创作理念，报道理念成熟化、专业化成为主流趋势，对用户进行精准细分后，针对用户的需求来进行选题与策划。联系老用户，开发新用户，提高用户的关联度，依托自身的平台优势等，创新报道理念，实现生产的成熟化。

坚持互联网思维，注重创新和实践。将报道的内容和形式相结合，适应不同场景的需求，转变思维方式，注重内容的新颖、渠道平台的新颖和表现形式的新颖。数字化、网络化成为财经新闻传播的新趋势，受众的用户终端更加丰富，无论是手机还是平板电脑，人们随时随地都可以获取信息。创新多种表现的模式，如付费模式和免费模式相结合，定位高端的客户群体的同时也推广大量优质的免费内容，吸引潜在读者，并持续地吸引将在很大程度上转换为付费用户的读者。定制化的信息付费模式可以大大缩减用户的筛选时间等，保障用户的阅读效率，并且随着人们收入的逐渐提高，人们对于理财等财经内容更加感兴趣，也愿意以付费的形式减少不必要的试错时间，直接精准化需求。除了内容的付费之外，还有会员社区、知识星球等社区形式，将财经信息置于相对开放的平台上供会员们进行讨论、交流，因此在进行内容生产时，也应将互联网思维贯彻始终，传统媒体也要与新媒体结合，搭建全方位平台，利用多元的形式进行传播。

尊重新闻发展的规律，适应新闻规律的发展运行，走融合发展的道路，提升新闻传播的内容质量和发展的速度效率，善于学习新知识，做到跟随时代的潮流，坚持实事求是的原则，脚踏实地求发展，对财经新闻而言，更要尊重经济发展的规律，尊重事实，主流媒体等新闻报道也要严格把关，以事实为依据，切不可凭空捏造。另外，真实感和效率是财经新闻永恒的追求，尤其是网络技术快速发展的当下，人们对于财经新闻传播的要求更高，财经媒体人也要以客观的视角洞察真理，最大限度减少个人的

主观判断，将事实的真相及时、迅速地呈现在受众面前，以平等公正的心态表述事实。

坚持以人为本的理念。任何内容都最终服务于人，要始终将用户放在核心位置，坚持用户为本，充实财经的内容，紧跟时事热点，财经记者也要具备独特的视角，发现新媒体环境下与传统媒体环境下传播方式和内容的差异，从而更好地服务用户。吸引读者，增强个人的能力，打造专业的品牌形象，不断通过多样化的措施吸引用户等，与其他平台开展相应合作也是一种扩大自身影响力的有效方式。

遵守相关的法律法规，配合舆论监督。监督是财经新闻传播的重要方面，对传播主体而言，要和虚假的信息、谣言等作斗争，避免错误信息误导受众，从而引起社会恐慌和秩序混乱等社会问题，积极进行监督与批评，对于失真的新闻等及时纠错，将损失降到最低。同时作为媒体记者，更应该遵守职业伦理和职业道德，拒绝贪污受贿的情况发生，报道真实的声音和事件的真相，站在老百姓的角度上进行报道，承担起社会职责。许多报道为了一己私利，不惜做出违法行为，肆意夸大报道内容等，在近年来的一些报道中，出现部分不法商家收买记者，进行恶意竞争，抹黑打击对手公司等，这不仅损害公司的经济利益，也给记者行业带来恶劣的污点，损害职业道德和媒体人的职业形象。因此，要遵守法律法规，积极进行监督。

三、报道形式日趋多样，报道视角更加多元

充分发挥数字媒体的优势，利用现代互联网等信息技术，使财经新闻传播范围更大，领域更广。以短视频、沉浸体验等诸多新形式实现报道形式的多样化。强调用户优先，吸引更多的用户参与其中，更好地进行财经新闻传播与宣传。

在常规中寻求新意。对财经新闻传播而言，数据图表等元素必不可少，那么如何在庞杂的信息中吸引受众成为关键，要在常规中探索新的创意，将日常可见的元素变得更加精良、美观，言简意赅地概括出受众所需的第一信息。并且要考虑到当今受众阅读场景的多元化，在对内容信息进

行呈现时也要适合不同的场景，在“快餐式文化”的当今，用户的阅览场景可能时刻发生着变化，那么内容的呈现就需要更加具有普适性，直观简洁地表达出最重要的信息，因此也会让用户传递给更多的人。尤其是当今新媒体时代下，更多网络化、交互性的体验成为市场的主流，同时财经新闻内容也要做到与时俱进，在财经新闻传播中发挥价值优势和专业优势，吸引更多的读者。财经报道的形式也呈现多样化、立体化的特点，配合以独特的视角进行展开和专业的解读，并且形成完整的产业链，走向产品化，对内容的报道和呈现、加工等进行系列化运作，并且在技术手段的加工下，枯燥无味的财经知识也会变得更加鲜活有趣，进一步吸引受众。

数字技术改变着人们的生活和生产方式，对财经新闻传播而言也呈现着新的机遇。利用大数据技术对受众进行精准扫描，分析现阶段受众的关注点和注意力，从而在后台进行数据存储和调动，进行相应的精准投放，并且现今微博、微信等“两微一端一抖”接收端为大众所喜爱。截至 2021 年 2 月，《第一财经日报》官方微博粉丝数为 2077 万，共发布微博 82470 条，多样化的内容和趣味性的解读让年轻受众更加青睐，其微信公众号名称为“第一财经”，下设看电视、看热点和下载 App 三个板块，既有实时新闻也有深度化报道，相对于微博的内容而言，微信公众号更加注重原创内容和深度报道，符合不同群体的需求。并且借助微博大 V、名人等也能很好地形成联动名人效应，这些意见领袖对信息的转发和评论能够影响用户的选择，尤其是对于一些突发事件，往往更容易在网络平台和社交网站中最先发布。现如今，人们不仅是信息的接收者，也是内容的发布者，第一财经 App 里“正在”直播板块实时提供市场快讯，根据大数据等提供新闻主题词，实现热点特供。因此，在财经报道的形式上也要创作出适合不同传播平台的内容产品，将新闻以可视化的形式呈现，运用静态与动态图表、场景再现等进行展示，同时结合文字进行详细表述，协助图表等进行进一步的信息诠释。同时，一些纸媒也加速自身产业化转型，专注于电子报和网络客户端等的运营，不再将精力放在纸媒产品上，而是实现结构性转型，加大对于新媒体的投放力度和人才培养力度。

创新报道的视角，从受众群体出发，对于相同、类似的事件从不同的切入点进行分析和深入报道，引起读者的兴趣。实现纸媒的转型，打造多元化的场景，逐渐丰富视听表现，报道视角更加多元化。平民化的视角更加接近群众，以通俗易懂的语言讲述财经知识，实现大众化的报道。对财经新闻的不同侧面进行详细解读，挖掘一般媒体所看不到的地方，打造个人品牌的核心竞争力，吸引各个领域的读者，在进行普通的消息发布同时，注入编者个人的独特见解和专业的解读，为受众提供进一步的内涵引申，从而在内容上取胜。同时趣味性也必不可少，在文章的标题、导语等方面以趣味化的用词吸引用户的眼球，与当今网络流行语等相结合，帮助用户更加简便地领会财经内容，以小见大，掌握好受众的信息偏好和关注的需求点，注重人文关怀，在大众化和专业化之间找到平衡。与此同时，对受众进行细分，对目标用户群体进行精准画像，发现需求，追求信息内容的不可替代性和独家性，培养稳定的受众群体，只有如此，才能在互联网社会中寻求一席之地。

DT 财经就运用数字化等多元交互的可视化呈现方式，将新闻内容通过图表等详细阐述，更加清晰、直观地呈现在受众面前。但是目前有部分作品在创作时出现原始数据缺失的现象，在信息再次传播中导致“失真”，对受众极易造成误导，从而引发社会不稳。因此，无论以何种形式进行信息传播，真实性永远都是第一要义，始终保证新闻的真实，在保证真实的基础上，提高传播的速度和效率。

四、报道平台日益融合，技术更加多样

“1 + N”的模式成为新兴主流，从“中央厨房”到多种全媒体平台，融为一体、合而为一是平台融合的发展理念，建立媒体 + 财经的传播模式，提供更多优质财经讯息、优化运营环境、注重技术创新等。立足媒介深化融合，打造新时代财经人才，培养采访、编辑、摄录、审核、宣发等全方面的融合型人才。技术的多元化为财经新闻传播提供更多选择和机会，打造“人 + 技术 + 平台”的融合矩阵，实现多元的增值能力。

信息即时发布，实现新闻热点的全时追踪报道，抢占舆论阵地，对主流价值观进行积极引导，突破传统媒体不能及时发布信息的局限，实现

“直播态”的采编发流程。尤其是关乎国民“钱袋子”的财经新闻，更是不能出现任何谣言等。2017 年，新华社推出“现场云”平台，搭建“全国现场新闻记者库”，实现资源的统一管理，提升了信息内容生产的效率。同时，对于事件的发展过程实现全程的追踪与关注，进行深度的剖析和全方位的解读，最大限度地实现受众获取信息的透明化，在 2020 年新冠疫情等重大公共卫生事件面前，新闻报道全程参与，持续进行关注。借助于新媒体平台将信息即时发布，相对于传统媒体，新媒体平台下的财经新闻传播更加具备时效性和交互性，人们在接收信息的同时也可以将个人诉求进行反馈。

信息全面化，万物皆媒，将最新的科学技术成果应用到媒体的生产全过程中，拓展用户的体验，打破媒介之间的边界，运用大数据进行精准细分，实现平台的智能化。深度运用人工智能技术，不断优化升级自身的采编发流程，围绕目标用户的精准需求进行升级改进。协同多方力量，全员共同参与，在智能化生产的今天，一方面要培养全方面的人才，打造实现人机交互等的高技术人才，在专业层面占据高位，教育模式也与时俱进，从实践中出真知，当今的社会趋势是多种学科的交融贯通，呈现新学科的样态，然而现阶段人才流失比较严重，财经记者掌握的是专业的财经新闻知识等，对于技术运用比较欠缺，而精通数字媒体技术的专业人才又不具备相应的财经知识，因此出现不匹配的现象，一些多种技能都具备的全面人才往往“出走”，成立自媒体公司等独立发展，当今行业竞争的重心是人才的竞争，因此，培育全面发展的新型财经人才是重中之重。另一方面也要培养核心用户，持续产出内容，实现多元的内容生产和价值创造。同时也要革新吸引人才的激励政策，打破条条框框的束缚，创新管理用人机制和人才引进机制，将奖励等落实到位，吸引技术人才等。

平台融合实现效果和功能的优化。在当前，用户的需求多样，人们对于不同信息的关注度也有不同，因此要进行定制化的个性服务，精准推送，顺应当今时代潮流和人民所需，把握节奏与规律。建设融媒体核心平台，利用短视频 VLOG 等形式拉近与受众之间的距离，利用其亲民性、时间短等特点吸引不同的用户进行观看，使财经新闻更加接地气，提升传播的效率。在平台的功能上也要实现优化，媒介融合的过程不仅仅是平台的叠加，而是追求“1 +1 >2”的效果，实现功能的最大化和最优化。提供综合性的信息内容和服务，打造“新闻 +”的多元平台。

总的来说，新媒体环境下，未来财经新闻传播的发展趋势是朝着报道内容国际化、深度化，报道理念成熟化，报道方式多样化，平台智能化、交互化和创新化方向发展，运用互联网的思维，坚持用户为王发展财经新闻传播的新态势，结合大数据等科学技术，从而更好地为用户提供精细化服务和优质内容。

第七章

推动中国财经新闻传播发展的关键机构和人物

1992年，党的十四大明确提出中国要建立社会主义市场经济体制，三十多年来，随着中国社会主义市场经济制度不断发展与完善，中国的经济实现了飞速发展，人们的生活水平有了很大提高，随之而来的是人们对财经领域关注度的急剧提升，为此，急需专业机构和专业人员来传播财经资讯，财经新闻传播事业就是在这样的大背景下应运而生的。回首过去，中国财经新闻传播事业依托经济而发展，经历了从无到有、从有到优的飞速发展。在中国改革开放四十多年的发展历史中，涌现许多发挥过重要作用的财经新闻传播的关键机构以及人物。本章将通过梳理推动中国财经新闻传播发展的关键机构和人物，总结其对中国财经新闻传播事业发展所做的巨大贡献，以展望在“互联网+”的大背景之下，财经新闻如何跟上中国经济快速增长的步伐，高效、精准地为百姓提供财经信息。

第一节　推动中国财经新闻传播发展的关键机构

一、中央电视台

截至目前，中国中央电视台在中国大陆境内拥有最多的收视人群，并且还通过卫星、互联网播出国际频道，在国际上也拥有较大的收视群体。此外，中央电视台还在全球各地设立了自己的记者站，致力于打造“国际化新闻媒体”，在国际上也有较大的影响力。

中央电视台是国内首个推出财经类栏目的电视台，对于中国改革开放以来财经新闻传播的发展意义重大，1984 年 12 月，中央电视台经济部成立。1985 年元旦，《经济生活》在央视一套播出，这是由经济部主办的第一档以宣传经济为主的电视栏目，一经推出，在国内引起较大反响。其中，中央广播电视总台还设有专门的财经频道，对于中国财经新闻传播事业发展的贡献是巨大的。

近年来，由于受到新媒体的冲击，中央电视台也在积极寻求媒体融合转型。因为中央电视台在媒体和大众之间拥有特殊地位及广泛影响力，中央电视台本身及其相关新闻事件往往成为其他传媒竞相报道的热点。中央电视台本身的一些行为以及中央电视台对于新闻的报道在很大程度上会成为媒体的风向标，中央电视台始终走在行业发展转型的最前列。

（一）中央电视台转型发展总思路

改革开放以来，中国经济实现了飞速发展，社会面貌焕然一新，经济全球化进程也在进一步加快。新的媒体不断兴起，逐渐代替了传统媒体，财经传媒也逐渐得到了发展，受到越来越多受众的关注。短短几十年间，财经传媒实现了从无到有的飞跃，在全新的时代环境影响之下，必定要继续完善发展，从有走向优。在2005—2015年的十一年间，中央电视台遭遇了来自娱乐快速消费文化的强烈冲击，导致其市场份额显著缩减。这股快速消费的风潮虽来势汹汹，却如过眼云烟，迅速消散，真正能在观众心中留下深刻印象的内容寥寥无几。在全新的媒体环境下，中央电视台为了实现更好的发展，必定要通过全媒体转化节目资源，创造新的价值。

在传统媒体时代，电视以其生动的影像优势轻松获得了最大范围受众的喜爱，作为传统时代的大众传媒，电视、广播等仍然以“传者为导向”，长期采用单向信息灌输模式。但是，新兴媒体的发展撼动了这一格局，受众一改被动接收信息的模式，也成为信息的制作者与传播者，传统媒体受到了严重的冲击。电视观众群体逐渐缩减并向网络用户转变，导致电视在传媒市场所占份额严重缩水。中央电视台在新媒体的冲击之下，发展前景不容乐观，必须转型，以更好地适应媒体大环境的变化，更好地走出发展困境。

财经内容源于经济活动中人们对于信息的需求，随着经济的发展，人们对于财经内容的需求越来越多。融媒体时代，互联网技术已经有了飞速的发展，传播方式日新月异，在时代环境驱使之下，财经新闻必须做出改变，才能更好地适应时代的发展，要更好地满足受众对于财经内容的需求，才能在激烈的市场竞争中，立于不败之地。在这样的时代背景之下，中央电视台的财经节目必须主动运用新媒体技术积极赋能节目资源的传播。

全新的媒体环境给财经频道带来了巨大的冲击，但同时也是其转型发展的重要机遇，把握机遇，才能适应社会发展，成功转型。首先，就节目质量而言，与同类节目相比，财经栏目的节目质量以及内涵水平是远远高于同类节目的，只要主动运用新媒体技能，借助多个平台好好经营，就能很好地实现转型。就媒体环境而言，随着新型媒体平台的崛起，快速消费文化迎来了前所未有的繁荣时期，而在新媒体蓬勃发展的十一年里，中央电视台面对娱乐快速消费文化的激烈竞争，其市场份额遭受了不小的挤压。随着快消文化的迅猛发展，其自身的不足也逐渐暴露出来，近十年的繁荣令快消文化产品几近饱和，受众对快消文化也产生了审美疲劳，越来越多的人意识到快消文化缺乏内涵这一缺点，主动寻求富有内涵的文化信息，以及对社会发展有实际意义的传媒。中央电视台作为“国台”，当仁不让地要承担这份责任，输出好的内容。抓住机遇，迎接挑战，运用新媒体技术，积极赋能节目资源的传播，主动走到用户面前，在传媒大环境改变的情况下，坚守主流价值观中流砥柱的立场，积极寻求转型发展的道路，更好地满足受众的期待，创造新的价值。

（二）中央电视台节目资源之三大新媒体自营再传播

近年来，中央电视台在深化改革的过程中，将节目资源的二次开发与再传播作为关键一环，致力于借助新媒体途径对高品质的内容资源进行运营优化、包装升级及广泛传播，旨在更有效地融入现代媒体传播体系，吸引网络用户群体，扩大受众基础与传播范围，以满足用户日益多元化的信息需求。

全媒体概念不仅涵盖了媒介运营模式的范畴，也体现了媒介形态的演进。作为媒介形态，它是信息技术与通信技术深度融合下，互联网、手机等多种物质媒介整合而成的一种综合传播新形态。作为运营模式，全媒体指的是融合广播、电视、互联网等多种媒体手段与平台，构建的综合运作系统。在丰富媒介形态的探索中，中央电视台主要依托新媒体平台，利用互联网技术将内容资源向网络传播市场转化。这一转化的核心目的并非追求技术上的大而全，构建庞杂的输出体系，而是侧重于媒介的细分，旨在通过增强传播的针对性，实现更为精准与高效的信息传递。

1. 微博

从 2011 年开始，中央电视台新媒体团队先后入驻新浪微博、微信公众号、今日头条、抖音、腾讯微视等平台，并逐渐开启常态化的运营模式，积极构建新媒体传播矩阵，争取在新媒体的新蓝海中占据高地。以中央电视台财经频道为例，中央电视台财经频道入驻微博平台，截至 2024 年 10 月，已经拥有了 3790 万粉丝。该频道入驻之初，借助微博平台发布有关财经新闻，发布文章相对集中，推介方式为纯文字的新闻报道。后期，随着微博平台功能的增多，“央视财经”微博账号一改纯文字新闻报道的形式而采用图文并茂的形式，在短视频兴起之后，该账号也紧跟媒体发展的趋势，在发布的每条文字新闻中加入“央视财经”微博视频，使其在微博平台发布的文章更加直观，迎合了受众的喜好。

同时，随着时间的推移，“央视财经”微博号发布的内容不仅仅与财经新闻有关，还会关注群众的日常出行与生活，关注点更加贴近群众生活。例如 2021 年清明节当天，“央视财经”就在微博平台上发布了《野菜正当“食”》，盘点了适合清明食用的九大野菜，十分贴近群众生活。

此外，中央电视台还与带货网红合作，呼吁群众关注特殊群体，通过带货的形式，助力特殊群体，形成了良好的社会影响力。

2. 微信公众号

在新媒体传播的浪潮下，中央电视台紧紧抓住微信公众号发展的风口，于 2013 年注册“央视财经”的官方账号（微信公众号主账号），后期，随着微信公众号的推广，中央电视台财经频道中的很多栏目又注册了单独的微信公众号。截至目前，央视财经在微信公众号上每天都会推送数篇文章，聚焦时事，关注产业、民生、投资等各领域的新闻，推送的文章内容丰富，涵盖面广，贴近群众生活，并常以生动、幽默的方式来撰写公众号文章，即便在微信公众号红利时代慢慢逝去的背景下，也赚足了群众的眼球。以 2021 年 4 月 3 日推送的一则名为《索赔金额或超 66 亿！“世纪大堵船”事故赔偿序幕拉开！这笔账怎么算?》的推文为例，这一推文聚焦苏伊士运河因“长赐号”搁浅而造成的“堵船”事件，图文并茂，还插入了财经频道中很多栏目的视频，对该事件后续如何赔偿的问题进行了合理说明，解答了受众对于这一事件后续处理方式的疑惑。

截至 2024 年 10 月，除文章推送外，公众号内还设置了财经资讯、正在直播、精彩聚焦三个板块。此外，公众号内还设置了搜索链接，用户只需点击链接就可搜索想看的文章，方便快捷。

3. 抖音

抖音在近几年已经逐渐成长为除了微博、微信之外影响力最大的新媒体平台，中央电视台积极入驻抖音，把握好未来传播的新趋势。在移动短视频类新媒体领域，抖音凭借其迅猛的发展势头与庞大的用户基础，已成为该领域内成长最为迅速且规模最大的应用程序。依据抖音发布的官方报告数据，截至2023年，其用户规模已突破数十亿大关。就日活跃用户数（Daily Active Users，DAU）而言，该报告揭示，2023年抖音的DAU将达到惊人的16亿。而月活跃用户数（Monthly Active Users，MAU）方面，其数值更是攀升至9.5亿的高位。抖音之所以能在众多短视频平台中崭露头角，其背后的缘由颇为丰富。在内容策略上，抖音以“记录并分享美好生活”为核心定位，致力于构建一个积极向上、健康主流的内容生态体系。从技术层面而言，它率先摒弃了传统的视频页面分类布局，转而采用“瀑布流式”的呈现方式，这一创新不仅简化了用户的观看与互动界面，还极大地优化了操作流程，使得用户能够在享受连续观看体验的同时，无缝融入社交互动之中。

用户对于内容题材的偏好展现出日益多元化的特征，大量题材均受到了广大用户的青睐，比如时政热点、美食、美妆、音乐、舞蹈、宠物，以及知识科普等多个领域。值得注意的是，中央电视台在这些受欢迎题材上的内容累计获得的点赞量已高达44亿次，这一数据凸显了其在多题材内容创作与传播方面的显著影响力。

“央视财经”在抖音平台上已有千万粉丝，并设有专门的公益助农商品橱窗，以发布中央电视台新闻为主。2020年，“央视财经”联合抖音等推广大型电视纪录片《我们一起走过——致敬改革开放40周年》，这部大型电视纪录片由中共中央宣传部、中央广播电视总台联合制作，共18集，从12月2日到12月10日每天播出两集，分别在中央电视台综合频道的20：00档首播、中央电视台财经频道的21：18档重播，仅12月7日的直播，“央视财经”今日头条上观看人数便超过21万，在火山小视频上观看人数有25万。“央视财经”节选了大型电视纪录片《我们一起走过——致敬改革开放40周年》经典视频，上传了抖音短视频App，上传不到一个星期，抖音“我们一起走过”话题区已有将近650万次播放。此外，中央电视台财经频道还联合今日头条、抖音、火山小视频、西瓜视频等字节跳动旗下的多款产品对该纪录片进行推广，号召网友互动参与，动员主持人、名人发起示例视频，联合推广的视频引起了大量网友关注。

除了聚焦大事件以外，还有部分视频把目光投向了改革开放背景下的普通人。关注在改革开放发展了生产力，城乡二元化结构逐渐改善的背景下，普通群众生活的改善。一个河南人王同建讲述自己经历的视频火爆平台，他在使馆门口当保安，但自学了英语、法语、意大利语，因为在他看来，在使馆门口服务，代表的不是他自己，而是中国人。又如2010年从安徽外出务工的梁启峰，现在已是老施工队长，经他施工的房子大约有40万平方米；再如，2000年外出的四川籍工厂师傅杨小青，如今带出了好几十个徒弟，有的已是企业的技术骨干。纪录片见证着改革开放四十多年来，中国农民阔步向前的姿态，群众生活改善的社会现实。

（三）中央电视台新媒体转型之对策优化

中央电视台面临媒体转型的困境，其根本原因在于内容品质的提升与渠道维护管理的双重难题。就中央电视台电视内容质量而言，在传媒行业，中央电视台凭借着优质的资源，打造了一大批高质量的电视栏目，尽管如此，转型初期中央电视台负责运营的人员在利用新媒体整合和转化各类资源的质量上面临着不小的挑战。就传播渠道而言，渠道是细分用户最佳、最便捷的场景，中央电视台也拥有许多新媒体渠道，但是，由于缺乏对渠道特征和渠道对应用户群体特征的关注，没有充分利用各类新媒体资源，导致中央电视台很多栏目在各种平台重复输出相同的内容。

中央电视台在新媒体转型优化过程中，要充分考虑当下媒体融合的大趋势，必须遵循互联网思维从受众场景变为用户场景，凸显用户在转型过程中再生产和传播的重要作用，将“以用户为中心”作为媒介融合的核心路径。渠道维护与内容品质之间存在着相辅相成、彼此促进的紧密关系。具体而言，一方面，提升新媒体渠道中的内容资源质量，能够显著增强用户的黏性，进而激发用户积极参与内容互动与再传播的过程；另一方面，当渠道的维护工作得以妥善开展时，它能够更为有效地为受众构建一个优质的内容传播接收平台，从而更加顺畅地实现信息的广泛传播与深入影响。此外，在渠道的维护策略上，还需采取更为深入的维护措施。仅仅依赖高质量的内容是远远不够的，还需在激发、调动并引导用户深度参与方面投入更多精力。具体而言，要通过一系列策略，使受众对央视的产品形成强烈的刚性需求，并培养出深厚的情感联结，以此来实现提升用户忠诚度的最终目的。

1. 转变发展思路，树立发展新思维

中央电视台在新媒体转型道路上面临的最根本的问题是发展的思路问题。中央电视台作为中国最大的电视台，是中国新闻舆论机构和思想文化阵地，具有“国台”之称，同时，中央电视台也属于国家副部级事业单位，传统的电视台发展思维根深蒂固，要撼动原有的机制，则需要进行彻底的改革。因此，在未来的发展之中，中央电视台要将扩充新媒体部门、建立新媒体思维放在首位。

第一，要从组织结构上调整，通过整合资源配置、扩充新媒体部门令新媒体业务自成一派，可以从根源上解决这个问题。当新媒体业务独立出来，不再依附电视部门时，那种根深蒂固的电视立场才会改变。第二，组织结构的调整同时也意味着赋权。新媒体部门应该具有业务细分、协同合作的完整业务流水线。这条流水线中原创内容生产、内容制作、用户运营、效果分析、渠道合作、品牌等层面的业务团队各司其职。只有成立独立的新媒体部门，提升该部门的工作能力，并使其与其他部门进行传播内容方面的衔接，才能更好地起到维护传播渠道的作用。

2. 健全评价机制，转变粗放式发展模式

目前中央电视台的新媒体运营缺乏内部评价机制，评价机制的缺乏也就意味着驱动力不足，全局战略不明确，整个新媒体转型发展工作缺乏完整的规划。因此，中央电视台在新媒体运营过程中亟待建立短期和长期的评价标准，设立具体明确的评价标准，充分调动工作人员的积极性，并通过评价标准的分类，推动融合和全面发展。

除此之外，相关工作人员还需要结合自身实际，充分利用各渠道资源，提高资源的利用效率，促进精细化运营。工作人员需要对自身账号进行分析，找到目标账号，对目标账号进行学习和借鉴，并结合自己的受众群，对原有粗放式的运营模式进行调整，探索与自身受众群对口的发展模式。

3. 利用新媒体传播特点，增强用户黏性

新媒体与传统电视媒体存在显著差异，为有效制作新媒体内容，必须深入理解新媒体传播的三大核心特性，即圈层性、不确定性和情绪性，并在此基础上加以恰当应用。首先，新媒体传播展现出鲜明的圈层性。这一特性源于新媒体的链式传播模式，使得内容的影响力在特定群体内呈现出显著的圈层效应。换言之，某些信息在某一群体内可能广为人知，而在另一群体内却鲜有人知。构成这些圈层的要素多样，包括年龄、地域、社会阶层、职业以及兴趣等。其次，新媒体传播具有不确定性。在互联网环境中，人际传播呈现出“裂变效应”，即用户的每一次转发都可能引发信息的广泛扩散。然而，转发后信息的受众范围却难以确定，这使得社交媒体上的信息传播充满了极大的不确定性。正是这种不确定性，导致了许多现象级突发事件的迅速传播。最后，情绪性在新媒体传播中占据重要地位。情绪是推动社交媒体传播的关键动力，不同的情绪状态会引发不同的行为反应。这种反应与情绪的积极或消极性质无关，而更多地与情绪的强烈程度相关。例如，高唤醒情绪如惊喜、敬畏、愤怒等，以及低唤醒情绪如满足、失落、悲伤等，都会在社交媒体上产生显著的影响。目前，中央电视台通过努力，已经在新媒体平台拥有一定规模的用户群体，认清新媒体传播的三大特性之后，工作人员就要利用好这三大特性，以此来提高用户黏性，促进传播内容的推广。

4. 构建用户社群，扩大受众群体

增强用户黏性的另一种有效方法是建立社群。构建社群能帮助中央电视台稳定一批核心用户，使得运营人员更快更好地了解用户，明确和扩大受众群体。因此，中央电视台在新媒体融合发展的过程中，要致力于构建“矩阵产品 + 用户”的社群。“用户”聚集而成的社群，其构建过程包含四个阶段。首先，一个社群的形成基础是成员间的共同兴趣或爱好，这些共同点可以体现在产品、行为、个人标签上，也可以是共享的空间、共同的情感或价值观。例如，中央电视台在抖音上的社交活动，便是以价值观的传递为基础来维系其社群。中央电视台在新媒体领域的优势在于其拥有跨频道的节目组和丰富的矩阵产品，这些矩阵间的互动也成为凝聚拥有共同兴趣用户的重要手段。其次，社群的结构稳固与否直接关系到社群能否持续存活。其中，社群的成员组成、所选择的交流平台、成员的加入标准以及管理规范，都是运营人员需要细致规划和维护的要素。再次，社群的价值在很大程度上由其内容输出决定。社群中内容的主题、是否有引领话题的意见领袖，以及活跃成员的比例，都是衡量社群价值的重要指标。最后，社群内的情感体验与仪式感对于社群的维系至关重要。运营者需巧妙运用各种策略来加深用户对社群的归属感，因为用户对社群情感投入的多少将直接影响社群的生命周期。运营团队需借助多样化的运营策略，以深化用户对社群体验的感知，并在此基础上构建情感纽带。用户对社群所产生的情感强度，将在很大程度上决定社群生命力的持久性。

二、上海文广新闻传媒集团

进入21世纪以后，互联网技术迅速发展，传媒行业经历了翻天覆地的变化，各类新媒体相继问世，例如微信公众号、微博、各大网络短视频平台，等等。这些媒体在较短的时间内就快速占领了受众的视野，这类新兴媒体正在走向融合。电视台作为传统的第三媒体，有着“爆炸性媒体”之称，其在新媒体的强烈攻势下，也开始慢慢地败下阵来。新媒体凭借其操作简便、门槛低、传播速度快等特点，迅速占领了广告市场，给电视台的发展带来了不小的冲击。电视台作为昔日传统媒体的领跑者，在今日举步维艰，发展前景堪忧。

在如此严峻的形势之下，电视台面临着来自体制和市场的双重压力，要想在激烈的竞争中，立于不败之地，就必须进行企事业体制改革，制定更适合当下传媒环境的发展策略。但是，如何在互联网时代寻找改革的突破口，又是许多电视台在改革过程中面临的首要难题。在这方面，上海文广新闻传媒集团堪称是传统媒体行业的风向标，为国内很多电视台的改革提供了宝贵经验。上海文广新闻传媒集团在十几年间就取得了傲人的成绩，创造了国内第一家文化传媒上市公司、广电新媒体业务第一家上市公司、中国第一家产业链一体化上市公司……是标杆性的中国传媒集团航母。上海文广新闻传媒集团的改革之路，为电视台的改革与发展提供了很好的借鉴。

（一）蜕变之旅

1. 整合资源，实现文广合流

上海卫星电视自 1998 年 10 月开播以来，便创立了一种特有的发展模式——“卫视搭台，全员唱戏”。这一发展模式具有颠覆性的意义，在全国卫星电视体制中是“绝无仅有的”。这一发展模式充分调动了相关系统的所有单位，例如上海东方电视台和上海电视台两家无线电视台、有线电视台、教育电视台以及上海影视集团、上海永乐影视集团等。在此基础之上，整合了一切可以利用的资源对一些在地面频道上收视率高、反馈多的节目进行重新编辑，打造出更受观众喜爱的节目，在当时收到了较好的反响。这种发展模式充分利用了体制内所有可以整合的机构，发挥各自的优势，团结一致打造精品节目，在一定程度上提升了电视台的效益，有利于品牌的打造。2000 年，这一发展模式也被上海市文化系统借鉴，上海市电影局、广播电视局、文化局整合为上海市文化广播影视管理局，实现文广合流。

2. 政企分离，实现跨越式发展

2001 年，上海文广新闻传媒集团成立，并实行了大刀阔斧式的改革。4 月，上海文化广播影视集团挂牌成立（SMEG，后被称为“大文广”、控股东方明珠）。大文广集团，从上海市文化广播影视管理局中分离出来，实行政企分开、管办分离，制度上的改革有利于更好地推进市场化运作。同年 8 月，“大文广”将旗下的广播电视单位合并组建成了上海文广新闻传媒集团（SMG，俗称“小文广”），实行公司化运作。此后，大小文广集团进行了独立式的发展，并都取得了不错的成绩。

“大文广”借助上海的优质资源，涉足旅游产业，拓展文化休闲娱乐

方面的业务。最具代表性的是将东方明珠广播电视塔、上海国际会议中心打造成上海首屈一指的景点会议场所。2001 年，上海东方绿舟初步建成。2002 年，占地 373 公顷的东方绿舟正式启航。同年，上海文广新闻传媒集团还凭借东方明珠在无线发射方面的优势，筹建移动电视平台，实现向媒体产业的渗透，逐步构建专属的新媒体平台，增强自己在媒体行业的影响力。

3. 明确定位，走向国际

时代的发展日新月异，上海文广新闻传媒集团要想在时代的巨浪中立于不败之地，就必须明确自己的定位，顺应时代发展的潮流，走国际路线。

就新闻业务而言，中央广播电视总台是行业的“天花板”，上海文广新闻传媒集团永远无法超越，就娱乐而言，湖南卫视也远走在行业前列，难以追赶。2003 年刚出任上海文广新闻传媒集团总裁的黎瑞刚对上海文广新闻传媒集团的发展进行了重新定位，提出借力主场上海在远东、亚太、全国的信息服务中心定位和地面资源的优势，选择在时尚、财经、东方卫视这三个点上构建自己的竞争力。

除此之外，上海文广新闻传媒集团开始致力于构建自己的品牌。2003 年 7 月，上海电视台财经频道和上海东方电视台财经频道，创立第一财经传媒有限公司。第一财经开始走品牌创建之路，旗下拥有各类媒体，并且，还成立了专属的财经研究院，为中国经济政策设立和实施提供了大量参考数据以及依据，成为中国最具影响力、品种最完整的财经媒体集团。

2003 年 10 月，东方卫视以现代、时尚、精致、国际化的海派媒体形态重新亮相。2004 年，东方卫视几乎实现全国全覆盖，2005 年入境大洋洲、落地中国澳门，2006 年落地欧洲。内容方面也进行了相应的变革，在选秀节目风靡一时的年代，上海文广新闻传媒集团打造了 4 个上海选秀品牌：《我型我 SHOW》《创智赢家》《加油！好男儿》，以及《舞林大会》（全国版），商业价值高达 38.45 亿元，总共带来的直接经济收入在 10 多亿元。2006 年，《加油！好男儿》总决赛时，东方卫视在上海和全国 17 个城市的收视率甚至冲到了10.6%和3.29%。

4. 深入改革，走在行业发展前列

2009年，是上海文广新闻传媒集团历史上重要的一年。在这一年中，中宣部、国家广电总局开展关于推进“广播电视制播分离”的工作，上海文广新闻传媒集团为了响应国家以及上级部门的号召，更名为上海广播电视台。10月21日，上海广播电视台、上海东方传媒（集团）有限公司正式揭牌，这标志着上海在全国率先整体实施广播电视制播分离改革，上海广播电视改革发展迈入了新的历史征程，也对提高中国广电传媒影响力、提升文化软实力具有重要意义。

2014年3月31日，大小文广合并进入实质性操作，标志着上海文广系统新一轮改革的开始。

（二）发展困境

上海文广新闻传媒集团在发展的过程中，受到政策的保障，得到了很多优质资源，走在改革发展的前列，得以在市场环境中占据优势地位，成为行业的领头羊。随着媒介融合的进一步发展，上海文广新闻传媒集团发展面临的竞争较之前更为激烈，电视台发展的弊端也日益明显，发展前景仍旧不容乐观。

现今，在浙江卫视的乘胜追击之下，东方卫视在收视平台中掉出第一梯队，上海文广新闻传媒集团缺乏突破性爆款产品的问题日益凸显出来。如何保持好既有优势，开发新业务，如今依然是不小的挑战。此外，资产合作的背后，还有人员、技术、业务等一系列整合难点亟待解决。上海文广新闻传媒集团要想在新媒体领域拓展版图，进行彻底的改革，就必须改变媒体的传统思维和流程，难度巨大。希望上海文广系统在新一轮深化改革的过程中，保持优势，为广电行业的发展摸索出一条值得借鉴的路子。

三、广州日报报业集团

（一）广州日报报业集团简介

创立于1992年12月的广东广州日报传媒股份有限公司，于2007年11

月顺利在深圳证券交易所上市，成为首家经中宣部和国家新闻出版总署核准，并在中小板挂牌的报业传媒企业。至2012年6月，随着广州日报报业集团的上市成功，其在社会上的影响力也日益增强。

广州日报报业集团目前旗下资产丰富，包括1张主报、15份系列报纸、5本杂志、1家出版社以及2个网站。其中，主报为《广州日报》，而系列报纸则涵盖了《信息时报》《足球》《广州英文早报》《嬴周刊》《第一财经日报》等15种。值得一提的是，《足球》报凭借其卓越的销量，已成为全国领先的足球类报纸，享有“足球第一媒体”的美誉。同时，《信息时报》在广州市的零售量也紧随《广州日报》之后，成为具有显著影响力的媒体。

在杂志方面，集团拥有《新现代画报》《南风窗》《看世界》《大东方》《共鸣》等5本刊物。此外，还运营着大洋网和VRHR求职广场网，并辖有广州出版社。集团的经济实体还包括广州日报印务中心和广州市报刊发行公司等。大洋网以新闻和电子商务为核心业务，是国内访问量高、营收能力强的新闻网站之一。

《广州日报》是全国较早自办发行的报纸之一，在全国报业市场上创造多个第一，比如说，《广州日报》率先在全国地方性报纸中将4版扩至8版，现在日均60大版；借鉴国际通行做法，在国内率先推出多叠报纸；广告收入连续十六年获全国平面媒体第一。这些成就对当时国内报业的发展都起到了引领作用。

《广州日报》是中共广州市委机关报，于1952年12月1日创刊。报纸一贯采用生动活泼、群众喜闻乐见的方式来进行新闻报道，深受读者喜爱，对于财经新闻传播的贡献也是不容小觑的。目前，该报已经成为广州地区的主流报纸，甚至在全国范围内都有较大影响。这与几代广州日报人的坚持与努力密切相关，在过去的三十多年中，《广州日报》始终坚持“追求最出色的新闻，塑造最具公信力媒体”这一理念，并将这一理念贯穿办报始终，报刊的品质在同类报纸中脱颖而出，后期的品牌创建更是推动了广州日报报业集团的繁盛。

（二）《广州日报》的财经报道

《广州日报》作为一家党报，同时，又是全国规模最大的“城市报纸”。为了顺应全球经济发展，进入21世纪以来，《广州日报》推出了经济新闻版，其中的一些报道引起了很大的社会反响，并斩获了多项大奖，领先于同行业平面媒体。在竞争激烈的专业媒体环境中，《广州日报》的经济新闻版，凭借专业的新闻采写能力，传播了极为出色的经济报道，吸引了众多眼球，对改革开放以来财经新闻传播的发展产生了巨大的推动作用。

在传统经济报道日渐衰微、财经报道崛起的大环境下，《广州日报》抓住时机，从报道内容、报道思维、传播方式等方面入手，立足于新经济领域与经济发展形势，推出经济新闻版。1999年9月1日，《广州日报》为财经新闻创立了独立的版面，早期《广州日报》财经版的开创步伐与全国党报的发展是一致的，设立初期，经济版面共有股市、房地产和经济焦点三个板块，主要定位于对产业新闻和股市新闻进行报道，财经报道基本围绕股市展开，极少涉及民生经济方面。

2003年，《广州日报》将报道的视野拓宽至房地产、家电、汽车和电信等产经行业，产经报道占整个版面的1/2，并且开始关注金融和投资理财类领域，但所占版面较小，相较于之前的关注点以及报道范围有了很大的变化。随着对财经报道认识的不断深化，民众对于财经报道的需求也发生了转变，对于产经行业的关注度越来越高，并且对金融和投资理财的关注度也有所提高。

从2005年起，《广州日报》的财经版面开始更加关注金融和投资理财领域，财经新闻日趋平民化，强调服务性和实用性，更加偏向于对读者阅读需求的满足。2006年，财经版面扩容达12个，《广州日报》又开启了新一轮的改革，首创“导读与索引”版，财经新闻高频率地出现在该版块中，促进了热点、实用财经新闻的最大化传播。

2008年，受全球金融风暴的影响，《广州日报》财经版为适应国际金融形势，再次改版，更加注重有关个人财产增值与财务管理方面的报道。

2009 年，为适应快节奏的城市生活，《广州日报》财经版再次改版，“浅阅读”风格形成，版面变窄，翻阅方便，内容更实用，专业性更强，采用“专题”式的编辑方式，以“易读”的形式，吸引更多年轻受众的关注，此次改版也取得了较好的成果。2010 年至今，《广州日报》抓住互联网迅速发展的契机，并依托互联网拓展财经报道的渠道，通过数字报、大洋网、微博、订阅号等传播财经报道，财经报道的途径瞬时拓宽。

广东广州日报传媒股份有限公司成立三十年来，对财经新闻报道以及行业发展前景具有敏锐的观察能力，以精确、亲民、实用等特点，傲然屹立于众多媒体之中，为财经新闻传播贡献了自己的力量。

四、南方报业传媒集团

（一）南方报业传媒集团简介

南方报业传媒集团，前身是南方日报报业集团，于 1998 年 5 月 18 日成立，2005 年 7 月 18 日，南方日报报业集团更名为南方报业传媒集团，南方报业传媒集团由《南方日报》及其创办的系列报刊发展而来。《南方日报》1949 年 10 月 23 日创刊于广州，经过半个多世纪的发展，《南方日报》已成为华南地区的主流政经媒体，并且《南方日报》在阅读群体的设定方面也比较特殊，主打高端阅读群体，主要受众定位于财经新闻的深度报道。

自 2005 年起，南方报业传媒集团开始由单一的报刊业务向多媒体领域拓展，逐步构建起了品牌与人才的双重集群，并在此过程中秉承了持续创新的企业精神。更进一步，集团通过组建规范化的传媒集团公司，推动了现代企业制度在改革中的加速发展。

现阶段，南方报业传媒集团正专注于资源的高效整合与配置，力求实现集团整体效益的最大化。伴随着互联网技术的迅猛发展，新兴媒体呈现出强劲的增长态势。为此，南方报业传媒集团积极加快了向新媒体领域的进军步伐，大力推进网络媒体和手机媒体的发展。同时，集团还致力于拓展能够充分发挥其媒体优势的相关产业，以期在跨媒体、跨地区、跨行业的经营上取得突破性的进展。此外，集团也在积极探索资本经营模式，寻求与外资的合作，从而走上国际化的发展道路。通过这一系列举措，南方报业传媒集团成功打造了一个涵盖报纸、期刊、出版社和网络的多平台立体化传媒组合。截至 2023 年 3 月，集团形成了以《南方日报》为龙头，拥有 5 家报纸、5 种期刊、9 家网站、6 个客户端、超 400 个境内外社交平台机构账号、1 家出版社以及 3000 块互动触控屏、10000 平方米户外 LED 大屏的“报、刊、网、端、微、屏”全媒体传播体系，覆盖用户超过 2.5 亿人。

（二）21 世纪报系

21 世纪报系隶属于南方报业传媒集团，这一报系下辖报纸、杂志、电视、网站、客户端和短视频等多种媒体，目前，已经形成了财经全媒体的产业链，产品多样，并有很多产品已经发展成熟，例如品牌旗舰媒体《21 世纪经济报道》、《21 世纪商业评论》、21 世纪网、21 财经搜索、手机客户端以及微博、微信订阅号等多元产品矩阵。

《21 世纪经济报道》是一家财经类日报，创办于 2001 年 1 月 1 日，是南方报业传媒集团的品牌旗舰媒体，以分析国际形势、透视中国经济、观察行业动态、引导良性发展为目的，及时有效地反映世界经济格局及变化，跟踪报道中国企业界的动态与发展。在国内外很多著名城市都设有派驻记者站，目前是中国大陆发行量最大、最具影响力的主流财经媒体，也是在世界经济界最受关注的中国经济类日报。

《21 世纪商业评论》是南方报业传媒集团在 2004 年 9 月推出的高端商业杂志，面向企业、政府和学术机构的中高层管理人员。2016 年 11 月 17 日，南方财经全媒体集团成立，为中国第一家全媒体集团。

另外，设有 21 经济 App、21 经济网网络电子版。截至 2023 年 10 月 21 日，21 财经客户端下载量突破 1 亿。作为南方财经全媒体集团的官方客户端，21 财经客户端紧紧围绕集团“媒体、智库、数据、交易”四大核心业务，不断迭代升级，影响力稳居全国财经客户端最前列。

21 世纪报系成立时间虽不长，却能在短时间内迅速实现各种媒体的融合，打造全媒体产业链。并且21世纪报系旗下的媒体，都时刻关注时局与个体、国际与民生，对社会经济变革以及市场趋势转变具有敏锐的嗅觉，在实现媒体融合之后，将专业的事情交给专业人士，从财经新闻的发现、挖掘到呈现、传播，都体现了财经报道的专业性。21世纪报系在以下三方面下足了功夫：一是紧抓财经新闻热点，保持专业内容生产能力；二是运用组织架构再造和传播要素重组，全面提升全媒体的传播能力；三是寻找传媒发展突破“风口”，迎难而上，走在行业前列，全面提升转型发展能力。

21世纪报系对财经新闻进行报道时，一直将“融合”视为重要原则，提倡产品融合、终端融合、渠道融合以及平台融合。从来不对“经济”进行独立报道，而是将经济与政治、思想、社会、文化等多元素有机结合，让财经报道更具温度。并且，该报系对财经新闻进行报道时，经常在数据的可视化方面下功夫，利用图表等工具对枯燥的数据进行处理，使得财经专业媒体的易读性大大增强。在过去十余年的发展过程中，21世纪报系巩固和扩大了自己在财经领域的竞争优势，同时也加快探索了财经数据服务和信息服务的新统计，走在了行业的前列，并成为国内乃至国际较有竞争力的财经数据供应商。

第二节　推动中国财经新闻传播发展的关键人物

对财经新闻的传播起到了巨大的推动作用的，除了一些重要的机构之外，国内还有四位重要的人物，他们凭借自身的才能，推动了财经新闻传播的发展，他们分别是安岗、丁望、胡舒立和吴晓波，他们的存在为中国财经新闻传播发展史添上了浓墨重彩的一笔，是中国财经新闻传播发展史上里程碑式的人物。

一、安岗

安岗（1918 年 12 月至 2013 年 4 月），男，天津人，原名安正元，笔名郑远。作为中国共产党的一位优秀党员，他始终坚定地忠诚于共产主义事业，是中国共产党在新闻宣传领域的一位杰出领导干部。他不仅在新闻理论研究方面有着深厚的造诣，还是一位著名的教育家，致力于培养和指导新一代的新闻工作者。他是晋冀豫解放区新闻事业的缔造者之一、新中国新闻事业的奠基人之一、新中国新闻教育的奠基人之一、中国经济传媒的奠基人之一，《经济日报》原总编辑，中国社会科学院新闻研究所第一任所长，《人民日报》原副总编辑、社务委员，中国人民大学新闻系第一任主任、教授，中华全国新闻工作者协会主席团原委员、书记处书记，中国新闻学会原副会长。

（一）热衷革命的青年

在青春年少之时，安岗便已怀揣着炽热的革命信念。自 1936 年起，当时年仅 18 岁的安岗，便在北京投身于党所领导的中华民族解放先锋队。一年之后，他更是担任了山西青年抗敌先锋队委员以及“牺牲救国同盟会”学生工作委员会委员的职务。到了1937年底，晋冀特委看重安岗有新闻记者的经历，便任命他着手在解放区创办一份报纸，试图通过报纸宣传的方式为激发抗日民族热情助力。当时由朱德亲笔题写报头的《胜利报》便应运而生，20岁的安岗就担任起总编辑。此外，他还曾在《晋冀豫日报》和《新华日报》（太行版）这两家重要的新闻机构中担任重要职务。据详细统计，他在《新华日报》（太行版）任职期间，撰写了多达200余篇的社论文章。这些社论不仅深刻反映了当时的社会状况，还展示了他作为一名新闻工作者的深厚功力和对时事的敏锐洞察力。

在1938—1943年的六年间，安岗相继出任晋东南战地动员委员会宣传部部长，太行区《胜利报》的编辑主任及社长，同时亦担任过《晋冀豫日报》的副社长及社长，以及《新华日报》（太行版）的副总编辑等重要职位。在此期间，他为中国新闻事业的蓬勃发展做出了极为显著的贡献。

1941年底更是被邀请担任中共北方局机关报《新华日报》华北版社论委员，用社论的方式为抗日的胜利添砖加瓦。在解放战争期间，安岗相继出任新华社晋冀豫总分社前线分社以及华北局机关报《人民日报》的负责人，并撰写了诸如《哪里有游击战争，哪里即可对敌人实施打击》及《关于高树勋率领新八军全体起义的报道》等一系列杰出的新闻通讯作品。

（二）年少有为的媒体人

1949年10月，三十出头的安岗就被任命为党中央机关报《人民日报》的副总编辑、记者。新中国成立后，安岗曾任《国际新闻工作者》中国编委委员。安岗不仅是一名优秀的记者，还是一名有追求的人民教师，他于1955年开始在中国人民大学新闻系任教，承担着系主任的重担，为奠定中国新闻教育事业的发展基础做出了巨大贡献。在1959年，他被任命为《人民日报》的副总编辑以及社务委员。在这个职位上，他不仅负责重要的编辑工作，还积极参与撰写了许多杰出的文章和作品。他的笔触涉及多个领域，从对工业生产的热爱，到对日常生活细节的深刻洞察，再到对企业领导在管理过程中应考虑的各种问题。他的作品如《热爱机器》《更接近生活》《企业领导应经常考虑什么》等，不仅在当时引起了广泛的关注和讨论，而且在今天依然具有重要的参考价值和启示意义。通过这些作品，他展示了自己深厚的专业素养和对社会现象敏锐的洞察力，为读者提供了丰富的思考素材，也为新闻界和文学界做出了不可磨灭的贡献。

在“文革”期间，面对逆境，他毅然决然地对抗并抵制了“四人帮”的逆行妄为。历经“文革”动荡之后，党中央不仅重新赋予了他人民日报社的领导职位，随后还委任他兼任中国社会科学院新闻研究所的所长一职。

“文革”结束后，安岗重任《人民日报》副总编，刚一上任的安岗就拿出改革的姿态，立即开始了报社的人员调整工作，不仅创新发稿方式——从全国各地请来无数专家和学者作为特约记者，同时还对《人民日报》进行改版升级，提升报刊的易读性，增强新闻报道的专业性。安岗所采取的“大刀阔斧”式的调整工作，使得《人民日报》在短时间内恢复了声誉，扩大了影响，促进了《人民日报》的繁荣。

（三）财经新闻传播的推动者

安岗是推动中国改革开放以来财经新闻传播的第一人。1979 年，改革开放政策实施以后，安岗察觉到了经济的重要性，并认为经济的发展将在未来中国发展进程中起到举足轻重的作用，于是便向中央提出申请，请求成立《市场报》，此举堪称中国新闻界的一项标志性事件。《市场报》诞生于党的十一届三中全会召开的历史时期，是新中国成立以来，在党的领导下创办的第一家专注于报道市场经济的专业报纸，同时也是新中国首份采用彩色胶印技术的报纸，由此引发了西方媒体的广泛关注。

1982 年，安岗参与组建《经济日报》，1985 年任《经济日报》总编辑、高级编辑。其间，安岗策划实施了重走长征路的活动，这在新闻史上赫赫有名，影响久远，取得了巨大的反响。1986 年他退出了《经济日报》的领导岗位，并开始致力于中国公关事业的前进和发展，但在新闻界仍旧具有极高的声望。

安岗自十几岁便涉足新闻行业，在动荡年代里，养成了对新闻敏锐的察觉能力。新中国成立之后，又一直从事新闻编辑以及教学工作，是公认的办报的“行家里手”，在长期的工作与教学之中，对于新闻以及报社办报又有了更深的认识。

在安岗的新闻职业生涯中，他一贯秉持“新闻源自脚下路”的理念，凭借日益丰富的实践积累，不断推进新闻行业的革新与发展。安岗本人学识渊博，善于思索，专业技能出众，在新闻选题策划、采访撰稿、版面编排、标题制作、经营管理以及广告公关等多个方面，均彰显出他独到的见解与创新的能力。

安岗对于改革开放以来财经新闻传播业的发展起到了巨大的推动作用。他首先深刻认识到经济在国家事业发展中的核心地位，敏锐地洞察到财经新闻传播领域所蕴含的广阔前景，据此倡议创办《市场报》。在担任《经济日报》总编辑期间，他创新性地提出致力于办好经济党报的指导思想，明确指出“《经济日报》是党在经济领域的重要喉舌和舆论阵地”这一基本政策方针，有效地解决了经济类报纸的属性界定、角色定位、工作导向以及发展目标等一系列关键问题。值得注意的是，安岗在《经济日报》任职期间，始终强调报纸要以马克思主义为基本思想指导，将重点放在宣传马克思主义的经济理论上，为当时社会主义市场经济制度的实施提供了良好的舆论环境，让民众更加了解新的经济制度以及经济政策，促进了新经济政策的实施。同时，安岗亦着重强调了新闻资源的整合、信息产品的开发以及信息产业的发展，旨在更好地服务于经济建设。在他的指导下，成功策划并推出了《重走长征路》《让王府井大街亮起来》等一系列重点报道，通过采用多样化的报道形式，并精选现实生活中生动鲜活的事例作为切入点，深刻揭示了经济改革进程中的重大议题，赢得了社会各界的广泛赞誉。除《市场报》外，《中国企业家》杂志等一系列报刊的创刊，亦凝聚着安岗的心血与智慧。除在新闻领域取得显著成就外，安岗在文学领域同样有着不俗的表现。他先后出版了《新闻论集》《安岗新闻通讯集》《安岗新闻工作 60 年》《成长的岁月：中国人民大学新闻系早期师生忆往事》等多部著作，均获得了业内人士的高度评价。

二、丁望

（一）人物简介

1926 年 10 月 6 日，丁望出生在江苏南通。成长于艰苦的生活环境中，丁望从小便养成了锐意进取、敢于拼搏、豁达且从不言败的性格。丁望凭借优异的成绩考上燕京大学，之后参加土改运动的经历让年少的丁望迅速成长起来。在河北平山县解放区他成为一名光荣的共产党员，之后又在平山县参加了建团工作。北平解放后，丁望分配到了团中央宣传部，后来到了《中国青年》杂志社，《中国青年报》创刊时又加入《中国青年报》。1956 年刚刚 30 岁的他已经是《中国青年报》的副总编辑。“文革”后期，丁望离开了《中国青年报》，加入《世界经济》杂志社，同厉以宁先生深交，在杂志社期间他阅读了大量的西方经济学的书籍，涉猎西方的经济学理论，这番经历使得丁望打开了经济学的大门。“文革”结束之后，丁望已有 50 余岁，与安岗年轻时便意气风发、锋芒毕露不同，丁望可谓是老来得志，在“文革”结束之后，他的新闻事业才刚步入正轨。他先后加入《工人日报》《经济日报》学习了很多有关经济报创办、运营的理论知识，也积累了很多实践经验。

此后，年过 60 岁的丁望，经过五十年的磨炼与实践，已经逐渐形成了自己的思想和观点，也开始有了自己办报创刊的想法，经过几番奔波，1989 年 4 月，《中华工商时报》获批创办。

奔波或许是丁望的人生关键词，68 岁的他仍在新闻界忙碌，先是参与《中国经营报》改版，后远赴上海经营《市场经济周刊》，并且以 72 岁的高龄开始创办《中华合作新报》。

曾有人评价丁望为堂吉诃德式办报人，的确，丁望少年坎坷，青年时又遭遇了“文革”之变，尽管重返报业已是垂暮之年，但仍孜孜不倦，以犀利的目光窥见了财经报业的光明前景，并投身于经济报创办，也取得了不少成就，丁望一生绝大多数时间都在新闻界忙碌，凭借一己之力，为改革开放以来的财经新闻传播做出了巨大贡献。

（二）丁望与《中华工商时报》

丁望与《中华工商时报》有着密切的联系，业界常说“没有丁望就没有《中华工商时报》”。在过去的几十年中，丁望的存在对于财经报纸的发展确实起到了巨大的推动作用，若无丁望，财经报纸的发展定会缺少一些传奇故事，20 世纪 90 年代初期《中华工商时报》取得了辉煌的成就，这与丁望的努力是分不开的。

《中华工商时报》是丁望一生的心血。1982 年，安岗参与组建《经济日报》，丁望也曾在《经济日报》工作过四年，之后，丁望下定决心要自己办一家报纸。1988 年之后，中国已经开始全面迈入以经济建设为中心的进程，社会主义市场经济制度虽然已经确立，并且作为改革目标取向已经明确，但有关计划经济与市场经济之间的争论仍在继续，甚至愈演愈烈，给社会主义市场经济制度的实施造成了较大的舆论压力。在这样的时代背景之下，已经具备四年经济新闻工作经验的丁望看到了经济类报纸的光明前景，便抓住了这个机会，致力于创建一份迥然不同的经济类报纸。

1988 年，丁望几经辗转，向上级领导争取了办报的机会，并且还利用自己在业界的影响，招募记者、编辑等相关工作人员。并将工商联提供的 25 万元以及募捐所得的 50 万元投入《中华工商时报》的创办，1988 年底，《中华工商时报》正式成立，并用短短几年时间，就在财经新闻界声名鹊起。《中华工商时报》被视为财经新闻界一个具有里程碑意义的报刊，许多人持有这样的观点，认为《中华工商时报》不仅仅是在中国大陆市场中开创了现代化报纸的先河，还是新闻领域中从新闻政治化向新闻财经化转变的标志性事件。这份报纸的出现，不仅在新闻传播方式上带来了创新，而且在内容和主题上也实现了重要的转变。它将更多的关注点放在了经济、商业和市场动态上，从而引领了一种新的新闻报道趋势。这种转变不仅反映了社会经济发展的需求，也满足了公众对于财经信息的渴望。因此，《中华工商时报》在推动中国大陆新闻事业现代化和市场化进程中，发挥了不可忽视的作用。

《中华工商时报》之所以能在短短几年内异军突起，离不开丁望的苦心经营。《中华工商时报》具有鲜明的特色，丁望在经营这一报刊时，就格外强调，在对财经新闻进行专业化报道时，要尽量采取读者喜闻乐见的方式，提高财政新闻的亲民性，“民味”“商味”“海味”成为《中华工商时报》最具代表性的特征。所谓的“民味”指的是该报刊的亲民性。丁望在办报时强调，《中华工商时报》作为一家党报，是由统战部和工商联共同领导的报纸，同时，丁望也提出，该报刊不是机关报，在对财经新闻进行报道时，不用像机关报那样，端着大报的“架子”，在报道方式和报道措辞上，应该摒弃“官腔”，走群众喜闻乐见的路子，贴近生活、贴近读者，以亲民性唤起群众对于财经新闻的阅读兴趣。此外，“民味”反映在内容方面就是为工商企业提供服务，注重报道的便民性。而“商味”所指，即《中华工商时报》应将面向市场确立为其根本宗旨。

充分践行“在商言商”的使命，注重对于工商新闻的深度挖掘与传播。所谓的“海味”指的是《中华工商时报》应该立足国内政治经济形势，密切关注国际市场，在版面设计、写作风格以及写作手法方面，充分借鉴国际知名财经报刊，要走国际化路线，与国际接轨，倡导“海派”风格。

此外，《中华工商时报》能屹立于20世纪90年代的新闻界，与它的超前性和真实性是分不开的。在创办之初，丁望就提到了新闻真实的重要性，认为《中华工商时报》就该说真话、报道真事，让读者了解到真正的经济情况，这与当时很多的党报大相径庭，具有极强的超前性。丁望曾有一句名言：要说真话，不说假话，有时由于各种各样的原因不能讲真话，也不要说假话。这一名言支撑着整个《中华工商时报》的发展。① 以1994年江苏、安徽遭遇百年难遇特大水灾，《中华工商时报》的报道为例，当时，水灾一发生，《中华工商时报》的记者就火速赶往灾区，对灾情进行现场报道，《中华工商时报》对灾情的报道在当时的新闻界，显得独树一帜，《中华工商时报》的报道不像别的党报，仅对灾情以及政府、部队和百姓积极抗灾抢险工作进行特写，《中华工商时报》除了报道这些之外，

---

① 曲力秋. 报人丁望[J]. 新经济,2001(9):22-25.

还格外关注灾民的艰苦，披露了抢险救灾过程中工作不到位的地方，时至今日，丁望以及《中华工商时报》敢为人先、坚持真理的态度都是值得新闻工作者及传播机构学习的。

亦有人将《中华工商时报》喻为新闻领域的“黄埔军校”，丁望则担任该校的校长。诚然，《中华工商时报》在新闻界培育了大量杰出人才，现今众多在新闻界独当一面、表现突出的新闻工作者，皆出自《中华工商时报》门下。

丁望敢为人先、坚持真理、吃苦耐劳的态度极大地影响了《中华工商时报》的发展，影响了财经新闻的传播乃至整个新闻界的发展，他是新闻界里程碑式的人物。

三、胡舒立

（一）人物简介

胡舒立，财新传媒创办人，现任财新传媒社长，中山大学传播与设计学院教授，中国人民大学新闻学院兼职教授。

胡舒立自出生起就仿佛与传媒结下了不解之缘，1953 年她出生于传媒世家，大外公胡愈之被誉为中国新闻出版界的领航人，外公胡仲特是新闻出版社的老前辈，母亲是《工人日报》的编辑。19 岁时，胡舒立便拜师中国著名战地记者恽逸群，这对她今后在新闻领域深耕产生了深刻的影响。

1978 年胡舒立考入中国人民大学新闻系，在中国人民大学的学习生涯为胡舒立奠定了在新闻领域从业的坚实基础。1987 年，胡舒立荣获世界新闻研究所（WPI）颁发的奖学金，赴美进行了为期五个月的学术交流。归国后，她基于访问期间的所见所闻与深刻感悟，整理汇编成《美国报业见闻》一书，并于 1991 年正式出版。此番美国之行，使胡舒立深刻认识到经济在国家发展进程中的关键作用。鉴于此，自 1994 年起，她正式迈入经济领域，不仅荣获美国斯坦福大学新闻学院所颁发的奈特奖学金，而且矢志不渝地投身于发展经济学专业的学习与研究。至 2000 年，她成功加入了由美国福坦莫大学与北京大学中国经济研究中心携手合作的项目，并在项目完成后顺利取得了 EMBA 学位。

1982 年，胡舒立进入《工人日报》工作，担任国际新闻编辑和记者，并在工作期间，以一系列揭露性报道受到大家称赞。在 1992 年的时候，她获得了《中华工商时报》的聘任，担任了国际新闻部的主任职位，并且同时兼任了首席记者。基于在新闻领域长达六年的实战经验积累，1998 年，胡舒立离开《中华工商时报》，创立了《财经》杂志，并亲自担任主编职务。历经十一年的磨砺与挑战，2009 年 11 月，胡舒立决定辞去《财经》杂志主编一职，重返学术界，出任中山大学传播与设计学院院长。同年 12 月，胡舒立又创立了财新传媒，并出任总编辑之职。

（二）胡舒立与《财经》杂志

胡舒立被认为是《财经》杂志的一手缔造人，中国财经新闻的“女教父”，胡舒立团队创办的《财经》周刊，曾一度被认为是国内针砭时弊、被誉为“中国媒体良心”的传奇，在中国财经新闻界具有重要的地位。

胡舒立是一个新闻理想主义者，在创办《财经》杂志时，她一直倡导要做其他媒体不能做的题材，吸引了大批媒体人，也获得了大量受众的认可。

胡舒立曾经说过：“记者的天性，就是探索和报道真相。”的确，胡舒立在创办《财经》杂志时也是这样做的，在《财经》杂志创立的十一年历程中，其始终秉承“独立、独到、独家”的原则，对财经报道领域实施了一系列革新举措。其间，该杂志推出了诸多具有社会公益性质的重要报道，揭示了财经领域的诸多真相，并因此产生了广泛而深远的社会影响。《财经》杂志一直被视为财经新闻界的良心，而胡舒立也被视作财经新闻工作者当中的勇士。

《财经》杂志在创办期间，曾经因好多独到的报道威胁到个别人的利益而受到攻击，《财经》杂志也因“敢披露、敢报道”而在圈内闻名。《商业周刊》因为《财经》杂志在 2000 年 10 月发表的《基金黑幕》，而评价胡舒立为“危险女人”，《财经》杂志上的报道也一度被视为“危险报道”。《基金黑幕》这一报道发布后，引起了社会各界对于基金的关注，这篇报道将矛头集中指向全国基金管理公司，勇敢地披露了基金界的腐败现象，这篇报道触及了当时基金领域很多人的利益，胡舒立及《财经》杂志都承受了巨大的压力。在巨大的压力之下，胡舒立及其所领导的《财经》杂志，依然坚守真理，发表了《批评权、知情权和新基金使命》一文，以回应十大基金公司的声明。文中明确指出，“公开、公正、公平”乃是基金行业实现良性发展所必须遵循的基本原则。胡舒立所作的这篇被视作“具有风险性”的报道，直接引发了财经新闻界针对股市问题的广泛讨论，并最终推动监管当局制定并实施了一系列严格的监管举措。类似《基金黑幕》的财经报道还有很多，例如《银广夏陷阱》《谁的鲁能》《庄家吕梁》等，这些报道都报道了别人不敢报道的东西，维护了财经界的正义，获得了社会的广泛关注。

胡舒立在《财经》杂志工作了十一年，创作了无数传奇。2009 年，胡舒立于《财经》经历了两月有余的人事纷扰，胡舒立及其团队的大辞职预示着《财经》杂志这一新闻界的传奇开始走向没落。

（三）财新传媒

财新传媒（Caixin Media）是一家专注于提供财经新闻和各类资讯服务的民营全媒体集团。该集团由前《财经》杂志的总编辑胡舒立发起并创建，致力于为读者提供全面、深入的财经报道和分析。财新传媒涵盖了报纸、杂志、网站、移动应用等多种媒体形式，旨在通过多元化的传播渠道，满足不同用户的需求。其报道内容不仅覆盖宏观经济、金融市场、企业动态等传统财经领域，还涉及科技、文化、教育等多个相关领域，力求为读者提供全方位的财经信息。旗下产品主要有财新网、《财新周刊》、《中国改革》、财新英文季刊（*Caixin – China Economics & Finance*）、财新会等。

在告别《财经》杂志之后，《财新周刊》成为胡舒立另一重要的工作阵地。《财新周刊》创刊于 1988 年，自 2010 年起，其经营管理工作转由胡舒立团队接手负责。胡舒立及其团队接手《财新周刊》以来，进行了大刀阔斧式的改革，促使《财新周刊》在极短时间内实现了杂志定位、风格及内容方面的显著转变。截至目前，《财新周刊》已发展成为财经领域内较为专业且知名的杂志之一，在国内外均产生了深远的影响。

值得注意的是，《财新周刊》的封面报道经常引起公众对财经议题的广泛关注。这些报道通常包含大量调查性内容，具有显著的时效性，并且紧密关联当前社会财经议题的现实状况，与公众生活紧密相连，展现出强大的论证力和信息揭露力。《财新周刊》的封面报道持续关注热点事件，依托于专业的编辑和采访团队，根据时事变化进行选题和刊发，在财经新闻界中，其选题策划和刊发方式具有显著的特色。《财新周刊》在短时间内就凭借质量优势以及极高的可信度，在业界广受赞誉，并且在国内外也树立了良好的形象以及口碑。

2015 年 3 月，《财新周刊》2015 年第 12 期在《权力猎手郭文贵》报道中，宣称揭开政泉控股老板郭文贵的政商关系，被 BBC 中文网认为是胡舒立团队继《谁的鲁能》之后的重大调查报道。

2017 年 10 月，财新传媒正式宣告，自 11 月 6 日起，将全面实施财经新闻的收费制度。此付费墙模式在一定程度上引发了社会各界对于“新闻公共性”的广泛讨论，同时也招致了部分受众的批评。然而，从某种角度来看，该付费墙模式也在一定程度上体现了胡舒立及其团队对其品牌影响力的高度自信。

总而言之，无论是《财经》杂志还是《财新周刊》，胡舒立及其团队都向读者以及社会交出了满分答卷，正是因为这个“危险女人”及其团队的存在，很多触及部分人利益的“危险报道”才能发刊，才能将关系到民众的财经事件披露在大众眼前，给黑暗势力造成极大的社会舆论压力，迫使相关部门及行业进行改革。

四、吴晓波

（一）人物简介

吴晓波，广东梅县人，著名记者、财经作家，1968 年出生于浙江宁波，毕业于复旦大学新闻系，哈佛大学访问学者，“蓝狮子”财经图书出版人。他所创立的蓝狮子财经以本土公司的财经写作为宗旨。吴晓波尤为看重并致力于挖掘中国公司史与人文财经领域。其后，他所出版的一系列图书不仅被奉为中国财经类著作的头部作品，还被广泛传诵，成为经典之作。1989 年吴晓波进入新华社浙江分社实习，开始了他长达十三年的商业记者生涯。除了在新闻领域的建树，吴晓波还曾在上海交通大学、暨南大学等高校任教，担任 EMBA 课程教授。自 1994 年起，吴晓波开始为《杭州日报》撰写专栏文章。吴晓波认为，专栏写作是锤炼文字能力的最佳方式。凭借风趣幽默的时事评论及独到的观点，吴晓波逐渐形成了自己独特的写作风格。2002 年，吴晓波受邀成为贝塔斯曼亚洲地区的签约作家。与此同时，吴晓波开始经营自己的图书项目。2014 年吴晓波登顶百度 moments 营销盛典最具品牌价值财经作家榜。

（二）创作人生

吴晓波的一生极具传奇色彩，他不仅是一个高产的新闻工作者，也是一位高产的作家。虽然他的主要精力都用在出版事业上，但自 1996 年至今，他还几乎以每年一本的出书频率共写作二十余本书。

吴晓波的写书生涯始于他 30 岁之时，那时的吴晓波在新闻界已经家喻户晓了，这一年，吴晓波开始写书，并且是商业类的书。自从吴晓波开始写书之后，就一发不可收，每年都会有新书出版。吴晓波的商业类书籍以脍炙人口的方式，将商业类的专业知识大众化，因此，赢得大批读者的欢迎，他的很多书籍被列为畅销书。吴晓波不仅写书，还利用财经自媒体“吴晓波频道”宣传他的创作，利用微信公众号、短视频介绍他的书，这种营销模式后被许多商家借鉴。

吴晓波的文字幽默诙谐，且入木三分，时常用诙谐的文字、娓娓道来的话语，一语中的，准确地揭露商业问题，揭示转型期中国经济的一些怪现状，比如《南风窗》中，揭示了当时公司股权等问题。此外，吴晓波所著文章的文字风格同样独具特色，这在其为《经济观察报》所撰写的《被夸大的公司使命》《二十年公司——表面的胜利》《企业家为什么不是知识分子》等一系列文章中得以充分展现。尽管其写作风格初看之下或许显得较为刻板与严谨，但是其观点新颖且独到，叙述方式又娓娓道来，使读者不禁沉醉其中。在吴晓波众多的书籍中，不得不提他创作的中国经济史系列丛书，这一系列丛书梳理了长达两千多年的中国经济演进史，并整理出一个大致的发展逻辑，丛书有《激荡三十年：中国企业 1978—2008》《跌荡一百年：中国企业 1870—1977》《浩荡两千年：中国企业公元前 7 世纪—1869 年》《历代经济变革得失》。《激荡三十年：中国企业 1978—2008》是一部中国公司史，于 2008 年完成，而这一年恰好是改革开放三十周年，这本书一经出版，便吸引了大批读者的关注，一时间成为畅销书目。自《激荡三十年：中国企业 1978—2008》之后，吴晓波又相继创作了《跌荡一百年：中国企业 1870—1977》《浩荡两千年：中国企业公元前 7 世纪—1869 年》《历代经济变革得失》等经济发展史类的图书，社会反响较好，并具有较高的学术研究价值。

从业至今，吴晓波创作了许多财经书籍，主要作品有《大败局》《穿越玉米地》《非常营销》《被夸大的使命》等。其中《大败局》被评为“影响中国商业界的二十本书”之一。吴晓波的商业书籍，记录了中国企业发展的历史，向读者展示了改革开放以来，中国财经发展的状况，对中国的商业界产生了深远的影响，在中国改革的财经发展史上，画上了浓墨重彩的一笔。

（三）吴晓波频道

吴晓波频道，是一个由吴晓波及其团队创造的，以吴晓波命名的，国内目前较大的互联网财经社群，该知名财经自媒体涵盖了多种具体互动形式，包括微信公众订阅号、财经类脱口秀的视频及音频，以及书友会等，展现出多元化的传播渠道与互动方式。

《吴晓波频道》落户爱奇艺财经频道，作为国内首档财经脱口秀节目，还未上线时就获得了业内外的高度关注。2014 年 5 月 8 日，国内首档财经脱口秀节目《吴晓波频道》正式在爱奇艺上线；2014 年 6 月 27 日，爱奇艺正式宣布成立爱奇艺吴晓波工作室，吴晓波成为继马东、刘春和瘦马之后，爱奇艺工作室战略的又一位重量级“合伙人”。截至 2014 年 7 月 25

日，《吴晓波频道》已经上线12期节目，总播放量突破9000万，逼近1亿大关，稳坐国内财经视频节目的头把交椅。

吴晓波不仅是一名优秀的记者，还是一位成功的商人。财经自媒体节目《吴晓波频道》的问世正是顺应了国内经济飞速提升的环境，在纷繁复杂的舆论环境中受众急需专业化的财经知识输出，由此，对有专业背书的财经作者的知识输出需求就大大增加。《吴晓波频道》凭借其多元化的财经信息服务体系及独到的运营策略，有效增强了用户黏性。该频道以商业矩阵的模式，为受众提供了全面且专业的财经信息，稳固地占据了国内财经视频节目的领先地位。此外，通过自媒体渠道，该频道还为自身的财经类书籍进行了成功的宣传，实现了书籍营销的良性循环。因此，《吴晓波频道》已成为财经市场中的佼佼者。《吴晓波频道》采取了多维定位策略以及商业运营策略，在内容方面，坚持节目的专业性、话题性以及多元性，上线以来，就受到了很多年轻观众的喜爱，收视率一直稳居高位；在用户管理上，《吴晓波频道》采用了多元运营手段，不断拉新、促活和保留用户，利用全媒体环境，重视渠道的影响力，例如通过微信公众号的回复增强用户黏性，带动了粉丝社群经济的发展，这种社群运营方式给予图书社群的营销很大的启示，后被许多作家以及团队所采用。《吴晓波频道》运营的主要策略是通过知识付费、电商平台和社群互动的盈利方式来创收，多种盈利方式并举，能更好地促进平台的创收。同时，《吴晓波频道》还通过社群运营来带动图书社群销售，通过微信公众号线上线下互动来带动粉丝社群经济，传播品牌。其运营方式和商业策略，值得财经自媒体平台学习和借鉴。

如果说安岗、丁望和胡舒立是通过平面媒体来推动财经新闻传播的，那么，吴晓波就是一个从平面媒体向自媒体的过渡者，他既通过书刊、报刊等推动改革开放以来财经新闻传播的发展，又利用自媒体途径，利用多种传播方式，探索财经新闻传播途径的改革。吴晓波开创了自媒体财经新闻传播的先河，是新闻史上又一个里程碑式的人物。

附一　堂吉诃德式的报人丁望　动荡的背景里影响远播

丁望，是一位堂吉诃德式的报人，于1926年10月6日出生于江苏南通。少年时期的种种磨砺，铸就了他坚韧不拔、勇于面对挑战、永不言败的性格底色。这些品质成为他一生奋斗不息的精神支柱。

凭借出色的学业成绩，丁望顺利考入燕京大学。抗战胜利后，燕京大学迁回北京，丁望得以在相对平静的环境中完成学业。

革命与成长

土改运动的洗礼褪去了丁望的学生气，他在河北平山县解放区加入中国共产党，并积极参与建团工作。热爱劳动、吃苦耐劳的特质使他在下放锻炼中经受住了考验。在平山县团委工作期间，他的表现赢得了领导马仪的高度赞誉，两人共同度过了艰苦岁月，建立了深厚的友谊。

北平解放后，马仪担任团中央副秘书长，丁望则被分配到团中央宣传部，后转至《中国青年》杂志社，并在《中国青年报》创刊时加入。尽管此前没有新闻工作经验，但丁望在上级邢方群的悉心指导下，迅速掌握了新闻报道的技巧，并参与了《中国青年报》首张报纸的版式设计。从此，研究版面语言、注重版面设计成为他报人生涯的重要特色，也为日后《中华工商时报》的成功奠定了基础。

人生转折与反思

1957年是丁望人生的转折点。年仅30岁的他已成为《中国青年报》副总编辑，却因个人问题遭受打击。经过三年多的劳动改造，丁望的精神世界发生了蜕变。反右、“大跃进”及“三年困难时期”的基层经历，使他开始反思与批判现实。

“文革”后期，丁望回到北京，离开《中国青年报》加入《世界经济》杂志社。在此期间，他结识了厉以宁先生，共同经历了右派的磨难使他们的交往更加密切。厉以宁向丁望推荐了大量西方经济学书籍，丁望开始系统学习西方经济学理论，这为他日后的新闻事业和报业改革提供了重要思想基础。

回归新闻界与改革实践

邓小平拨乱反正后，丁望迎来了回归新闻界的契机。50 多岁的他应《工人日报》总编辑邢方群的邀请，毅然重返新闻界。面对报道不被刊发的压力，丁望凭借顽强的性格和不懈努力，成功推动了渤海二号事件的报道，成为新中国成立以来第一次揭露重大事故的新闻报道。

转战《经济日报》后，丁望遇到了对他影响深远的安岗。安岗作为《经济日报》的创办人和积极改革者，其诸多想法激发了丁望的灵感。在安岗的影响下，丁望开始思考报纸的集团化、多媒体跨行业经营等前沿理念，并付诸实践。

办报理念与成就

年过 60 岁的丁望心态依然年轻。在新闻界历经五十年的磨炼与实践后，他逐渐形成了自己的办报理念和思想。他渴望有机会将这些理念和思想表达出来，并为此不懈努力。

1987—1988 年，丁望在北京奔波寻找办报机会。最终，在老领导马仪的支持下，《中华工商时报》获准创办。丁望几乎白手起家，亲自筹人、筹钱、雕琢报纸。他提出的面向市场、经费自筹自支、自负盈亏等先进理念，在当时都是开创性的。他还提出报社用人原则为“三不养”，即不养懒人、不养庸人、不养调皮捣蛋的人。这些理念和实践在中国报业中都是前所未有的。

丁望为《中华工商时报》赋予了鲜明的定位：为改革鼓与呼，为市场经济鸣锣开道，关注中国新兴经济力量——民营经济的成长。他坚持“民味、商味、海味”的特色，使报纸在短时间内迅速崛起，影响力波及中国港澳台和东南亚。

晚年与传承

离开《中华工商时报》后，68 岁的丁望依然活跃在新闻界的前沿。他先后帮助《中国经营报》改版、经营《市场经济周刊》，并创办《中华合作新报》。虽然晚年的作为屡遭挫折，但他从未放弃对新闻事业的热爱和追求。

丁望不仅创办了一份有影响力的报纸，还培养了一大批传媒人才。他们大都活跃在中国传媒领域的最前沿，深受丁望思想的影响，并带着深深的“时报文化”烙印。

附二　吴晓波作品简介

《我的诗篇》：工人题材的诗歌纪录电影

由吴晓波策划的《我的诗篇》是中国首部以诗歌角度展现工人题材的纪录电影。影片聚焦六位特殊工人，他们以诗言志，为三亿多产业工人与农民工立言，为底层生存做证。该片获评第18届上海国际电影节金爵奖最佳纪录片，标志着中国诗歌纪录电影的开创。

《大败局》与《大败局Ⅱ》：商业失败的深度剖析

《大败局》记录了2000—2007年中国商业界的失败案例，书中企业家多为高学历人才，与早期草莽创业者形成鲜明对比。他们拥有专业素养和战略眼光，却因赌性难遏而走向衰败。《大败局Ⅱ》则更多地展现了“工程师＋赌徒”的商业人格模式，揭示了企业家职业中最惊心动魄的一跳。

《激荡三十年：中国企业1978—2008》：改革开放初期的企业变革

《激荡三十年：中国企业1978—2008》详细记载了中国1978—2008年的企业变革历程，通过细腻描绘草莽时代的商品大潮和社会躁动，重现了年广久、步鑫生等早期改革风云人物的风采。

《跌荡一百年：中国企业1870—1977》：中国商业史的编年体记述

《跌荡一百年：中国企业1870—1977》以编年体的形式记述了中国抗日战争时期、抗日战争胜利以后、解放战争时期以及新中国成立后，直至中国改革开放时期之前四十年的中国商业史。

《吴敬琏传：一个经济学家的肖像》：经济学家的肖像与历程

《吴敬琏传：一个经济学家的肖像》深情描绘了经济学家吴敬琏的八十年激荡人生，追溯了影响共和国经济史的重大经济争论，梳理了中国经济变革的曲折历程。吴敬琏的独立思考和直言不讳为转型国家的发展做出了重要贡献。

《浩荡两千年：中国企业公元前7世纪—1869年》：中国商业历史的探寻

《浩荡两千年：中国企业公元前7世纪—1869年》从中国公元前7世纪到1869年的商业历史中探寻当代问题的答案，包括工商文明的早慧晚熟、商人阶层的社会角色、政商关系等。书中部分问题已找到答案，部分仍在大雾中徘徊。

《历代经济变革得失》：中国经济变革史的集大成之作

《历代经济变革得失》系统概述和比照了中国历史上重大经济变法的措施和实践，指明因革演变、坦陈利害得失。该书既高屋建瓴地总括了中国式改革的历史脉络，又剖析了历代经济变革的内在逻辑与规律。

《这些年，马云犯过的错误》：成功者的自我总结

《这些年，马云犯过的错误》从成功者的角度探讨错误与成长的关系。马云作为时代佼佼者，具备诸多优秀特质，其中善于总结错误尤为突出。但成功不仅取决于内在因素，机遇等外在因素同样重要。

《把生命浪费在美好的事物上》：散文作品集

《把生命浪费在美好的事物上》收录了吴晓波近年来的散文作品，展现了他作为父亲、故人、知识分子和商业世界观察者的多维形象。这些文字体现了他从无名到知名财经作家的文脉轨迹，每一篇都是最诚挚的表达。

第八章

港澳台地区财经新闻传播格局与现状

中国香港、澳门、台湾地区在不同的历史、政治与经济背景下，其财经新闻传播发展呈现多元态势。

中国香港财经新闻传播始于1857年《香港船头货价纸》创刊。在其政治经济背景与开放文化环境下，中国香港财经新闻传播经历了由孕育到成熟、由衰退到稳定的发展阶段，亦在市场竞争与选择下打造出若干领军品牌，逐渐形成自己的特色。其中，香港财经报业在整个香港财经新闻传播格局中起到了至关重要的作用。中国澳门当地传媒业的发展同样受其经济发展的历史特殊性影响。20世纪70年代末中国澳门报业开始发展，但仍存在对外依赖等问题，财经类讯息多夹带在综合性报纸中，专业性财经报刊较少。同时，电视业对中国香港及国际传媒依赖较强，本土电视台专业性等方面不足。总体而言，澳门地区在财经类信息传播的多样性、专业性等方面仍不及香港、台湾地区成熟。

在政治因素影响下，中国台湾20世纪80年代前新闻事业几乎停滞。伴随1988年“报禁”解除，台湾境内掀起办报高潮，但仍面临财经类专业化报刊数量少、种类少等问题。进入21世纪，在香港报业的冲击以及市场竞争加剧的影响下，中国台湾报业迎来了崭新格局。

第一节　中国香港的财经新闻传播格局与现状

1857年，中国第一份中文商业新闻报纸《香港船头货价纸》创刊，开启中国香港财经新闻百余年的发展历程，亦成为中国经济新闻报道之发端。①

大众传媒同政治、经济有着天然的血缘关系。中国香港作为全球第三大金融中心，在世界金融系统中扮演着不可小觑的角色。新中国成立后，中国香港备受中国内地际遇的影响。尤其在20世纪70年代后期，内地的改革开放持续推动着香港国际金融中心地位的提升。1997年回归以后，香港的经济结构发生转型，凭借与内地的紧密联系及自身的竞争优势，香港克服一系列经济危机，发展成为亚太地区服务业中心。

伴随着政治、经济、文化的发展进程，中国香港财经新闻传播经历了由孕育到成熟、由衰退到稳定的发展阶段，亦在市场竞争与选择下打造出若干领军品牌，逐渐形成中国香港财经新闻传播特色。

一、中国香港财经新闻传播发展背景

鸦片战争结束后，中国香港逐步发展成为重要的转口贸易港口，这一转变吸引了大量外国商人的涌入，进而促进了中国商人阶层的崛起。鉴于中西贸易的蓬勃发展，市场对于商业信息的需求越发迫切，在此背景下，《香港船头货价纸》应运而生。该报纸主要报道货价行情、船期信息以及

---

① 宋昭勋，吴静，赵应春．浅谈香港财经新闻发展阶段及其特点［J］．新闻研究导刊，2017，8（23）：15－16，126.

各类新闻，同时，亦面向市场发布大量收费广告，成为兼具“广告纸”与“新闻纸”特性的经济类报刊之先驱。①

步入20世纪，中国香港迎来了历史性的发展机遇。“二战”结束后，解放战争、朝鲜战争和越南战争先后导致内地大批居民涌入中国香港。港英政府不仅从中挖掘了人口红利这一经济因素，同时还发现一批主要从北京、上海等内地城市迁移过来的企业家带来了资本和技术，促进中国香港转口贸易向加工贸易转型。朝鲜战争和越南战争的爆发创造了庞大的军需物资和民用物资需求，为中国香港加工贸易提供了充足的市场，既推动了中国香港加工贸易的蓬勃发展，也为其向制造业转型奠定了坚实基础。②

在20世纪七八十年代，中国内地推行了改革开放政策，各地方政府相继出台了一系列优惠政策，以此吸引大量港资企业赴内地投资设厂，这一举措有力地推动了香港制造业向内地的大规模转移。与此同时，多数港资企业依托中国香港在信息流通、资源汇聚、资金流动等方面的地域优势，将设计、财务、决策等核心环节继续保留在中国香港，从而使得中国香港的服务业逐渐从制造业中分离出来，中国香港发展成为中外金融机构汇聚的国际性金融中心。③

1997年，香港回归祖国。“一国两制”、“港人治港”、高度自治的方针和《香港特别行政区基本法》的实施，为香港地区自由贸易发展、保持经济优势提供了法律和制度保障。④ 在“一国两制”政策框架下，香港特别行政区既享有“一个国家”所提供的政治优势与市场准入机遇，又维持了“两种制度”下其作为独立关税区的贸易特色与优势。此外，得益于改革开放政策的深入实施，中国内地产生了巨大的外贸需求，而中国香港在此过程中扮演了连接中国内地与全球贸易往来的重要桥梁角色，促进了双

---

① 宋昭勋，吴静，赵应春．浅谈香港财经新闻发展阶段及其特点[J]．新闻研究导刊，2017，8(23)：15－16，126.

② 陈小辛．香港国际金融中心地位演变与路径选择[D]．长春：吉林大学，2017.

③ 陈小辛．香港国际金融中心地位演变与路径选择[D]．长春：吉林大学，2017.

④ 陈致中，陈娟，杨洸．港澳台报业[M]．广州：暨南大学出版社，2014：6.

方的发展与合作。[①]

然而回归后尤其是步入21世纪以来，中国香港面临着一系列新的经济挑战。蔡赤萌在其学术研究中，系统性地将香港经济在过去二十年的演进历程细分为四个鲜明的阶段。第一个阶段始于1997年香港回归之际，彼时，香港遭遇了亚洲金融危机的严峻考验，这一挑战一直延续至2003年。在此期间，香港经济经历了剧烈的震荡与深刻的调整，旨在有效应对这场突如其来的金融危机。随后，自2003年至2008年，香港迎来了内地与香港经济合作的深化阶段，这一时期显著受益于制度性红利的推动。随着两地经济合作的日益紧密，香港充分利用内地的快速发展，获得了更为丰富的合作成果，进而促进了经济的稳健前行。第三个阶段则跨越了2008—2016年，其间国际金融海啸的余波持续产生影响，导致香港经济增速放缓。全球经济形势的不确定性对香港经济构成了显著压力，迫使香港采取了一系列应对措施，以缓解经济增速下滑的趋势。最终，自2016年起，香港步入了"十三五"规划的新阶段，这一时期是内地深化改革与香港再出发共赢探索的崭新时期。在这一背景下，香港积极融入国家发展大局，与内地携手探索新的发展机遇，致力于在深化改革的过程中实现经济的重新启动与共赢发展，共同开创两地合作的新篇章。[②]

陈广汉分析认为，尽管香港在回归祖国后，相继遭受了两轮国际金融危机以及非典疫情的冲击，但其经济总体上依然维持了稳健的增长态势，并成功地将国际金融中心、贸易枢纽及航运中心的地位推向了新的高度。同时，特别行政区政府的财政实力得到了显著提升，与内地经济的互动联系也日益紧密。随着内地，尤其是邻近香港的珠三角区域经济的迅猛增长，香港与珠三角之间的产业合作模式经历着深刻的变革。以往基于产业内部的垂直分工体系正逐步向跨产业的水平分工体系转变，这一转变不仅重塑了区域经济的结构，也对香港作为国际金融、贸易及航运中心的经济

---

① 张光南，陈广汉．香港对外贸易与经济增长和产业结构升级——"一国两制"和改革开放的成功结合与实践[J]．国际经贸探索，2009，25(1)：4-8.

② 蔡赤萌．香港回归20年经济发展：历程、特点与挑战[J]．学术研究，2017(5)：155-165，178.

职能产生了深远影响，促使其经济功能向更加多元化和高级化的方向演进。①

二、1978 年以来的香港财经类报刊

中国香港的政治经济背景与开放文化环境催生了一批财经新闻传播媒介，并与香港的总体发展趋势相适配。其中，香港财经报业在整个香港财经新闻传播格局中起到了至关重要的作用。

“二战”之后，香港报业迎来黄金时期。1945—1950 年，香港共有 155 家报刊注册，其中有许多战后复刊的报纸。此时，香港报纸很少设有财经专版，财经新闻大多放在香港新闻版的一角，一般是股市行情专栏。②

20 世纪 60 年代，国际金融业急剧发展，大量金融机构聚集香港，国际资本借贷、债券发行、外汇交易、保险等金融交易活动异常活跃。香港金融业被誉为“百业之首”和其他行业的“维生素”，金融、债券、股市、外汇等财经新闻成为报刊最主要的经济新闻类型。③ 顺应经济发展潮流，一些报纸开始设置固定版面报道财经新闻，但报道重心主要在国际财经新闻上。

20 世纪 70 年代，香港经济飞速发展，股市空前兴旺，吸引公众将目光和兴趣投向股票投资。应市场需求，各报纷纷加强财经报道，并且开设股市财经专版来争取读者。从这一时期开始，财经类专业报纸开始发展。1973 年，香港第一份专业的财经类报纸《信报财经新闻》创刊，报刊的读者定位为金融财经界人士和知识分子。同时期的另一份经济类报纸《远东经济日报》深得中下层读者的厚爱，广告收入也不菲。1976 年，美国财经报纸《华尔街日报》在中国香港发行英文亚洲版，名为《亚洲华尔街日报》，这也是《华尔街日报》在美国本土以外发行的第一份子报，显示出其对于中国香港在亚太地区重要地位的认可。一些大报也将原来的经济新

---

① 陈广汉．香港回归20年经济发展的回顾与展望[J]．亚太经济，2017(4)：163－172.

② 陈致中，陈娟，杨洸．港澳台报业[M]．广州：暨南大学出版社，2014：12.

③ 宋昭勋，吴静，赵应春．浅谈香港财经新闻发展阶段及其特点[J]．新闻研究导刊，2017，8(23)：15－16，126.

闻开辟为经济专版，增加经济报道的内容与分量，20 世纪 70 年代经济版的扩张更使一些报纸延伸出独立的经济附刊。①

20 世纪 80 年代，随着香港经济体系的不断完善、经济实力的快速增长，财经信息的传递已经成为社会经济得以正常运转不可或缺的条件。《信报财经新闻》的成功和股市的兴旺催动财经类报纸纷纷面世：1981 年，与《信报财经新闻》风格和内容均相似的《财经日报》创刊；1987—1988 年，《金融日报》和《香港经济日报》面世；《星岛日报》经历多场改革后，在这一时段以报道房地产新闻跻身财经类报纸市场。

1984 年 12 月 9 日，中英两国政府签署了中英联合声明。中国政府将于 1997 年 7 月 1 日对香港恢复行使主权。从签署声明到 1997 年香港回归祖国，这一时期被称为“过渡期”。“过渡期”间，香港报业多次掀起减价风潮，同时因政治、经济因素的影响，一些具有悠久历史的报纸相继宣布停刊。但是，财经类报纸在香港报业的减价风潮中一枝独秀，不仅没有跟随减价，而且在减价战后读者数量仍维持在一定的规模。②

1997 年 7 月 1 日，中国政府如期对香港恢复行使主权，内地和香港经济合作开始紧密，香港财经类报纸迎来繁荣时期。香港报业出现以报道内地经济为重心的财经类报纸，例如《华南财经新闻》《深港财经新闻》等。《香港商报》也开始在内地和香港两地同时发行。

随着同类报纸之间竞争的日益加剧，一些财经类报纸也因定位不够清晰、无法建立固定的读者群，最后难逃停刊命运。香港年报的数据显示，截至 2005 年底，全港共出版 49 份日报，其中在 23 份中文日报里，有 4 份集中报道财经新闻，分别为《信报财经新闻》《香港经济日报》《星岛日报》《香港商报》。而到了 2012 年底，以香港为基础注册的报纸数量达到了相当可观的程度。具体来说，共有 25 份中文日报，这些报纸主要报道香港本地以及全球各地的新闻事件。除此之外，还有 12 份英文日报，这些报纸则主要面向讲英语的读者群体，提供国际新闻和本地资讯。同时，还有

① 方汉奇．中国新闻传播史[M]．北京：中国人民大学出版社，2014：395.

② 陈致中，陈娟，杨洸．港澳台报业[M]．广州：暨南大学出版社，2014.

9份中英文双语日报，这些报纸兼顾了中英文读者的需求，提供了双语的新闻报道。此外，还有4份日语报纸，主要服务于在中国香港的日本人群体，提供日本国内以及中国香港本地的日语新闻报道。在这些中文报纸中，有19份报纸以报道香港本地新闻和世界各地的重大新闻事件为主，内容涵盖了政治、经济、社会等多个领域。另外有3份报纸专注于财经新闻，为读者提供详尽的金融、股票、市场分析等方面的信息。而其余的报纸则专门报道赛马活动，包括赛马赛事的最新动态、赛马分析以及相关的娱乐资讯，深受赛马爱好者的喜爱。①

（一）知名财经类报纸

1.《信报财经新闻》

《信报财经新闻》是由林行止及其妻子骆友梅于1973年7月3日创办的香港第一份财经类专业报纸，该报以经济分析和经济报道为主，主要分中国、工业、股市和金融四大类。

《信报财经新闻》每天大约出报30版，分为三叠。第一叠为新闻版，包括财经新闻、政策政情、国际新闻等；第二叠为投资版，包括股市分析、股市行情、基金报价等；第三叠为投资、新闻版，包括国际新闻、大陆新闻、评论、副刊等。从其版面安排来看，投资、理财等占据了主要版面，有香港“华尔街日报”之称。②

2003年7月13日，该报创办人之一林行止在其专栏中刊登了一篇名为《三十年感言》的文章，表明《信报财经新闻》三个层面的办报宗旨。在投资决策指导层面，《信报财经新闻》倾向于以基础面分析、图表趋势解读，以及历史经验和多样化学术理论作为投资决策的基石，以此规避仅凭市场谣言或跟风操作的投机行为。至于经济学知识的普及工作，《信报财经新闻》不仅向公众介绍不同学派的理论框架，还深入微观视角，探讨这些理论如何映射至社会整体福祉的宏观图景中。至于政治评论领域，《信报财经新闻》坚持立足现实情境，致力于捍卫言论自由、民主政治以

① 方汉奇．中国新闻传播史[M]．北京：中国人民大学出版社，2014：393.

② 丁灿．财经日报版面分析[D]．南京：南京师范大学，2006.

及所有健康向上的生活方式，确保报道内容的客观公正与深度思考。

与其他财经类报纸相比，《信报财经新闻》的特色是简要的新闻与精辟的见解，并以此吸引专业人士。例如在股市消息方面，虽然香港各报多设有股市财经版，但多数报道均是把股市行情消息填进去，没有经济思想、不重分析，而《信报财经新闻》则主打分析，以报道为次。此外，该报的政经评论以权威、丰富而闻名，多个专栏拥有较高知名度和美誉度。例如由林行止所撰写的分析政经形势的《林行止专栏》，以及股评人曹仁超所撰写的《投资者日记》。

因此，《信报财经新闻》吸引并稳固了一个较有层次的读者群体，报刊受众主要是工商界领导人物、知识分子和投资者。同时，《信报财经新闻》的新闻和评论为不少研究香港政治经济及社会的文章引用。在 2006 年香港中文大学新闻与传播学院的传媒公信力调查中，《信报财经新闻》在众多中英文报纸中排名第三。《信报财经新闻》也因为上述诸多原因被称作“为专业人士而设的报章”。①

2. 《香港经济日报》

1988 年 1 月 26 日，香港第二份财经专业报纸《香港经济日报》创刊，由香港经济日报集团有限公司现任董事会主席冯绍波和董事总经理麦华章创办。该报以“知识为本、与时并进”为办报方针，以香港企业家、工商界专业人士、投资者及政府人员等为主要对象，办报路线亦以符合中产阶层口味为主，提供金融、工商业、地产、信息科技、社会及优质生活等第一手新闻及市况分析。②

创刊初期，《香港经济日报》讲求新气象，以年轻化、浅显易懂的文字以及图片吸引年轻读者，但因此忽略了财经内容的专业性水准，故办报成绩一般。后来《香港经济日报》总结经验并吸取教训，业务发展以财经报章及信息为主，从提供信息延伸至发展电子软件及解决方案，有方向性

① 陈致中，陈娟，杨洸．港澳台报业[M]．广州：暨南大学出版社，2014.

② 宋昭勋，吴静，赵应春．浅谈香港财经新闻发展阶段及其特点[J]．新闻研究导刊，2017，8(23)：15－16，126.

地推进业务，逐渐形成了自己的风格，终于成功地建立了稳定的读者市场，并且赢得较高的公信力。

在要闻、金融及社评版中，《香港经济日报》报道本地及国际主要新闻，专注于金融经济及商业新闻，以及重点社会新闻；在工商业及工贸方面，该报覆盖香港和外地商业信息，剖析各地经济状况，并提供工商业内攻略；在投资理财方面，除了每天的股市走势及要闻之外，亦会另备专家意见；在地产新闻方面，该报主要报道地产要闻及市况分析；在行政人员版中，该报会以专题报道个人及企业的成功要诀、管理及进修等。①

3.《星岛日报》

在香港财经类报纸中，《星岛日报》的地产信息独树一帜。

《星岛日报》创刊于1938年，是新加坡华侨富商胡文虎、胡文豹兄弟合办的“星系报纸”中的重要组成部分。该报的创刊初衷是替胡文虎的“虎标”产品在香港做广告宣传，因此《星岛日报》是一份为商业而诞生的报纸。

《星岛日报》创办期间经历了多次风波与改革。胡文虎、胡好父子相继去世后，胡文虎之女胡仙博士接任董事长一职。

20世纪80年代后期，香港楼价开始起飞，地产业蓬勃发展。为抢占中产消费市场，《星岛日报》主攻房产新闻及相关买卖信息。当时其他报纸的地产新闻普遍只占2～8版，而《星岛日报》的地产新闻几乎每天都有十多版，对新楼盘、二手市场商铺工厦及写字楼的租卖都给予详尽的报道。除此之外，该报还会报道中国内地、中国澳门及世界各国的房产信息。

为了进一步为读者提供更多房产信息，《星岛日报》在一周出版的六天里，每天都会随报免费附送不同种类的《睇楼王》杂志，力求把地产信息丰富化，使之成为有楼人士、有意置业者、投资者及地产从业员等人群的首选报纸。②

---

① 陈致中，陈娟，杨洸．港澳台报业[M]．广州：暨南大学出版社，2014.

② 陈致中，陈娟，杨洸．港澳台报业[M]．广州：暨南大学出版社，2014.

21世纪以来，《星岛日报》与内地媒体联系紧密。2010年7月20日，《南方日报》海外版代表与《星岛日报》海外版代表签署合作办版、广告代理合作协议书。根据双方协议，《南方日报》海外版与《星岛日报》海外版合作编制《南粤侨情》专版，每周一期，随《星岛日报》海外版发行北美洲、欧洲、大洋洲三大洲各大主要城市。①

4.《香港商报》

《香港商报》诞生于1952年10月11日，这是一份拥有悠久历史的报纸，致力于成为内地与香港之间信息交流的桥梁。作为一份综合性报纸，它不仅在内容上涵盖了广泛的信息，还肩负着传递两地资讯的重要使命。此外，《香港商报》还是中国政府特许在内地公开发行的报纸之一，具有一定的官方背景和权威性。

这份报纸的前身是《经济导报》旗下的一份小型报纸，名为《香港标准百货金融行情》。最初，《香港商报》的办报宗旨是“在商言商、港人报章，沟通两地、相得益彰”，意在强调其商业性质和作为香港人的报纸的身份，致力于促进内地与香港之间的信息交流，使两地在信息互通中都能获得益处。随着时间的推移，其办报宗旨进一步演变为“为商界服务，为商家代言”，更加明确地突出了其服务商业界、代表商家利益的定位。② 其内容仍然以经济报道为主。

《香港商报》旨在打造成为香港市民深入认识内地经济、内地居民深入了解香港及海外经济的权威媒体平台。因此，该报专注于发布与香港经济状况密切相关的各类新闻报道和专业评论。此外，它还密切关注香港社会主流群体所关心的热点议题。同时，该报也重视报道珠三角区域，尤其是深圳、广州、东莞、惠州、珠海等地的重要政策动态和经济资讯。通过这些内容的精心策划与报道，该报力图为读者提供全面、深入的经济信息和分析。其服务对象主要是香港与内地的企业家、管理人员、公务员、中

① 南方报业携手星岛日报强势扩张海外版[J]. 青年记者，2010(23)：33.

② 宋昭勋，吴静，赵应春. 浅谈香港财经新闻发展阶段及其特点[J]. 新闻研究导刊，2017，8(23)：15－16，126.

资机构员工及关心香港和内地的人士。《香港商报》近年不断加强报道两岸、港澳及世界各地的经济讯息，着力提供及时、准确、快捷、详尽的商贸、股市、地产、汇市、金融及投资新闻。

该报经济版内容很丰富，主要包括香港经济、香港股市、香港市场及内地经济等版面。香港经济版主要报道香港的重要经济事件和工商新闻；香港股市版特邀港内多位名家提供权威的证券评论与分析，为投资者引路；香港市场版剖析香港地产市场、外汇市场以及其他要素市场的热点问题和最新动态；内地经济版则公布国家最新的经济政策。这些版面中不乏深入的报道和分析，有助于读者运筹帷幄，把握内地与香港两地的经济脉搏。

除此之外，该报还深入分析港深沪股市、外汇、黄金的最新行情，主要内容有港深沪股行情表、港股展望、中资股纵横、内地证券等。除了提供准确资料外，该报还特邀香港和内地多位名家提供权威的证券评论与分析，为投资者引导投资方向。

目前，《香港商报》已经成为内地、香港商家及市场沟通信息的桥梁。由于在内地、香港两地同时发行，通过新闻报道和评论，该报在香港经济生活与世界经济大事、中国政府经济决策、内地各区域经济动态、珠三角经济环境等经济板块和经济生活群体之间，架起信息桥梁。①

（二）财经类报业发展特征

纵观改革开放以来四十多年的发展，香港财经类报业主要呈现三大特征。

1. 报业成长环境宽松，形成多样化办报风格

自香港开埠至今，香港报刊处于一个较为宽松的管理环境下，报刊事业也较为繁荣。直至20世纪初期，港英政府对于报刊管制的主要特点都是仅限于注册登记而不限制内容。后来由于中国政局的变动，出现挑战英殖民利益的言论，故港英政府制定并修改多款条例，并于1951年通过了较为

---

① 陈致中，陈娟，杨洸．港澳台报业［M］．广州：暨南大学出版社，2014.

严峻的出版法例《刊物管制综合条例》。然而，该法例在生效的大部分时间里一直“备而不用”。

中英联合声明签订后，香港特区政府于1986年起着手修订1951年法例，并在次年执行修订后的新法例。随后，特区政府于1991年起制定《香港人权法案条例》，其中第16条指出“人人有发表自由之权利，此种权利包括以语言、文字或出版物、艺术或自己选择之其他方式，不分国界，寻求、接受及传播各种消息及思想之自由”。从此，新闻自由和言论自由在香港受到法律的明文保护。①②

宽松的新闻管制环境决定了香港报业更多需要通过自律进行自我约束，同时由于创作环境的高度自由，加之市场对经济信息的需求随发展逐渐增大，财经类报刊涌现出多样化的办报风格。伴随着国际金融业的快速发展，金融、债券、股市、外汇等财经新闻成为香港报刊最主要的经济新闻类型，不仅催生出专业报道财经新闻的报刊，一批以股市、房地产等细化财经门类为主的报纸亦如雨后春笋般出现。在高度商业化的香港社会中，包括报刊在内的传媒为了能在同类竞争中脱颖而出从而追求更多的商业利益，从业者往往瞄准社会需求，把握社会痛点，开辟独创风格或栏目，并在历经优胜劣汰后，逐步形成多样化的香港财经报刊格局。

2. 报业豪门为财经新闻传播注入强大动力

背靠特殊的成长环境，香港孕育出若干报业豪门。东方报业集团的所有者马氏家族、星系报纸的创办者胡氏家族、《新报》的创立者罗氏家族，以及曾在香港报业史上举足轻重的《工商日报》的所有者何氏家族被称为香港“四大报业豪门”。他们均创立了自己的报系，有的长期在香港社会中居主流地位，有的至今仍引领香港报业风骚。

四大报业豪门之中，胡氏家族创办的星系报纸曾为香港财经新闻传播注入强大推动力。

胡文虎是香港社会中商人办报的典型，早年创办了以《星岛日报》为

---

① 方汉奇．中国新闻传播史［M］．北京：中国人民大学出版社，2014：393.

② 丁灿．财经日报版面分析［D］．南京：南京师范大学，2006.

代表的星系报纸，后由其女胡仙博士继承并发扬光大。胡氏家族发家于万金油，胡文虎为了给“虎标良药”打广告，创办了星系报纸——《星洲日报》《星华日报》《星中日报》《星光日报》《星粤日报》《星岛日报》《星闽日报》等16家中英文报纸，建立起一个遍及全球的庞大报业网。

星系报纸均属星岛报业有限公司，在香港主要有《星岛日报》《星岛晚报》《快报》《英文虎报》以及英文《星报》。后随着香港报业格局发生巨变，《星报》《快报》《星岛晚报》相继停刊。

1938年，星系报的第六张报纸《星岛日报》在港创办。胡文虎去世后，胡仙获得《星岛日报》《星岛晚报》的全部控制权，继承家族报业。在胡仙的领导下，该报纸经历了一系列的改革，包括对管理结构的更新以及对版面布局的调整。此外，胡仙还彻底改革了发行策略，以适应数字化时代的竞争环境。通过与电子媒体的激烈竞争，该报采用了先进的通信卫星技术，将当日在香港出版的报纸迅速传送至纽约、巴黎、伦敦等国际大都市，实现了在这些地区当日发行的目标。这些创新举措不仅提升了报纸的时效性，也拓宽了其全球影响。此外，报社还引入了尖端的电讯技术设备，以便能够迅速接收其遍布全球的记者团队所提交的报道。这些技术升级和战略调整极大地提升了报刊的发行量，使其实现了显著的增长。到了20世纪80年代，星岛报业集团的年度盈利已经达到了1亿港元的里程碑。这些成就反映了报社在提升信息传播效率和扩大市场覆盖面方面的成功。通过这些创新措施，星岛报业集团不仅增强了其作为新闻机构的竞争力，也为其财务表现带来了显著的正面影响。

20世纪90年代以后，由于香港社会的变迁，《星岛晚报》虽坚持时间较长，却也由于亏损严重难以为继，于1996年12月18日停刊。而《星岛日报》则在香港成长为一份举足轻重的报纸，影响力持续至今。①

3. 文人办报现象蔚然成风

香港报业史上，除传媒集团和综合性财团之外，也涌现不少报人与报阀。其中，“文人办报”的代表人物查良镛、专业知识分子办报的成功典

① 陈致中，陈娟，杨洸．港澳台报业［M］．广州：暨南大学出版社，2014.

型林行止的办报活动对香港财经类报业影响颇深。

（1）查良镛

查良镛主张“人性”“理性”“自由”“民主”，在香港报业中的办报活动可谓独树一帜。

尽管查良镛以武侠小说闻名，但其本人曾坦言，写武侠小说只不过是他的副业，他本人对新闻报业有着浓厚的兴趣。自中学时代起，他便主动给报纸投稿，后又多次进入报刊工作，与报业结下不解之缘。①

1948 年，《大公报》创办香港版，查良镛随之来到香港，此后便一直在新闻界。1959 年 5 月 20 日，查良镛在香港创办《明报》，成为《明报》的社长、记者和社评人。《明报》创办之初，为帮助《明报》渡过竞争难关，查良镛以一天一章的频率，在报纸上推出《神雕侠侣》《连城诀》《鹿鼎记》等一系列连载武侠小说，以此吸引读者，扩大发报量。

当报业的根基稳固之后，查良镛停止写小说，全力以赴办报。20 世纪六七十年代，他执笔社论，其政论文章在香港新闻界有口皆碑。《明报》在查良镛的全力经营下，很快进入社会主流媒体行列，成为香港严肃报纸的代表。《明报》也发展成为明报集团，先后创办《明报月刊》、《明报周刊》、《武侠与历史》、《财经日报》、《新明日报》、《明报晚报》、《亚洲周刊》、《明报海外版》（北美洲、欧洲、亚洲等地）等报纸，并创办明报网站，开展多种经营。

《明报》的格调高雅严肃，资讯权威公正，一向为中产阶层以上人士所欣赏，读者群稳定在政界、工商界、国际驻港外交界、学界等。《明报》也被香港文化界称为“最后一份文人办的报纸”。

查良镛善用人才，也因此通过《明报》培育出了许多著名人物，比如《信报》老板林行止，中国问题专家丁望，《成报》总编辑韩中旋，《新夜报》创办人王世瑜，女作家亦舒，等等。②

1991 年，明报企业有限公司在香港交易所挂牌上市。1993 年 2 月，查

① 马谆．查良镛的报刊精神［J］．中国商界（下半月），2008（12）：188.
② 马谆．查良镛的报刊精神［J］．中国商界（下半月），2008（12）：188.

良镛在其69岁之际，将《明报》出售给于品海，宣布退隐江湖安享晚年。易手后的《明报》也保持了原有的风骨，成为香港最具公信力的传媒，被誉为亚洲最佳中文报章。

（2）林行止

林行止，原名林山木，1940年生于广东潮州澄海，随父母迁居香港后，中学毕业就进入社会工作。

林行止师承查良镛，最初在查良镛领导的《明报》中担任资料搜集员。他以勤勉和敬业的态度工作，赢得了查良镛的高度评价。1965年，在查良镛的资助下，林行止前往英国剑桥工业学院深造，学习经济学。完成学业后，他返回香港，并在《明报晚报》担任经济版块的副主编。在林行止的领导下，《明报晚报》在财经新闻领域采取了创新的策略。当时，香港正处于战后首个股市热潮之中，大多数报纸尚未设立专门的财经版块。林行止却选择将财经新闻作为报纸的主打内容，并运用其深厚的经济学背景撰写财经评论。这一策略精准地捕捉了香港公众对财经资讯的迫切需求，受到了广泛的欢迎。因此，《明报晚报》迅速在公众心中树立了“财经资讯权威”的形象。通过这种方式，林行止不仅推动了《明报晚报》的发展，也为香港的财经新闻领域做出了重要贡献。[①]

随着《明报晚报》影响力的显著提升，林行止在该报刊载的专业财经评论及投资分析逐渐在财经领域内获得了广泛认可，他本人亦在报业界展露锋芒。在主持《明报晚报》长达三年之后，林行止独立创办报纸所需的知识积累与经济基础均已达到完备状态。

1973年，林行止及其妻子骆友梅创办了香港第一份专业的财经报纸，即《信报财经新闻》，并秉承“自由意志、独立精神”的办报宗旨，使《信报财经新闻》成为近年来香港最具有公信力的财经报纸。

在林行止主持《信报财经新闻》的三十余年间，他始终秉持每周五天撰写评论的勤勉态度，其主持过的专栏包括“政经短评”“欣然忘食”以及“林行止专栏”。

---

① 吴静. 香港第一财经报人:林行止[J]. 新闻爱好者,2007(7):28 - 29.

他善于从细微的经济现象入手，深入浅出，将深奥的经济学知识普及至普通民众。其评论一贯以秉持独立立场、具备开阔视野及通俗易懂为特点，在香港评论界中享有较高的声望。他的“政经短评”和“林行止专栏”以独立敢言著称，集知识性、指导性、趣味性于一体，广受欢迎。香港及海外华人社会对林行止所从事的报刊事业给予了高度评价，有赞誉之声将其列为“香港最具影响力的一百位人物之一”，并将其誉为“香江第一健笔”，同时还称赞其为“当今中文世界中最为成功地将知识与意识形态进行商品化的文化商人”。[①]

（三）1978 年以来的香港财经类网络媒体

进入 21 世纪以后，互联网在香港迅速发展，宽带入户率很快在全球居于前列。香港特区政府印务局出版的《香港年鉴》显示，2000 年底，香港共有 235 家互联网服务供应商，拨号上网的注册账户有 228 万多个，拨号上网用户占全港人数的 33%。2007 年 11 月，思维市场信息公司的一项调查显示，“港人每星期平均利用 17 小时使用互联网接收信息，已超出传统电视媒体的 15 个小时”。[②]

随着互联网技术的成熟和普及，香港的传统报业市场的整体规模日益缩小，同时青少年爱看网络免费新闻的趋势越发明显。迫于形势，香港报业为寻求出路纷纷突破传统办报模式，其中发展网络业务成为一个主要方向。

1995 年 8 月 23 日，香港的《星岛日报》引领了电子报纸的潮流，推出了全港首个通过电子邮件分发的数字版报纸 email。同年，另一家报纸《明报》也不甘落后，建立了自己的网站，成为香港印刷媒体中首批拥有在线平台进行宣传的报纸之一。随着时间的推移，香港的各大报纸及其所属的传媒集团纷纷跟进，建立了自己的互联网内容供应平台。此外，还有四家网络报纸（etnet. com. hk、财华新闻、股坛追击、scmp. com）相继成立，进一步丰富了香港的数字媒体生态。这些网络报纸的创刊，标志着香

① 陈致中，陈娟，杨洸．港澳台报业[M]．广州：暨南大学出版社：2014.

② 方汉奇．中国新闻传播史[M]．北京：中国人民大学出版社，2014：397.

港报纸行业在数字化转型方面迈出了重要的一步，为读者提供了更加便捷和多样化的新闻获取渠道。通过这些在线平台，香港的报纸行业不仅能够更广泛地传播信息，还能够更好地适应数字时代的发展需求。①

1.《星岛日报》之星岛网

目前《星岛日报》集团开办有星岛网，网站中除了《星岛日报》香港版以外，还有集团所属《英文虎报》，以及 Job Market、电脑广场、专业睇楼王等专业频道。同时，《星岛日报》在美国、加拿大、英国和澳大利亚的海外版也有网络版。此外，星岛网还特设“中国商贸资讯”与“海外华人资讯”两大专栏，旨在全面整合集团旗下各报纸的相关新闻资讯。用户同样可通过电子邮件方式订阅新闻服务。

2.《香港商报》之中国窗

《香港商报》于 1996 年开启了其网络版，命名为“中国窗”，并与深圳新闻网及多家深圳地区新闻媒体建立了合作关系。该网站不仅涵盖了《香港商报》印刷版的内容，还特别设置了“深港地产”“香港证券”等具有特色的专栏。

3.《香港经济日报》之网络媒体

尽管《香港经济日报》本身并未推出网络版，但其所属的集团运营着多个专注于财经领域的专业网站。在这些网站中，经济通网站是集团的旗舰平台。该网站由香港经济日报集团的子公司经济通有限公司运营，旨在为投资者提供全面的财经信息服务。经济通网站提供包括专业财经新闻报道、实时股票价格、股市分析评论、上市公司信息以及其他金融资讯服务。该网站自诩为香港地区最权威的财经信息平台，致力于为用户提供高质量的财经资讯和分析。通过提供高质量的财经内容和分析，这些网站增强了集团在财经领域的品牌影响力和市场竞争力。同时，这些网站也为集团开拓了新的收入来源，为其长期的可持续发展提供了支持。总体来看，这些专业的财经网站是香港经济日报集团在数字化转型过程中的重要战略

① 方汉奇．中国新闻传播史［M］．北京：中国人民大学出版社，2014：397.

布局。

香港经济日报集团开办的网站还包括经济商学院、经济日报出版社、EPRC 地产资讯、网上估价易、洗楼网，为用户提供垂直化财经信息。

4. 《南华早报》之网络媒体

《南华早报》是目前香港主要的英文报纸之一，其于 1996 年创办网站。南华早报集团始终对拓展网络业务抱有极大热情，曾投入 4000 万元资金，入股国内财经网站和讯。同时，该集团与中华万维有限公司携手合作，共同创立了中华万维网，以中英双语形式，向大中华地区提供金融市场资讯。

5. 《Cyber 日报》之网络媒体

《Cyber 日报》系香港地区首份摒弃印刷版、完全依托于网络的报纸。其前身可追溯至 1999 年初创立的中文信息门户网站 HK. Cyber. com。历经资本注入、更名重组、规模扩充及内容强化后，该网站成功转型为一份名副其实的在线报纸，并于同年 11 月正式启动运营。当前，《Cyber 日报》已涵盖新闻、娱乐、体育、赛马、财经等多个板块，并面向公众提供内地企业招聘的相关信息与配套服务。[①]

6. 凤凰网财经频道

凤凰网是凤凰卫视传媒集团优质电视内容的网络传播渠道，集团通过整合旗下综合门户凤凰网、手机凤凰网及移动客户端、凤凰视频三大平台，打造台网联动组合传播的创新模式，成为全球领先的跨平台网络新媒体公司。

凤凰网向用户提供国际、中国大陆及港澳台地区的时政、社会、财经、娱乐、时尚、生活等综合新闻信息。其中，凤凰网财经频道致力于为中国用户提供全面的全球财经服务，同时为全球用户提供深入的中国财经服务，确保全天候 24 小时不间断地传递财经金融信息。其报道角度广泛，涵盖财经、理财、股票、基金、金融、商业及消费等多个领域。

① 陈致中，陈娟，杨洸．港澳台报业［M］．广州：暨南大学出版社，2014.

(四) 1978 年以来的香港财经类广播电视业

1. 广播事业

目前香港有公营的香港电台、民营的香港商业电台和新城电台共三家电台。其中，香港商业电台开设有《盘股初开》《人生交叉盘》《考股专家》等财经节目。而新城电台则同时营运新城财经台（FM104）、新城知讯台（FM99.7）和新城采讯台（AM1044）三个频道。其中，新城财经台开台时称为“新城金曲台”，于 1994 年改称“精选 104”，再于 2001 年改为现称。该电台以粤语广播，口号为“全球财经，尽在新城”，主要报道香港及外地的股汇行情，以及少量音乐与资讯节目。

自 2006 年 2 月 7 日起，新城电台正式推出了新城财经台财经网，该平台汇聚了香港交易所、路透社、标准普尔等权威机构提供的即时财经信息，旨在为用户提供一个声画同步、专业可靠的财经信息平台。[①]

2. 电视事业

（1）香港电视广播有限公司

自 20 世纪 90 年代起，香港电视广播有限公司（Television Broadcasts Limited，TVB）便有一家独大之势，发展至今已占据九成多的香港市场。

1967 年 11 月 19 日，由利孝和、祁德尊、邵逸夫等人共同创立的 TVB 正式投入运营。作为香港首个获取免费无线电视牌照的电视台，其通常被公众称为“香港无线电视台”或简称“无线”“三色台”。同时，该电视台也是全球范围内规模最大的华语商业电视台。

截至 2023 年 11 月，TVB 运营着五个免费电视频道，分别为翡翠台、J2、无线新闻台、明珠台以及无线财经 · 资讯台。其中，无线财经 · 资讯台作为香港地区唯一的 24 小时免费财经资讯频道，致力于为观众提供全面而丰富的财经信息及多元化专题节目。同时，无线新闻台与翡翠台亦在新闻播报中涵盖财经类相关资讯。

---

① 方汉奇. 中国新闻传播史[M]. 北京:中国人民大学出版社,2014:398.

（2）Now 财经台

Now 财经台是香港 Now 宽带电视首个自制的电视频道，于 2006 年 3 月 20 日启播。Now 财经台是 24 小时财经新闻频道，在香港交易所等机构设有直播室，实时播报金融、楼市、股市、汇率、金价等最新信息，并提供专业观点及多角度分析。①

自 2006 年起，Now 财经台相继推出了付费订阅的即时报价服务以及 Now 财经台自选服务。订阅用户能够随时观看《大鸣大放》《楼市每日睇》《环球金融快线》等节目，并且在日常时段亦安排有新闻、财经、时事讨论等相关节目。

（3）凤凰卫视

凤凰卫视的起源可追溯至卫星电视旗下的卫视中文台。1993 年，随着卫星电视被默多克收购，公司随即进行了重组。经过一系列变革，最终在 1996 年 3 月 31 日，卫视中文台被拆分为新成立的凤凰卫视中文台（该频道面向中国大陆及香港地区播出）和继续存在的卫视中文台（该频道仅针对台湾地区播出）。此后，凤凰卫视逐步扩展其业务范围，相继开播了电影台、资讯台、欧洲台及美洲台。

凤凰卫视是较少的获得中国内地落地权的媒体之一，有 5 个频道，包含有凤凰中文台、资讯台、欧洲台、美洲台、电影台，同时还经营凤凰新媒体、凤凰网和《凤凰周刊》。②

在节目类别方面，凤凰卫视主要涉猎评论、财经、历史文化与社会、资讯、访谈等几类节目。其中，财经类包含有《财经正前方》《凤凰财经日报》《财智菁英汇》《金石财经》《石评大财经》《中国深度财经》等品牌节目。

而在电视频道方面，为用户提供泛财经或专业财经信息的频道主要有中文台、资讯台和香港台。

凤凰卫视中文台于 1996 年 3 月 31 日正式开播，该频道集新闻资讯、

① 宋昭勋，吴静，赵应春．浅谈香港财经新闻发展阶段及其特点[J]．新闻研究导刊，2017，8(23)：15－16，126.

② 方汉奇．中国新闻传播史[M]．北京：中国人民大学出版社，2014：400.

体育、音乐、电视剧于一身。

凤凰卫视资讯台于2001年元旦正式开播，全天候24小时不间断地向观众提供来自世界各地的时事新闻和财经资讯。该频道特别注重报道两岸以及全球华人地区的新闻资讯，致力于为观众带来最全面、最及时的信息。该频道不乏制作精良的财经类节目，例如2011年开播的《凤凰财经日报》，其原名为《股市风向标》，2011年开播，后于2014年起改为现称。节目精心挑选了当日最具时效性和关注度的时事议题，内容涵盖财经领域以及不同界别的重大新闻事件。节目组广泛邀请了来自各行各业的专家、知名财经人士以及网络红人等，他们通过连线的方式参与节目，带来丰富多样的观点和见解。这些嘉宾凭借其深厚的专业知识和丰富的实践经验，能够为观众提供独到且精辟的分析和评论，帮助大家更好地理解和把握时事热点。

凤凰卫视香港台于2011年3月28日开台，是以资讯、财经、政论、时尚为主的粤语综合频道，每天24小时广播，主要覆盖香港、澳门、广东等珠三角一带的粤语观众群。香港台每天播出四档新闻，及时跟进新闻资讯最新动态，主要的财经类栏目有《时事大破解》《港人自讲》《香港e道》《金股齐明》等。

第二节　中国澳门的财经新闻传播格局与现状

中国澳门经济发展的历史特殊性深刻影响着当地传媒业的发展。中国澳门是一个国际化都市，当地市民可以收到全世界的电视新闻频道和电台新闻，并与中国香港和中国内地的纸媒、广电交往密切。作为一个长期以博彩业、旅游业为支柱型行业的地区，中国澳门的本土化报刊及电视事业的快速发展时期到来较晚，尽管在其特有的人口学特征下呈现当地传播特色，但总体而言，其在财经类信息传播的多样性、专业性等方面仍不及香港、台湾地区成熟。

一、中国澳门财经新闻传播发展背景

中国澳门位于中国南部珠三角的南端，毗邻广东省珠海市，与中国香港隔海相望。根据澳门特区政府统计暨普查局的最新资料，截至 2020 年 12 月底，中国澳门总人口为 68.3 万人，其中包含中国汉族居民、葡萄牙裔人口、菲律宾裔人口及少数其他族群，因而流通普通话、葡萄牙语、粤语、福建方言等多门语言。虽然疆域不大，但中国澳门汇集了丰富的东西方文化，其特殊的城市景观与独特的欧陆风情，每年都吸引着全世界众多的游客慕名前往。①

中国澳门的经济发展具有历史的特殊性。从 20 世纪 60 年代开始，澳门特区政府通过授予博彩业专利的形式使其合法化，使博彩业成为当时澳门特区政府财政收入的主要来源，旅游业和博彩业的产值之和占中国澳门

① 门雨杰．论 20 世纪 60 年代以后澳门的经济发展[D]．长春：吉林大学，2005.

生产总值的绝大部分，中国澳门经济自此发生重要转折。

步入20世纪70年代，在香港和内地经济发展的带动下，澳门工业有了长足的发展。同时，博彩业的繁荣推动了纺织业、制衣业、建筑业与对外贸易的蓬勃发展，澳门经济逐渐走向繁荣。

1979年中葡两国建交，葡萄牙政府才声明澳门主权属于中国。此后，中葡两国政府就澳门的归属问题进行了多次会谈，终于在1987年签订了中葡关于澳门问题的联合声明，葡萄牙政府同意于1999年12月20日将整个澳门地区归还中国。

20世纪80年代后，中国澳门的制造业和金融业迅速崛起，中国澳门的经济结构发生新的变化，逐渐转变为以工业、旅游博彩业、建筑业和金融保险业为支柱的出口导向型经济综合体，中国澳门也向现代化的国际性城市跨出了一大步。尤其在内地改革开放的强烈辐射下，澳门经济在二十多年内发生了翻天覆地的变化，社会经济从昔日以博彩、旅游等消费行业为主体，发展成为一个各行业都具有一定规模的现代化和国际化雏形的多元化经济体系，并在此基础上进一步形成了轮廓分明的四大支柱产业。

1999年12月20日，中华人民共和国对澳门恢复行使主权，同时还做出了使澳门保持稳定和发展的各种安排，使澳门发生了翻天覆地的变化。自此澳门进入了一个崭新的历史新纪元。

澳门回归祖国以来的二十多年间，在“一国两制”方针和中央政府的大力支持下，特区政府实施“循序渐进”以及“固本培元、稳健发展”的策略，开放博彩经营权，重振旅游业，同时探索澳门会展业、金融业、中医药产业及文化创意产业等多元化产业路线，实现澳门经济的跨越式发展。①

二、1978年以来的中国澳门财经类报刊

中国澳门财经新闻传播情况与其经济发展特点一脉相承。20世纪70年代以前，中国澳门报业的发展较为缓慢。直至20世纪70年代末中葡建

---

① 盛力．回归后的澳门经济发展：成就、经验与展望[J]．人民论坛，2020(1)：58－63.

交后，才有了较大的发展，报纸的种数有所增加，内容质量也有较大提升。但较强的对外依赖性以及产业结构的单一化等问题，仍然钳制着中国澳门传媒业的发展，即便是与当地经济密不可分的财经类传播活动，也在一定程度上受制于此。

近百年来，由于中国澳门的特殊政治地位，各派政治势力争相来澳办报，以扩大或延续自己的政治影响。因此，中国澳门报纸的新陈代谢较快。基于中国澳门人口的种族特性与流通语言，中国澳门报纸以中文报为主，同时存在着葡文报、英文报、中英文报和中葡文报等多种报纸。但在市场份额上，中文报仍处于垄断地位。

澳门报业并不如香港和台湾地区发达，尽管报纸数目多，但报纸普及率不高，多年以来报业市场一直呈现《澳门日报》一枝独秀的情况，财经类讯息夹带在综合性报纸中，市面上鲜少有专业性财经报刊出现。

（一）知名报纸

1.《澳门日报》[①]

中国澳门报业的龙头《澳门日报》创设于1958年，是当代中国澳门最具代表性的报纸，主打本土特色，兼有关注商业经济类新闻。中国新闻研究中心2004年对《澳门日报》的研究显示，该报的地方治安新闻占比居于首位，商业经济类和民生类新闻占比位列第二。

《澳门日报》每日推出40~80版，有时甚至更多，内容包括反映澳门地区政治、经济、文化动态的当地新闻版、国内外新闻版，设有全澳独有的两个经济专版，开辟极富当地经济特色的马经版、狗经版，定期出版《澳门马经》等专业化刊物，同时创办中国澳门经济、特区建设、新园地等多种副刊。

《澳门日报》重视言论，将之视为报纸的灵魂。因此除社评外，该报每日还发有《新闻解说》《新闻小语》《一家之言》三篇评论。三者分工明确，《新闻解说》分析评论国际重大新闻事件，《新闻小语》评析本地新

① 陈致中，陈娟，杨洸．港澳台报业[M]．广州：暨南大学出版社，2014：96－102.

闻，《一家之言》则灵活论述政治、经济、科技、文化、社会各领域的问题。

2. 《华侨报》①

1937 年，赵斑斓主持创办《华侨报》。该报隶属于香港《华侨日报》，是迄今为止中国澳门连续出版时间最长的报纸，在中国澳门的中文日报中排名第二。但其发行量仅占全澳门报纸发行量的 10% 左右，故影响力远不及《澳门日报》。

《华侨报》每天出版 16 ~ 26 版，主要版面有澳门新闻、中国新闻、国际新闻等，设有经济周刊、国际经济综合版等，同时陆续出版了若干专门性的参考工具书籍，有《澳门问题》第一、第二、第三辑，《澳门经济年鉴》等。

（二）发展现状

中国澳门传统的中文报刊都是综合性质的，以时政、社会新闻、娱乐新闻、博彩信息等为主要内容，专注经济、商业类新闻的报刊极少。总体而言，财经类新闻广而不精，相关信息的发布渠道较窄。除《澳门日报》和《华侨报》之外，1944 年创刊的《市民日报》另出版有《金融经济论坛》（双周刊）；1989 年创办的《讯报》主要刊登内地和澳门地区政治、社会、经济方面的评论文章。

但在澳门回归后，澳门经济高速发展，与内地的经济合作互动也日趋紧密。特别是在 2002 年，澳门特区政府宣布博彩业开放之后，众多中文报刊纷纷在澳门地区进行登记并出版。这一时期标志着中国澳门中文报业史上第五个报刊集中出版的阶段。澳门大学新闻传播学院的副教授林玉凤，通过对中国澳门历年来的 GDP 增长数据与刊物登记、出版数据进行对比分析，得出结论：自 2002 年起，这三者之间，尤其是 GDP 增长与刊物登记数量之间，存在着显著的正相关关系。这一结果表明，经济发展成为这一时期报业发展最为显著的主导因素。

---

① 陈致中，陈娟，杨洸．港澳台报业[M]．广州：暨南大学出版社，2014：103－104.

这批在经济高速发展背景下应运而生的新型报业，主要展现出两大显著特征。其一，是新增了以经济内容为核心的刊物。例如，英文商业杂志 *Macau Business* 的中文姊妹月刊《商讯》，以及其英文版 *Business Daily* 和周报《澳门商报》等，均属中国澳门报业史上较为罕见的以商业资讯及经济内容为主导的出版物。其二，市场上涌现出一种侧重于消费信息传播的免费出版物。此类出版物主要通过广告的形式，向读者提供多元化的信息内容，诸如专注于本地餐饮资讯的类广告月刊——《品报》。每期该类刊物均会印刷数千份，并免费向读者发放。其主要目标受众为前来澳门进行消费的游客，旨在为他们提供丰富多样的餐饮资讯。通过这一途径，出版物不仅为游客带来了极大的便利，同时也为本地餐饮行业创造了更多的展示机会。

在此背景下，澳门的经济新闻见诸内地及港台传媒的频率不断提高，一些以高端商务人士为对象的报刊也开始出现。2006 年，新周报《澳门商报》创立，定位为经济生活类报纸，宗旨为“立足澳门，面向泛珠，辐射中华，走向世界”，着眼粤澳合作等议题。该报初期为 4 开 28 版，2008 年 6 月起改为对开 12 版的大报，每周四出版，内容有商评、谈股论金、经济聚焦、商报商情、楼市纵横等，努力提升其在香港、台湾和内地的发行量和影响力。

三、1978 年以来的中国澳门财经类电视业

在 20 世纪 80 年代之前，中国澳门居民只能通过公共天线接收来自中国香港的电视信号，收看中国香港的电视节目。直至 1984 年 5 月 13 日，澳门广播电视公司的正式开播，标志着澳门地区开始具备本地电视台。截至目前，澳门广播电视台仍然是澳门特区内唯一一家运营广播电视频道的公司。

在 2006—2007 年期间，香港无线电视翡翠台在澳门地区的收视率表现尤为突出，几乎占据了收视率排行榜的首位。根据相关数据统计，大约有接近九成的观众选择收看翡翠台的节目，显示出其在市场上的绝对优势地位。紧随其后的是澳门电视台，尽管其收视率表现也不俗，但相较于翡翠

台仍有较大差距，大约只占到了一半的市场份额。而亚洲本港台则位列第三，其收视率维持在接近四成，表现相对稳定。总体来看，澳门的传媒行业面临着来自香港以及国际传媒的激烈竞争。这种竞争不仅体现在节目内容和质量上，还体现在市场份额的争夺上。与此同时，澳门社会中出现了一个不容忽视的现象，那就是越来越多的人习惯性地依赖外地传媒获取信息和娱乐内容。这种依赖性逐渐增强，导致本地传媒的影响力相对减弱。更令人担忧的是，这种依赖外地传媒的群体还在不断扩大，这对澳门传媒的未来发展无疑是一个巨大的挑战。如何在激烈的竞争中找到自身的定位，提升本地传媒的吸引力和影响力，已经成为澳门传媒行业亟待解决的问题。①

不难看出，澳门电视业仍然保持其经济、报业之特点，对香港及国际传媒拥有较强依赖性，在外界传媒的强力冲击下，本土电视台在专业性、原创性及多样性等方面相形见绌，因而导致收视遇冷。在此欠发达背景下，澳门财经类电视节目仍有出彩之处，下面介绍为观众提供财经新闻的三个主流电视频道。

（一）澳门卫视

1999 年 7 月，澳门卫视成立。经过两年的发展，该台设立有 6 个频道全天 24 小时播放，包括旅游台、生活台、五星台、澳亚台、财经台和卡通台，共约 50 套节目，其中五星台和澳亚台分别获得中国内地落地许可。澳门卫视以中国澳门为据点，覆盖包括中国海峡两岸暨澳门、大洋洲、日本、韩国及北美在内的广大地区，初具国际性传媒的规模。②

从 2002 年 6 月 1 日起，澳门卫视的 6 个频道进行转星播放，覆盖范围增加到 30 多个国家和地区。同年 10 月 29 日，澳门卫视国际商务台（又称“莲花卫视”）在中国澳门正式开播。莲花卫视是澳门卫视全新的商务频道，以商务、财政类资讯为频道定位，关注商人、商机、商情等，覆盖以亚太地区为主的全球 53 个国家和地区，节目 24 小时滚动播放。

---

① 林玉凤. 社会变迁下的澳门传媒发展[J]. 国际新闻界，2009(12)：17－21.

② 方汉奇. 中国新闻传播史[M]. 北京：中国人民大学出版社，2014：404.

（二）CBN 卫视[①]

2004 年 6 月，CBN（中国商务网）卫视在中国澳门正式开播。CBN 卫视系由金燕国际传媒投资创办，专注于播放经济贸易类节目。该卫视总部位于澳门特区，并在北京、上海、成都、广州及香港设有分支机构。金燕国际传媒旨在将 CBN 卫视构建为一个兼具电视传媒功能与商务服务功能的综合性平台，同时，将中国澳门定位为联结中国内地与世界各地的重要桥梁。CBN 卫视覆盖全球 53 个国家和地区，节目已获得在新加坡、泰国和马来西亚等东南亚国家的落地权。2004 年下半年开始，该卫视陆续还取得了在亚洲及北美部分地区的落地许可。[②]

（三）澳亚卫视与《澳亚新闻》

1996 年 6 月 1 日，澳亚卫视有限公司（MASTV－COMPANYLTD）旗下的澳亚中文台正式启播，24 小时全天候播出，信号覆盖亚太地区 60 多个国家和地区，覆盖人口可达三十多亿。澳亚卫视的栏目板块主要由娱乐综艺类、新闻资讯类和其他专题类构成。新闻资讯类栏目节目数量偏少，只有三档新闻节目，分别是《澳门播报》《60 分钟杂志》《新财富周刊》。其中，《新财富周刊》是一份综合类电视版财经新闻杂志，重点剖析经济热点，直面经济中心人物，以权威的声音，诠释大众的关注。[③]

此外，澳亚卫视中文台还重点打造了一档综合性新闻栏目《澳亚新闻》。该栏目以海峡两岸暨香港、澳门为主，倾向两岸，突显中国澳门特色，并兼顾全球讯息，内容覆盖时政经济、社会民生、科技文化、体育娱乐、气象服务等，并设有头条新闻、专家点评、直通两岸、聚焦港澳、财经消息、全球热点、社会万象、科技先导、体娱风尚等多个环节。其中直通两岸、聚焦港澳等环节兼有呈现内地、港澳经济百态，财经消息则专注世界各大股市行情、经济发展和企业动向。

---

① 李亚．澳门广播电视事业一览[J]．声屏世界，2008(4)：64－65.

② 李亚．澳门广播电视事业一览[J]．声屏世界，2008(4)：64－65.

③ 刘玲．澳亚卫视：拿什么来争中国市场？[J]．内蒙古电大学刊，2005(2)：42－44.

第三节　中国台湾的财经新闻传播格局与现状

20 世纪 80 年代前，中国台湾的新闻事业处在国民党的威权统治下，处于停滞状态。1988 年“报禁”正式解除以后，中国台湾传媒业迅猛发展，民营新闻事业迅速发展壮大。随着中国台湾中产阶级的兴起，不少报人、财团投身财经类杂志建设，部分民营报刊也纷纷开设经济版面与专栏，以非凡电视台为首的财经类电视频道亦成为中国台湾财经新闻传播的重要组成部分。

一、中国台湾财经新闻传播发展背景

台湾地处大陆东南沿海的大陆架之上，东临太平洋，西与福建省隔着台湾海峡遥相呼应。现今所称的台湾地区，总面积概算约为 3.6 万平方千米，涵盖台湾本岛及其周边的绿岛、兰屿、钓鱼岛等 21 个附属岛屿，以及澎湖群岛。此外，还包括邻近福建省沿海的金门、马祖、乌丘等岛屿，广东省所属的东沙群岛，以及海南省的太平岛与中洲礁。由于地处西太平洋航道的中心，又位处东亚岛弧的中心位置，台湾省成为太平洋地区各国海上联系的重要交通枢纽，在地理、战略和经济上均有较重要的地位。[①]

在经济方面，自 1949 年至今，中国台湾先后经历了经济恢复、以农养工、出口导向、经济转型四个经济发展时期，形成了稳定增长的局面。

20 世纪 60 年代起，中国台湾注重发展工业，在蒋经国主导的“十大建设”等一系列措施推动下，逐渐形成以加工外销为主的海岛型工商经

① 陈致中，陈娟，杨洸．港澳台报业[M]．广州：暨南大学出版社，2014：103－104.

济。随后，中国台湾当局把握住了国际分工格局变动的契机，凭借劳动力成本相对较低的国际竞争优势，积极推动加工出口工业的蓬勃发展，以此驱动经济增长。台湾当局不断修订或出台相关政策与措施，以促进出口贸易。外资在台湾地区的工业化和出口扩张进程中扮演了至关重要的角色，民间企业亦由进口替代型产业转向出口导向型产业，成为推动经济增长的主要力量，促使台湾地区的工业实现了快速发展。

1979 年，国际经济组织将中国台湾与中国香港、韩国、新加坡等地区纳入新兴工业化社会的行列。这些地区凭借其迅猛的经济发展和工业化进程，被誉为亚洲“四小龙”。其中，中国台湾的经济奇迹更是声名远扬，成为全球瞩目的焦点。台湾在短短几十年内，从一个以农业为主的经济体，迅速转型为一个高度工业化的社会，其经济增长速度之快，令世界惊叹。中国台湾的成功经验，不仅为其他发展中国家提供了宝贵的借鉴，也为全球经济的发展做出了重要贡献。

在 20 世纪 80 年代，中国台湾地区遭遇了国内外经济环境的重大变革。在此过程中，新台币对美元汇率出现了显著的升值现象，工资水平亦大幅攀升，导致劳动力市场出现紧缺。劳动密集型加工出口产业逐渐失去了其原有的比较利益和比较优势，民间投资的积极性受到抑制，经济发展面临严峻的挑战。为此，台湾当局于 1986 年提出进行经济转型，着重发展电子、材料、精密器械等高科技产业，确定以通信、信息、消费电子、半导体、精密器械与自动化、航天、高级材料、特用化学及制药、医疗保健及污染防治等十大新兴产业为支柱产业。

经过近十年的经济转型，中国台湾经济在自由化、国际化方面取得一定进展，产业升级初见成效，资本和技术密集型工业占制造业的比重已于 21 世纪初期达 61.5%，其中信息产业发展尤为突出，其产值已名列世界前茅。

二、1978 年以来的中国台湾财经类报刊

1949 年新中国成立以来，除经济发展状况外，政治因素对中国台湾的新闻传播事业影响颇深。

在1951年，台湾当局实施了一项被称为“报禁”的政策。该年，台湾地区的行政管理机构基于报纸和杂志市场“已达到饱和”以及“节约纸张”的考虑，宣布对所有新申请的报纸、杂志和通讯社的登记实行“严格限制”。随后，在1952年，该机构进一步通过行政命令宣布“暂停报纸的登记”。这一政策被台湾的新闻业界广泛地称为“报禁”。这项政策的实施标志着对新闻媒体自由的严格限制，反映了当时台湾地区政府对媒体内容和发行的控制。“报禁”政策的引入，不仅限制了新闻媒体的数量，也对言论自由和信息流通造成了影响。这一时期的媒体环境因此受到了严格的监管，对新闻业的发展和公众的信息获取产生了深远的影响。

在这之后的三十多年中，除了《青年战士报》（后改称《青年日报》）之外，台湾当局没有再批准过任何一份创办新报的申请。

1988年，“报禁”正式解除，台湾境内掀起办报高潮。办报活动主要分三类进行：一是以旧报为基础创办新报，例如《联合报》《经济日报》《民生报》增设南部版，《中国时报》与《联合报》增设晚报等；二是地方企业界人士申请创办新报；三是新组建的党政创办新报。在这期间，报业市场竞争开始变得激烈，晚报市场首先面临“洗牌”。以国民党为代表的官营、党营报纸逐步式微，民营新闻事业迅速发展壮大，新闻报道与言论逐渐开放，中国台湾传媒业自此步入迅猛发展阶段。

进入21世纪后，中国台湾报业迎来崭新格局。一方面，中国香港的《苹果日报》《壹周刊》进入中国台湾，给中国台湾报业带来了极大冲击，彻底改变了中国台湾报业的市场格局，使之从结构上发生巨大变化；另一方面，国民党失去执政党地位后，原来国民党的新闻产业逐步释股，转为民营或公营。市场竞争的加剧导致部分媒体转向追求通俗口味，内容风格发生极大变化，许多老牌的报刊也在竞争中被迫停刊或转卖。①

（一）1978年以来的中国台湾财经类报纸

“报禁”时期，中国台湾共有31种报纸，有25家日报，6家晚报；除两家是英文报纸外，其余都用中文报纸。其中，除了《国语日报》旨在推

① 方汉奇．中国新闻传播史[M]．北京：中国人民大学出版社，2014.

广普通话，《民生报》偏重体育，《经济日报》和《工商时报》偏重金融与商业之外，其余均为综合性报纸。

“报禁”解除后，尽管中国台湾掀起办报高潮，但财经类专业化报刊仍凤毛麟角。除《经济日报》《工商时报》两大财经专业报纸之外，财经类信息多见于综合性报刊。其中，《联合报》《中国时报》以其强大的影响力，为传播财经类新闻做出不少贡献。

1. 《经济日报》

《经济日报》成立于1967年4月20日，为中国台湾首份经济专业报纸，隶属联合报系。该报与《工商时报》并称中国台湾两大财经专业报纸，创办时董事长为范鹤言，发行人为王惕吾。

《经济日报》主要报道岛内外政经要闻与金融情势，内容涵盖岛内、国际、两岸、财经、产业、企管等最新资讯，提供报纸、展览、论坛、活动、刊物、讲座、课程、网络等多项服务。

《经济日报》拥有高含金量的广大读者群，其中企业主、行政主管、专业人士和投资大众合计占九成。该报旨在为中产阶级、知识分子、意见领袖提供市场新趋势与资讯，成为中国台湾工商企业领袖最推崇的财经报纸，以及各级政府与产业界首选沟通平台，至今仍是中国台湾发行量最大的专业财经报纸。

近十多年来，《经济日报》与大陆资讯交往密切。自2005年起，江苏省昆山市政府每周三订阅千份《经济日报》供当地台商阅读；2008年7月，该报发行两岸通周报；2009年，中国台湾《经济日报》与新华社、《中国证券报》、《经济观察报》展开内容合作；2010年，中国台湾《经济日报》与北京《经济日报》签署全面合作框架协定，双方同意在新闻编采、广告、教育训练、经营管理、会议展览等项目上展开全面合作，约定自签约生效起双方互换特定稿件。①

2. 《工商时报》

《工商时报》创刊于1978年12月1日，是一份以报道经济事务、国际

① 台湾《经济日报》与大陆《经济日报》签全面合作框架协定[J]. 国际新闻界,2010,32(8):85.

贸易、国际财经、两岸财经、投资理财、股市分析为主的专业财经报纸。

《工商时报》的市场定位为提供给经理人、投资人看的“企业报”“股市投资人报”，每天出报四叠左右。第一叠为新闻版，一般会有四大张16版，其中多个版面刊载财经信息：第6版为两岸商务，第7版为国际经济，第8版为金融市场，第9版为理财或税务法务，第10版及第16版为专业服务，第11版为商业风云，第12版为科技脉动，第13版为科技产销，第14版为产业趋势，第15版为产业脉动。版面亦会因特殊事件而变动。2004年8月23日《工商时报》改版，增加《工商经营报》这一叠，主要刊载经营知识、财经人物等内容。①

目前，《工商时报》电子版设有即时、焦点、证券、理财、房市、名家、专题、人物、书房、乐活、影音、商情、企划专辑等栏目。该报的服务人群除当地工商界读者外，还辐射往返海峡两岸暨香港台商及海外华人。因而应两岸关系的发展，《工商时报》特别重视海峡两岸暨香港经贸新闻，为中国台湾企业迈向跨区经营，增进两岸交流，提供更宽广的视野，让工商读者与世界政经脉动同步，宣称为“企业经营者不可不阅读的专业财经媒体”。

3. 《联合报》

1951年9月16日，《联合报》在台北创刊，该报由王惕吾的《民族报》、林顶立的《人民日报》、范鹤言的《经济时报》合并而成，自称以“客观报道新闻”“独立评论时事”“忠诚服务大众”为办报原则，在言论上一贯主张“民主、团结、进步”，较多地代表和反映中国台湾大企业家和财团的利益和声音。

《联合报》每日出刊四大叠，A叠为全国要闻及民意论坛，B叠为地方新闻及体育新闻，C叠为娱乐消费新闻，AA叠则为财经类及教育新闻（D叠为副刊）。

《联合报》在中国台湾地区的多项主流新闻奖项中屡获殊荣，并且在民众中享有良好的声誉。尽管该报在“理想报纸”排名和阅读率方面位居

---

① 丁灿．财经日报版面分析[D]．南京：南京师范大学，2006.

第三，但其仍荣获了“最佳政治新闻”“最佳财经新闻”“最佳国际新闻”三个类别的最高奖项。此外，在中国台湾民众的投票中，《联合报》在专业度、准确性、公信力、教育功能、报道深度、社会关怀以及国际视野等七项关键指标上均居首位。[①]

4.《征信新闻》《中国时报》《旺报》

《中国时报》曾是与《联合报》齐名的中国台湾两大报业龙头之一。它的前身是《征信新闻》，由报人余纪忠创办于 1950 年 10 月。

《征信新闻》创刊时仅为四开版面的小型报纸，内容偏重战后重要商品价格的行情报道，主要读者为工商界人士。当时该报对鸭蛋、鸡蛋等商品行情的报道最为迅速、准确，因此曾被戏称为“鸭蛋报”。

1951 年 4 月，物资调节委员会因无力负担，决定让《征信新闻》独立自办经营。余纪忠多方筹资，于当年 8 月成立“中国征信所股份有限公司”。当时《征信新闻》主要偏重于经济和商情类报道，但到了 1954 年，该报认为随着社会安定、教育普及，纯经济类新闻已不能满足多数读者需求，故开始转向综合性报纸。1960 年，《征信新闻》改名为《征信新闻报》，篇幅也由原先的一大张增为两大张。尽管转为综合性报纸，但《征信新闻报》仍然极为关注工商界读者的需求，始终保持较大版面的经济类新闻。

1968 年，《征信新闻报》正式更名为《中国时报》。到了 20 世纪 70 年代，《中国时报》已经成长为仅次于《联合报》的中国台湾报业巨头。1972 年，《中国时报》收购《大众日报》，并于 1978 年将其更改为《工商时报》发行，成为中国台湾继《经济日报》后的第二份经济类专业报纸。

2008 年 11 月，受中国台湾报业激烈竞争之影响，《中国时报》刊登声明称：“中时媒体集团基于对社会的责任与使命，在经营环境日益艰困之际，为期永续经营发展，决定邀请旺旺集团蔡衍明先生接棒经营。”

旺旺集团接手中国时报集团后，对大陆新闻更为关注，并创办了中国台湾第一份以报道大陆及两岸新闻为宗旨的报纸《旺报》。2009 年 8 月 4

---

① 陈致中，陈娟，杨洸．港澳台报业[M]．广州：暨南大学出版社，2014：103－104.

日至8月10日随中国时报集团旗下的《工商时报》发行试刊号，2009年8月11日《旺报》正式发行。同时中国时报集团下属的网络媒体《中时电子报》也开设了《旺报》首页。

《旺报》的读者群是想到大陆旅游的中国台湾人士，或想去大陆求学、工作、经商的人。由于两岸交流日益密切，在大陆长期居住的台湾人粗估就有100万人以上，还有更多台湾人有意向前往大陆发展，继而需要增进对大陆的整体认识和了解，因此成为《旺报》的受众群体。

《旺报》于平日发行量为五大张，星期日发行量则为四大张，其内容全面覆盖中国大陆的财经新闻、政策分析、趋势预测、理财投资指导、教育领域、职场动态以及文艺与旅游等多个方面。为了尽可能全面地提供大陆消息，《旺报》与大陆多家媒体合作，进行新闻的转载和汇整。2010年8月13日，《旺报》与福建《海峡经济》杂志缔约合作，两刊交换刊登区域财经资讯。同日，《日本经济新闻》与《旺报》结盟，由《旺报》提供英文版中国新闻给《日本经济新闻》用户。与此同时，《旺报》亦与中国香港地区的《文汇报》签署了合作协议，依据该协议，《文汇报》将定期向《旺报》提供涵盖财经、旅游等领域的新闻资讯。

目前，《旺报》还与新华社、《中国青年报》、《财经杂志》、新浪网、《上海商报》、《第一财经日报》、南方报业传媒集团等大陆媒体合作，大量转载上述大陆媒体的新闻和评论。2010年10月2日，以“台湾精神、华人观点、全球视野”为宗旨的英文版《旺报》（*Want China Times*）以电子报形式正式创刊。①

（二）1978年以来的中国台湾财经类杂志

在台湾地区解除对杂志出版的限制之前，财经杂志的种类相对较少。根据1960年的统计数据，台湾地区共有514家杂志，其中专注于财经领域的杂志仅占总数的7%，大约有36家。这些早期的财经杂志主要面向财经专业人士，内容偏向专业财经知识，对于内容的通俗化和阅读体验的优化关注不足。

---

① 陈致中，陈娟，杨洸．港澳台报业[M]．广州：暨南大学出版社，2014：103－104.

1979 年 3 月，随着杂志登记限制的取消，台湾地区迎来了一批新的党外杂志，这标志着财经杂志行业进入了快速成长的新时期。根据台湾地区年鉴从 1980 年到 1998 年的统计数据，台湾地区的财经杂志数量从 1980 年的 340 家激增至 1998 年的 1305 家，增长了 284%，年均增长率约为 15.7%。在所有类型的杂志中，财经杂志的数量一直高居榜首。此外，在发行量、广告收入和阅读率等关键指标上，台湾地区的财经杂志也表现突出，位居前列。

这一时期的财经杂志不仅在数量上有所增长，而且在内容和形式上也更加多样化，以满足不同读者群体的需求。这些变化反映了台湾地区财经杂志市场的成熟和多元化，以及读者对财经信息日益增长的兴趣和需求。

20 世纪 80 年代至 90 年代间，中国台湾地区经历了由农业社会向多元化工商社会的转型，伴随此过程，中产阶级逐步崛起，并日益成为台湾社会的核心构成部分。中产阶级作为有经济能力、关心所处社会政治经济环境变化的读者，成为中国台湾财经杂志的主要读者群，支持了 20 世纪八九十年代中国台湾财经杂志的蓬勃发展。

为充分满足中产阶级的阅读需求，并广泛传播财经领域知识，《天下杂志》于 1981 年 6 月应运而生。该杂志在内容表达上进行了开创性革新，摒弃了传统财经杂志晦涩难懂的表述方式，转而采用深入浅出、通俗易懂的叙述手法。它致力于以客观、翔实的态度探讨、报道及分析经济问题，并明确要求经济学家在撰写文章时采用通俗语言，即运用普通大众能够理解的语言来阐释复杂的经济概念。

这一创新做法首次将“新闻写作故事化”模式引入中国台湾杂志界。《天下杂志》的这一举措不仅为读者提供了更为生动、有趣的阅读体验，还使得原本枯燥的财经知识变得生动有趣且易于接受。在《天下杂志》的引领和示范作用下，中国台湾其他财经杂志也逐渐摒弃晦涩难懂的语言风格，转而采用更为深入浅出的方式解读财经新闻，使更多读者能够轻松获取并理解财经信息。这一转变不仅提升了财经杂志的可读性，也推动了中国台湾财经媒体行业的整体进步与发展。

《天下杂志》的成功，颠覆了以往“杂志是赔钱事业”的观念，加之当时市场的需求，财经杂志一时成为风尚。随着中国台湾经济的发展，杂志由文人办刊的传统，正式转向企业经营导向的发展。此后，中国台湾财经杂志纷纷实现企业化经营，经理部门人员增加，广告收入在杂志总收入中的占比持续扩大，部分财经杂志的实力逐渐增强。至 20 世纪 90 年代，财经杂志开始朝集团化、多元化方向发展，涌现出天下集团、商周媒体集团、财讯文化集团等一批以财经杂志为主营业务的媒体集团。

与此同时，中国台湾地区经济的蓬勃发展，为杂志的经营提供了相对充足的资金支持，吸引了众多受过高等教育的专业人士投身于财经杂志的创立与运营之中。随着物质生活的日益富足，民众开始越发追求内容的精致化与个性化表达。加之当时受到模仿外国杂志风潮的影响，自 20 世纪 80 年代起，中国台湾地区的财经杂志在制作风格上发生了显著变化，摒弃了以往单调、朴素的单色排版，转而大量运用彩色图片，选用高质量的版纸，并采用开放、新颖且版面宽广的设计，以及专业的美术处理手法，从而在品质与外在包装上实现了大幅提升。

在 21 世纪初期，中国台湾地区经济遭遇了近半个世纪以来极为罕见的衰退。这一时期，多项关键的经济指标全面恶化，导致经济表现创下自“二战”结束以来的最低纪录。这一衰退标志着我国台湾地区经济发展模式从之前的“中速增长”阶段逐渐过渡到了“低速增长”阶段。与此同时，通货膨胀问题和居高不下的失业率成为困扰当地经济的两大难题。

面对经济的不景气现象，中国台湾地区民众的经济焦虑感有所增加。为了应对这一变化，我国台湾地区的经济类杂志开始调整其市场策略，将原本主要面向中产阶级的读者群拓展至更广泛的普通民众。这一转变使得这些经济杂志在我国台湾地区逐渐成为一种相对大众化的阅读刊物，从而更好地满足了广大民众在经济焦虑时期对于经济信息和分析的需求。

随着中国台湾数字内容产业的崛起，中国台湾财经杂志借由其自身强大的影响力，加入中国台湾创意生活产业中，成为新兴文化创意产业的一部分，积极进行数字化发展，编辑电子杂志、自办杂志网站，开设网络书店，打造新媒体传播平台。2008 年中国台湾主管部门所做的杂志产业调查显示，在各类电子杂志中，“财经企管”类最受青睐。

在2000—2010年这一时期，尽管财经杂志不再占据主导地位，但它们仍然是台湾地区杂志市场的主流类别，并继续作为当地居民获取财经信息的主要渠道，同时也成为较为普及的阅读材料。根据台湾地区年鉴所发布的数据，在21世纪的第一个十年中，财经杂志的销售比例稳定在11%～19%，在所有杂志销售排名中位于第三至第五位。尼尔森的市场调研结果显示，2005—2008年，财经杂志依靠其深入的报道和专业的分析，保持了其在财经信息领域的领先地位。在连锁便利店销售量最高的五种杂志类型中，财经杂志位列第二；在书店销售量排名前五杂志类型中，财经杂志同样位居第二；而在受访者最常阅读的杂志类型调查中，财经杂志则高居榜首。这些数据表明，尽管面临着数字化阅读和信息获取方式多样化的挑战，财经杂志在台湾地区依然保持着其影响力和吸引力。它们通过提供高质量的内容，满足了读者对于深入的财经分析和财经信息的需求，从而在竞争激烈的出版市场中占据了一席之地。①

三、1978年以来的中国台湾财经类电视

2005年，学者蒋安国通过"问卷调查法"及"深度访谈法"等方法，以台北地区居民为主要研究对象，调查中国台湾电视财经频道阅听人的收视资料。调查显示，在电视、广播、报纸、杂志、网络等五种媒体中，受访者最常使用电视来搜集财经信息，占比达42%，其次依序为报纸（27.7%）、网络（21.4%）、杂志（6.3%）、广播（2.0%）。而在盘中时段（8：00—14：00），受访者最常收看非凡电视台（《非凡最前线》），占比64.3%，而年代MUCH台（《股市在线》）、东森S（《股市大钱线》）与其他频道之财经节目则不相上下，各占10%左右。由此显见，非凡电视台为财经频道中的领导品牌。②

（一）非凡电视台

1989年，黄崧创立非凡出版社，出版财经股市为主的书籍。而后黄崧

① 吴琳琳. 台湾财经杂志发展研究(1949—2010)[J]. 台湾研究,2012(2):59－64.

② 蒋安国. 台湾电视财经节目品牌形象与投顾分析师可信度之研究[J]. 新闻与传播评论,2005(00):51－63,241,246－247.

创立非凡电视台，以财经专业台的定位做市场区隔。1994 年，非凡 1 台开播，主要播放股市分析节目。1997 年，非凡 2 台开播，专业播放产业信息节目与财经新闻节目。1997 年 3 月 27 日，非凡 1 台更名为“非凡商业台”，非凡 2 台更名为“非凡新闻台”，两频道合组“非凡卫星电视台”，第一个中国台湾本土的专业财经新闻网诞生。在播报内容上，非凡商业台与非凡新闻台各司其职：商业台的节目内容以股市分析为主；而新闻台节目内容则以财经资讯、产业面、国际指数分析为主。

2000 年 3 月，“非凡卫星电视台”更名为“非凡电视台”。2007 年 4 月，非凡国际科技以新台币 17.4 亿标得中国台湾电视公司近 26% 的股份，进军无线电视台，成为中国台湾电视公司之最大股东。①

从早到晚，非凡商业台和新闻台全天候 24 小时从不同角度为观众提供丰富、实用的经济讯息。其中，非凡商业台开设财经类栏目 18 个，新闻台开设财经类栏目 12 个，分别打造出《非凡抢先报》《股市现场》《股市最前线》等品牌栏目，带动前后时段的收视率，形成品牌栏目群落，成为整个频道的收视支持点。②

在成为行业领头羊之后，非凡电视台开始向其他领域扩展。目前，非凡电视台在中国台湾地区旗下的频道包括非凡商业台、非凡新闻台、台视主频、台视新闻台、台视财经台、台视综合台③，其在中国台湾的户数普及率高达 99.9%，高居岛内财经专业频道排行榜第一名④。除此之外，非凡电视台还发行了以财经信息和股票投资为主要内容的《非凡商业周刊》(*Unique Business Weekly*)。

（二）东森媒体集团

东森媒体集团简称为“东森”，早期由王令麟创立，是中国台湾较大的有线电视媒体之一。东森电视台是东森媒体集团的主要事业群，旗下拥有东森新闻台、东森电影台、东森洋片台、东森戏剧台、东森财经新闻

---

① 丁兴华．台湾媒体与经济增长之关系探究[D]．北京：中国社会科学院研究生院，2013.
② 吴琳琳．台湾非凡电视台的节目特色[J]．中国广播电视学刊，2009(4)：73－74.
③ 胡睿涵．台湾财经节目关注度与两岸股市互动关系研究[D]．厦门：厦门大学，2017.
④ 吴琳琳．台湾非凡电视台的节目特色[J]．中国广播电视学刊，2009(4)：73－74.

台、东森综合台、东森幼幼台 7 个频道，是中国台湾最大的卫星电视频道集团。同时也是中国台湾三大有线系统业者之一，拥有收视户 100 多万户。[①]

与非凡电视台相比，东森财经新闻台年轻得多。1999 年 8 月，东森财经新闻台的前身“力霸友联 U3 频道”开播。2000 年，东森财经新闻台另一前身“东森新闻 S 台”开播。2007 年，经停播与复播后，“东森新闻 S 台”更名为“ETtoday 财经生活台”，节目走向改为生活与财经资讯。2008 年，“ETtoday 财经生活台”改名为“东森财经新闻台”，后于 2015 年更换台标为“EBC 东森财经新闻 HD”，此后沿用至今。

① 丁兴华．台湾媒体与经济增长之关系探究[D]．北京：中国社会科学院研究生院，2013.

后　记

随着经济与社会日新月异的发展，新闻传播学科研究也在不断革新演进。其中一个重要的现象，就是应用传播学的强势崛起，体现出新闻传播学科“经世致用”的特性，具体表现在健康传播、科学传播、政治传播、危机传播等应用传播研究如雨后春笋般涌出。对财经新闻传播研究的重视和关注正是在这一背景下应运而生的。

在宏观经济的视角下，全球化经济的浪潮显著地激发了我国市场经济的活力。这一现象导致财经新闻的传播变得日益受到重视。无论是从宏观上掌握国家的经济动向，还是从微观上调整个人或企业的发展策略，随着公众对经济活动的参与度不断提升，从房地产、股票到信息技术、汽车等行业，受众所关注的内容均与财经领域紧密相连。因此，由于财经新闻与民众生活息息相关，它已成为众多媒体必须重视的报道领域。一些行业专家和从业者渴望深入理解经济政策，并期望通过深刻解读财经现象来促进其组织的发展。

另外，经济全球化和信息化的加速发展，以及对可持续发展的日益关注，使得国家经济安全这一新型安全观念越来越受到各国政府和社会的广泛关注，其重要性不亚于传统的军事安全。国家经济安全涵盖了参与国际经济竞争所带来的挑战，例如信息安全、金融风险、贸易争端、外资引入与民族产业保护等问题；也包括了可持续发展过程中的挑战，如能源供应、关键矿产资源、粮食和淡水资源的保障；还有体制转型期间的问题，例如就业保障和中央财政的调控等。

近年来，亚洲金融危机、美国次贷危机、中美贸易摩擦以及疫情后的经济恢复等一系列事件，进一步凸显了在经济全球化背景下，科学地传播财经新闻、有效控制经济风险、维护国家经济安全的重要性。这些事件提醒我们，必须更加重视财经新闻的传播，以科学的方法来理解和应对经济全球化带来的挑战。

与此同时，在讲好中国故事的过程中，最重要的是要讲好中国的“财经故事”，而“财经搭台，文化唱戏”的新思路，有可能拓展新的国际财经新闻传播交流的路径，不仅可以改善中国的国际形象，而且有助于“一带一路”倡议的实现。

从中观层面来看，现代国家经济的发展，需要有一个良好的资本市场舆论环境和市值管理体制，这样的情势，无疑将减少人们对于交易和消费看法的不确定性。而减少这种不确定性的重要途径，就是强化财经新闻传播，降低财经信息的不对称性。因为，唯有良好的财经新闻传播生态，方可提供全面、权威的经济信息，真实地反映经济运行状况、解释经济现象、提供分析预测。这期间，财经媒体是重要的经济信息源，是资本市场舆论监督的主体，也是疏导社会情绪的重要渠道，还是凝心聚力、团结稳定鼓劲的重要力量。

从微观层面来看，财经新闻传播的重要性还关乎国民的财经素养，而国民的财经素养又直接影响着投资、生产和消费。所谓“财经素养”，简言之就是对财经概念和风险的认知和理解力，以及应用这些认知和理解力的技能、动机和信心。良好的财经素养，将使每个个体在各种财经情境下能做出有效决策，将提升个人和社会的经济利益，并积极参与国家的经济生活。

如前所述，财经新闻传播随着应用传播学的强势崛起，近年来得到多方面的关注，然而，包括“中外财经新闻传播发展史”在内的很多基础性研究，显得非常薄弱。具体表现在三个方面。

一是整个财经新闻传播的研究架构尚未形成，一方面，很多研究议题呈分散、碎片化状态，缺少系统的整合和梳理；另一方面，财经新闻传播的个案研究较多，对其规律性的探究较少。

二是特别缺乏对财经新闻传播的历史梳理和总结，即使有一些专家学者对此进行了一定程度的梳理，但仍缺少整体性、系统性的理解。然而，诚如清末启蒙思想家龚自珍所言，“欲知大道，必先为史”，要了解财经新闻传播发展的“大道”，必须首先研究蕴含着财经新闻传播发展“大道”的历史。不过，财经新闻传播的当代实践确实发展太快，有关专家学者来不及对快速发展的财经新闻传播现象进行适时的“回望”，研究缺乏沉淀感。

三是研究者既未从财经新闻传播的历史发展中汲取营养与价值，也未从文化传承的视角总结规律，以此来指导当代丰富多彩的财经新闻传播实践。很多研究成果都是“头痛医头，脚痛医脚”式的片面观照。

尽管如此，兼具经济学与新闻传播学特质的交叉学科“财经新闻传播”，具有天然的“显学”特性。而恰恰是这“显学”的另一面，成为研究的“盲区”。其中中外财经新闻传播发展史就是一个典型的研究“盲区”。因为，从新闻传播学科视角来看，研究新闻史，更多地聚焦政治变革、战争、社会变迁等，即使涉猎经济生活，也是从宏观经济的视角予以关注，很少从单纯的财经视角来观照新闻传播发展史。从经济管理学科视角来看，过去大多就经管来说经管，无论是宏观的，还是中观和微观的，都很少从传播的视角来观照中外历史上财经事件的变化转移、传播路径、舆论生态等。

其实，中外财经新闻传播发展史研究不仅仅是“盲区”，还是国内学术界的一大空白。因为，目前关于这方面的研究，一是多淹没在新闻传播史或经济发展史中，成为新闻传播史或经济发展史中的一分子，很少把财经、传播二者结合起来研究；二是即使有部分财经新闻传播发展史的研究，也多局限于单一性局部研究，或局限于财经媒体研究，如洪宾的《当代中国财经传媒：嬗变、超越与扩张——试析近期财经传媒热的时代演变历程、内在动因及发展趋势》，或局限于财经报道研究等，如孙凤毅的《财经新闻报道研究》，所有这些，均呈现一种“块”的状态，缺乏一种纵观“中外历史”的宏观炬照，即使有个别专家学者，有些心力，有志于此，但也是局限于某一个视角来观照“历史”，如北京工商大学沈毅教授的《中国经济新闻史》，就是从经济新闻史的视角观察“中国”，尚未站在传播史的角度来观察中国财经新闻传播的历史、现状和未来走向，更不要说纵观“中外”了。

此外，就世界财经新闻传播历史研究范围来看，相关研究也是寥寥无几。即使有，也是淹没于世界新闻传播史里面，大多也是单个财经媒体历史发展的研究，如路透社、彭博社发展研究等。

正是基于上述背景，2020 年中央财经大学新闻传播学科的专家学者们初步达成了一个共识，即组织专家尝试开展“中外财经新闻传播发展史研究”。正巧当时中央财经大学有一流学科建设项目的申报机会，于是我们把“中外财经新闻传播发展史研究”作为学校一流学科建设项目进行申报。“中外财经新闻传播发展史研究”的立项，一方面与国内正在崛起的应用传播学有着天然的关联性，另一方面与中央财经大学的“双一流”学科应用经济学也有着天然的关联性。原因在于，纵观国内包括应用经济学研究在内的整个经济学研究，缺乏一个从传播学视角来关注经济现象和经济发展的研究，忽视了经济与社会互动的中介与渠道。

就现实的经济生活而言，由于经济活动和经济信息的匮缺和不对称，人们往往对经济议题，一方面有可能缺少理解与信任，另一方面很可能无沟通，甚至出现摩擦。就历史上的经济生活和现象而言，如果我们能从传播学视角来观察、分析经济现象，总结经济规律的话，肯定能够使得整个经济学研究，多一个观察的视角和窗口，透过传播视角，来考察历史和现实的经济问题，有可能让应用经济学研究更加立体化、多元化，无疑这是应用经济学研究的重要突破。而这种研究成果的应用，将无疑有助于更好地服务国家宏观战略的实施。

“中外财经新闻传播发展史研究”是财经新闻传播研究的基础性研究。中央财经大学的新闻传播学学科自 1998 年创办以来，在新闻传播学学科建设方面，在全国财经类院校处于领先的位置，尽管如此，要想在全国财经类院校的新闻传播学学科建设上独占鳌头，要在全国高校的新闻传播学学科建设中彰显特色和优势，就必须走差异化、特色化竞争之路。“财经新闻传播”的特色之路，无疑是“终南捷径”。既可以主打品牌，也可以凸显特色。

“中外财经新闻传播发展史研究”的立项，一方面能拓展中央财经大学新闻传播学的基础研究，另一方面可以丰富财经新闻传播研究的内涵，照亮财经新闻传播研究的“盲区”，从而在新闻传播学基础研究中树立一面有特色的“旗帜”。

总之，“中外财经新闻传播发展史研究”项目既符合学校“双一流”应用经济学学科建设的需要和要求，也可以丰富国内“财经新闻传播发展史”研究的内涵。这对提升中央财经大学“双一流”学科建设的效应，具有事半功倍的效果。《改革开放四十年财经新闻传播发展史》正是中央财经大学“双一流”学科建设项目“中外财经新闻传播发展史研究”的阶段性研究成果之一，并获得了该项目的出版资助。与此同时，2022 年谭云明教授还成功申报了北京市社会科学基金规划重点项目“财经传播与重大议题的舆论引导研究”，本书也是该项目的阶段性研究成果之一。

《改革开放四十年财经新闻传播发展史》旨在系统翔实地整理中国财经新闻传播的历史，特别是对改革开放以来中国财经新闻传播的发展进程进行深入研究，忠实记录历史，形塑集体记忆；剖析中国财经新闻传播的产生条件、驱动因素、发生途径、历史演进，总结其经验启示，对未来中国财经新闻传播的实践给出政策建议；分析财经新闻传播与经济转型、社会变迁、技术进步（特别是媒体形态激变）的互动关系，通过定性与定量的历史研究发现深层次的联系与规律。

本书的出版是集体智慧的结晶，参与本书撰写的作者和具体分工如下：第一章由谭云明、邓航、郑宝莲撰写，冯琦思也参与了该章部分内容的修改工作；第二章由周立华、苏健撰写；第三章由李志军、陶雅莹撰写；第四章由马紫涵、高泽撰写；第五章由谭云明、冯绮思撰写；第六章由孙颖、于静静撰写；第七章由王晶、李笑雨撰写；第八章由曾玥撰写。除周立华、苏健两位作者属于江西财经大学外，其他作者均来自中央财经大学。此外，书稿最后的校正工作，主要由浙江工业大学的朱小羽老师和塔里木大学研究生彭娅琪完成，中央财经大学的尹航同学在最后校对方面也做出了贡献。作为主编，在此特向参与本项目研究工作的各位同仁表示衷心感谢！正是因为有了他们的倾心劳动和智慧奉献，才有了本项目研究阶段性工作的完成和本书的顺利出版。其实，“中外财经新闻传播发展史研究”这一项目，还有一个重要的研究工作内容，就是对外国财经新闻传播发展史的研究，从历史环境、社会背景、经济制度与文化传统的差异入手，探析中西方财经新闻传播的两条特色鲜明之路及其成因，是我们的另一个重要使命和责任，衷心期待我们的研究之梦能早日成真。

谭云明

2025 年 5 月于北京